DUNS SCOT

DU MÊME AUTEUR
SUR DUNS SCOT

Traductions commentées

Le principe d'individuation, Paris, Vrin, 1992 ; édition bilingue, Paris, Vrin, 2005

L'Image, Paris, Vrin, 1993

La théologie comme science pratique. Prologue de la « Lectura », Paris, Vrin, 1996

Prologue de l'« Ordinatio », Paris, P.U.F., 1999

En collaboration

Duns Scot et la métaphysique classique (Actes du colloque international tenu à Clermont en mars 1996), *Revue des Sciences Philosophiques et Théologiques*, tome 83, janvier 1999 ; reproduction en fascicule séparé, Paris, Vrin, 1999

Duns Scot à Paris, 1302-2002 (Actes du colloque international tenu à Paris en septembre 2002), Brepols, 2005

BIBLIOTHÈQUE DES PHILOSOPHIES

Directeur : Michel MALHERBE

DUNS SCOT

LA MÉTAPHYSIQUE DE LA SINGULARITÉ

par

Gérard SONDAG

PARIS
LIBRAIRIE PHILOSOPHIQUE J. VRIN
6, Place de la Sorbonne, Ve

—

2005

Imprimé en France
ISSN 1281-5675
ISBN 2-7116-1729-7

www.vrin.fr

VIE ET ŒUVRES DE JEAN DUNS SCOT (1265/66-1308)

VIE DE JEAN DUNS SCOT

Bien que la date de sa naissance ne soit pas connue au jour près, elle a pu être établie, par conjecture, comme suit. D'après un document exhumé par E. Longpré, Duns Scot fut ordonné prêtre le 17 mars 1291 au prieuré Saint-André de Northhampton, des mains d'Olivier Sutton, évêque de Lincoln. Compte tenu de l'âge minimal alors requis pour l'ordination sacerdotale, qui était de vingt-cinq ans selon la règle canonique, sa naissance ne peut être postérieure à mars 1266. En conséquence, il est généralement admis qu'il naquit durant l'hiver 1265-1266.

Il existe au Sud-Ouest de l'Ecosse, dans le comté de Berwick, limitrophe de l'Angleterre, une petite ville du nom de Duns, où une tradition ancienne veut que Duns Scot soit né. S'appuyant sur cette tradition, le philosophe John (Mair) Major, qui devait éditer les *Reportata Parisiensia*, évoque la naissance de Duns Scot et ses jeunes années dans l'histoire qu'il écrivit de son Ecosse natale, publiée en 1521 : « John Duns, le docteur subtil... était un Breton écossais (*a Scottish Briton*), car il est né à Duns, un village distant de l'Angleterre de huit milles, à sept ou huit lieues à peine de ma maison. A l'âge où il n'était encore qu'un jeune garçon mais possédait déjà les bases de la grammaire, il fut conduit par deux frères mineurs à Oxford, car en ce temps-là il n'existait pas d'université en Ecosse ». Entré d'abord chez les Mineurs comme postulant (*puer oblatus*), le jeune Duns devint novice vers 1280, l'âge requis étant alors de quinze ans, prononça ses vœux l'année suivante et prit l'habit.

C'est vraisemblablement à Paris qu'il reçut le surnom de *Scotus*, qui le distinguait, en marquant sa “nation”, des autres *Iohannes* que comptait alors le couvent franciscain de la ville (rappelons que la “nation” indiquait le pays de naissance : nation française, picarde, irlandaise, anglaise – les Allemands étant alors rattachés à la nation anglaise).

Aucun document ne nous informe de ce que fit le jeune Duns entre 1281 et 1291 – de quinze à vingt-cinq ans. L'on peut supposer qu'il s'adonna aux études, qui commençaient alors fort tôt, et suivaient un programme serré. A cette époque, les jeunes gens appelés par la vocation et l'étude découvraient Aristote encore imberbes, en même temps que la Bible et les Pères, et s'imprégnaient pour toujours des deux. Un point important mérite d'être noté. Les membres des ordres mendiants étaient dispensés, par privilège spécial, de se former d'abord aux arts, c'est-à-dire les sciences profanes, dans une faculté séparée, avant de recevoir le droit de s'initier à la théologie. Ils étudiaient en même temps la philosophie et la science sacrée dans leurs propres *studia*, ou centres d'étude. C'est à Oxford que Duns Scot fut envoyé pour étudier et commencer d'enseigner à son tour. La *Lectura*, son premier commentaire sur les *Sentences* de Pierre Lombard, remonte à la période oxonienne de notre auteur.

Duns Scot est ensuite envoyé à Paris en 1302, sur décision du Chapitre Général de l'Ordre. Aussitôt arrrivé sur le sol français, il entreprend un nouveau cycle de “lectures” sur les *Sentences*, ce qui est confirmé par le fait que l'un des plus anciens manuscrits de ces leçons parisiennes (qui sont à l'origine des *Reportata Parisiensia*, rapports de cours effectués par des étudiants, dont il existe plusieurs versions), le MS de Worchester (F 69), mentionne le fait que Duns Scot commença à lire le livre I « à Paris, en l'an du Seigneur 1302, le troisième ayant commencé », expression qui désigne l'automne.

Mais avant que Duns Scot puisse achever sa première année d'enseignement à Paris, qui devait se terminer le 29 juin 1303, un épisode dramatique intervient. Sur un document daté du 25 juin de cette année, découvert et publié par E. Longpré en 1928, le nom de Duns Scot figure parmi ceux des Franciscains qui refusent de signer l'appel au Concile lancé par Philippe le Bel contre le pape Boniface VIII. Si Longpré félicite Duns Scot pour sa fidélité au Saint-Siège et son hostilité au gallicanisme, E. Gilson observe pour sa part que cette attitude fut moins exceptionnelle chez les étrangers que chez les Français, pour des raisons aisément compréhensibles. Quoi qu'il en soit, les réfractaires durent, sur ordre, “vider le royaume” sous trois jours.

Le conflit entre le roi de France et le pape est alors à son paroxysme. Quelles qu'en soient les causes lointaines, la rupture éclate lorsque Boniface VIII refuse les taxes que Philippe le Bel veut imposer aux biens de l'Eglise dans l'intention, semble-t-il, de financer l'effort de guerre contre les Anglais. A l'excommunication lancée contre lui par le pape, le roi réplique en appelant le Concile Général de l'Eglise à déposer Boniface, cherchant en bon politique à s'assurer le soutien du clergé et de l'Université. Au décret d'exil frappant les récalcitrants, Boniface réplique par la Bulle du 15 août 1303, qui suspend le droit de l'Université à délivrer les grades en théologie, droit civil et droit canonique.

Où Duns Scot vécut-il son exil, rien ne l'indique. Sans doute retourna-t-il en Angleterre, à moins qu'il ne soit parti pour Bologne ou Cologne, centres d'étude importants, comme on l'a suggéré. Du reste, cet exil fut de courte durée. A la mort de Boniface VIII, le nouveau pape Bénédict XI leva, le 2 avril 1304, l'interdiction frappant l'Université de Paris, et les exilés furent bientôt de retour. Rentré à Paris, Duns Scot y reprend ses activités d'enseignement, toujours comme bachelier sententiaire.

C'est probablement au début de l'an 1305 que Duns Scot fut élevé au rang de maître en théologie. Il est vraisemblable que cette promotion qui, au regard des statuts parisiens, paraît quelque peu anticipée (dans la mesure où, à la différence des règles oxoniennes, celles de Paris prévoyaient un certain laps de temps, dévolu à divers exercices et offices universitaires, avant proposition d'élection), a pu être favorisée par l'éloge que Gonsalve d'Espagne, nouvellement élu Ministre Général, fait de Duns Scot, dont il avait été à l'évidence l'un des maîtres, dans une lettre datée du 18 novembre 1304 à Ascoli dans la province de la Marche d'Ancone, qu'il adresse au Ministre Provincial de France : « Concernant la promotion de Frère Gilles de Ligny, dont j'ai été informé par vos lettres, il nous faut prévoir, comme il est de coutume, une autre candidature d'égale valeur. Puisque, selon les statuts de l'Ordre et ceux de votre couvent, le bachelier qui sera présenté doit appartenir à une province autre que celle de France, je vous recommande Frère Jean Duns, dont la vie sans reproches, le grand savoir, l'esprit très subtil et les autres remarquables qualités me sont pleinement connues, tant par la longue expérience (*experientia longa*) que j'ai de lui, que par une réputation qui s'est répandue partout, afin qu'il soit présenté en premier et régulièrement après le Frère Gilles ».

La période parisienne (1302-1307) est pour notre auteur un temps d'intense activité littéraire. Entouré d'assistants, aidé de secrétaires qui écrivent sous sa dictée, il poursuit la rédaction de son *Ordinatio* commencée à Oxford, utilisant à la fois la *Lectura* et les développements issus de son enseignement parisien, dont de multiples *reportationes* ont conservé la trace. Promu docteur et maître-régent (*magister regens*), Duns Scot conduit une dispute quodlibétique (*quodlibetalis disputatio*) soit en 1306 durant l'Avent, soit en 1307 durant le Carême. Rappelons qu'une dispute quodlibétique est une session universitaire solennelle durant laquelle, tous les cours étant suspendus, maîtres et étudiants se réunissent afin d'entendre un docteur, qui est interrogé en la circonstance par qui le veut sur le sujet qu'il veut (*de quolibet a quolibet*). Il prit part également, durant la même période, à une “dispute ordinaire” avec le maître dominicain Pierre Godin, portant sur la question de savoir si la matière est le principe par lequel une nature est individuée.

A compter du 25/26 octobre 1307, le maître-régent franciscain est Alexandre d'Alexandrie, nommé par le Chapitre Général tenu à Toulouse, et il est vraisemblable qu'à cette date Duns Scot n'est plus à Paris. Le dernier document où figure son nom est le compte-rendu d'un chapitre provincial tenu à Cologne, portant autorisation pour l'édification d'un couvent, daté de février 1308, où figure la signature « Fr. Johannes, lector Coloniae ».

Les raisons de son départ de Paris ne sont pas bien connues. En octobre 1307, conseillé par Guillaume de Nogaret, Philippe IV le Bel parvient à son dessein d'abattre l'Ordre du Temple, et Callebaut en conclut que Duns Scot aurait été éloigné de Paris par le Ministre Général des Mineurs, afin de le mettre à l'abri de la vindicte d'un roi qui l'avait déjà exilé (comme il l'avait déjà fait quatre ans plus tôt, le roi s'adressa aux docteurs de l'Université de Paris en leur soumettant un questionnaire sur son action, afin d'obtenir leur aval et les rallier à sa cause). D'autres pensent que Jean aurait été contraint au départ à cause de l'hostilité suscitée par certaines de ses positions théologiques, notamment sa défense de celle qu'on nommera plus tard l'Immaculée Conception (Jean de Pouilly l'attaque sur ce sujet dans son *Quodlibet*, de 1308 ou 1309). Ce point était alors litigieux après les positions de saint Bernard notamment, et accuser, ou même pouvoir soupçonner un adversaire d'hérésie était alors une arme politique redoutable.

C'est à Cologne que Duns Scot meurt en 1308, à l'âge de quarante-deux ou quarante-trois ans. Ses restes reposent dans l'église des Mineurs, non loin de la cathédrale. Les causes de cette mort prématurée ne sont pas connues, on ne s'en étonnera point, tant la vie était alors précaire et vulnérable aux épidémies en premier lieu. Rien de surprenant non plus si des légendes atroces furent inventées après coup par ses ennemis et détracteurs. Car il en eut beaucoup, non seulement de son temps mais à travers les âges successifs (Luther et Cromwell notamment), et jusque de nos jours, comme le montre E. Longpré dans *La philosophie du B. Duns Scot*.

Terminons cette esquisse biographique en signalant un événement qui, peut-être indifférent aux yeux du philosophe, n'est pas sans intérêt pour un catholique : « Le 20 mars [1993] au soir, au cours d'une cérémonie marquée par le chant des vêpres, dans la basilique Saint-Pierre de Rome, Jean-Paul II a confirmé le culte immémorial du Franciscain écossais Jean Duns Scot (culte reconnu par un décret du 6 juillet 1991, dont une partie a été lue au cours de la cérémonie), lui accordant ainsi le titre de bienheureux ».

Lequel fut attribué au cours de la même cérémonie à la religieuse et musicienne québécoise Dina Bélanger (*La documentation catholique*, 2 mai 1993, n° 2071).

ŒUVRES DE JEAN DUNS SCOT

A la mort de Duns Scot, la monumentale *Ordinatio* restait inachevée, puisque le livre IV fait mention de questions restant à dicter. La dernière question du *Quodlibet* n'était que partiellement révisée. Le projet annoncé dans le traité *De primo principio* sur les articles de foi (*De creditis*) ne vit jamais le jour. L'on n'en conclura pas que l'œuvre souffre d'être trop peu nombreuse, car les difficultés tiennent plutôt à l'abondance des écrits conservés et au désordre relatif où la mort prématurée de l'auteur les a laissés. Le maître disparu, des disciples empressés entreprirent de publier à la hâte son legs majeur, en empruntant aux *Reportationes* des matériaux pour les questions restées en suspens. Cette compilation est connue sous le nom *Opus Oxoniense*.

Vers 1320, une première édition critique fut mise en chantier avec les moyens de l'époque. Contenue dans le codex 137 de la bibliothèque communale d'Assise, aujourd'hui connu sous le nom de Codex A, cette édition fut réalisée par un scribe qui disposait à la fois de la version originale, désignée par lui sous le nom *liber Scoti*, et d'une version ultérieure comportant des ajouts. Il indique en marge les différences entre l'une et l'autre versions. L'édition critique moderne de l'*Ordinatio* est un effort pour reconstituer ce *liber Scoti* autographe, qui n'a pas été conservé.

Cependant, jusqu'à ce que les travaux critiques de la Commission Scotiste voient le jour à une date récente, l'édition de référence resta celle des *Opera Omnia*, en treize volumes *in folio*, publiés par Lucas Wadding à Lyon en 1639, qui ne contient pas moins de onze traités apocryphes. Reproduite par Vivès au XIXe siècle, elle a été de nouveau imprimée par les Editions Olms, Hildesheim, en 1968, dans l'attente de l'achèvement de l'édition critique moderne, dite édition vaticane. Le premier volume de celle-ci est paru en 1950. A ce jour sont disponibles les tomes I à VIII de l'*Ordinatio* et les tomes XVI à XIX, qui contiennent le texte parallèle, plus court, de la *Lectura*.

Œuvres logiques et philosophiques

Sont considérés comme authentiques les ouvrages suivants :

Quaestiones super Universalia Porphyrii (sur les Universaux de Porphyre, à partir de l'*Isagogè*)

Quaestiones in librum Praedicamentorum (sur le livre des Prédicaments, c'est-à-dire les *Catégories* d'Aristote)

Quaestiones in I et II librum Perihermeneias (sur les livres I et II du *Peri Hermeneias*, c'est-à-dire le traité *De l'interprétation* ou – suivant une traduction aujourd'hui plus courante – *De l'expression*, d'Aristote, qui était alors divisé en deux livres, du chap. 1 au chap. 9, sur les futurs contingents, et du chap. 9 à la fin)

Opus secundum sive octo quaestiones in duos libros Perihermeneias (Deuxième ouvrage ou huit questions sur les deux livres du *Peri Hermeneias*)

Quaestiones in libros Elenchorum (sur *Les Réfutations sophistiques*)

Quaestiones in libros Aristotelis De anima (bien que cet ouvrage soit traditionnellement attribué à Duns Scot, on y relève certaines divergences avec d'autres œuvres qui sont, elles, certainement authentiques ; de plus, l'édition Wadding contient des passages qui sont repris littéralement de Gonsalve d'Espagne)

Quaestiones in Metaphysicam Aristotelis (sans doute le texte le plus important pour connaître les fondements philosophiques de la pensée de Duns Scot ; certainement authentique, à l'exception des livres X et XII)

Une édition critique des œuvres logiques et philosophiques est en cours, entreprise par l'Institut Franciscain de l'Université Saint-Bonaventure, N.Y., U.S.A. Trois volumes sont déjà parus, *Quaestiones in librum Prophyrii Isagogè* et *Quaestiones super praedicamenta Aristotelis*, t. I, 1999 ; *Quaestiones super libros metaphysicorum Aristotelis*, t. III et IV, 1997. Le tome II, contenant les *Quaestiones in Perihermeneias Aristotelis*, est annoncé pour 2005.

Parmi les ouvrages apocryphes, signalons ceux dont l'auteur véritable est connu (d'après U. Smeets, *Lineamenta Bibliographiae Scotisticae*, Romae, 1942) : *Grammatica speculativa* (Thomas d'Erfurt), *Quaestiones in librum I et II Posteriorum Analyticorum Aristotelis* (Jean de Cornouailles), *Expositio in XII libros Metaphysicorum Aristotelis seu Metaphysica textualis* (Antonius Andreas, un disciple espagnol de Duns Scot), *Quaestiones disputatae de rerum principio* (Vital du Four). D'autres traités faussement attribués à Duns Scot ont été rédigés par des inconnus. C'est le cas notamment des *Quaestiones in librum I et II Priorum Analyticorum Aristotelis*.

Œuvres théologiques

Lectura (Questions sur les trois premiers livres des *Sentences* de P. Lombard; cet ouvrage constitue une première version, moins développée, de ce qui sera l'*Ordinatio*; découvert au XXe siècle par C. Balič, il ne figure pas dans l'édition Wadding)

Ordinatio (Questions sur les quatre livres des Sentences de P. Lombard, l'œuvre théologique majeure de Duns Scot)

Reportata Parisiensia (Rapports de cours donnés par Duns Scot à Paris)

Quaestiones quodlibetales (le texte de l'unique quodlibet soutenu par Duns Scot à Paris est publié en traduction anglaise par Felix Alluntis et Allan B. Wolter, *John Duns Scot, God and Creatures. The Quodlibetal Questions*, Washington, Princeton University Press, D.C., 1975)

Tractatus de primo principio (sans doute l'une des dernières œuvres de Duns Scot, ce traité de théologie naturelle emprunte beaucoup à l'*Ordinatio*, dont maints passages sont reproduits littéralement, ce qui a conduit certains éditeurs à penser que des disciples ont pu prendre part à sa rédaction (édition critique établie par M. Mueller, Freiburg im Breisgau, Herder Verlag, 1941). Ce texte est sans doute le plus répandu parmi les écrits de Duns Scot : traduction française commentée, cf. *infra*; traduction anglaise commentée, Allan B. Wolter, *John Duns Scot, A Treatise on God as First Principle*, Chicago, Franciscan Herald Press, 1983; traduction allemande commentée, Wolfgang Kluxen, *Johannes Duns Scot, Abhandlung über das erste Prinzip*, Darmstadt, Wissenschaftliche Buchgesellschaft, 1974; traduction italienne commentée, Pietro Scapin, *Il Primo Principio degli esseri*, Padova, Liviana editrice, 1973; traduction espagnole, Felix Alluntis, *Obras del Doctor Sutil Juan Duns Escoto*, Madrid, Biblioteca de Autores Christianos, 1960, p. 595-710; traduction croate, Mile Babič, *Duns Škot, Rasprava o Prvom Principu*, Zagreb, Demetra, 1998.

BIBLIOGRAPHIE SOMMAIRE

Textes de Duns Scot en traduction française

Jean Duns Scot, *Traité du premier principe* (*Tractatus de primo principio*), Cahiers de la Revue de théologie et de philosophie, n° 10, traduction française sous la direction de Ruedi Imbach, Genève, 1983. Réimpression Paris, Vrin (Bibliothèque des textes philosophiques), 2001

Jean Duns Scot, « Commentaire du premier livre des *Sentences*, d 3, p 3, q 1-2 », traduction d'André de Muralt, *Philosophes médiévaux des XIII*[e] *et XIV*[e] *siècles*, Paris, 10/18, 1986

Jean Duns Scot, « Pluralité des formes et unité de l'être » (*Ord.* IV, d 11, q 3, et *Ord.* II, d 16, q. unica), traduction et introduction d'André de Muralt, *Studia philosophica*, Bâle, 1974, p. 57-92

Duns Scot, *Sur la connaissance de Dieu et l'univocité de l'étant* (*Ord.* I, d 3, p 1, et *Ord.* I, d 8, p 1), traduction et commentaire d'Olivier Boulnois, Paris, P.U.F., 1988

Duns Scot, « Contingence et alternatives » (*Ord.* I, d 42-44) in *La puissance et son ombre, de Pierre Lombard à Luther*, Paris, Aubier, 1994 (textes traduits et présentés sous la direction d'Olivier Boulnois)

Duns Scot, *Le Principe d'individuation* (*Ord.* II, d 3, p 1), Paris, Vrin, 1992 (traduction et commentaire de Gérard Sondag)

Duns Scot, *L'Image* (*Ord.* I, d 3, p 3, q 1-4), Paris, Vrin, 1993 (*idem*)

Duns Scot, *La théologie comme science pratique. Prologue de la "Lectura"*, Paris, Vrin, 1996 (idem)

Duns Scot, *Prologue de l'"Ordinatio"*, Paris, P.U.F, 1999 (*idem*)

Extraits de l'*Ordinatio* concernant le lieu, le temps et le mouvement, traduction commentée dans P. Duhem, *Le Système du Monde*, Paris, Hermann, 1956, tome VII, chap. 3 et 4.

Introductions générales au scotisme

LONGPRÉ E., *La philosophie du B. Duns Scot*, Paris, Société et librairie Saint François d'Assise, 1924

GILSON E., *Jean Duns Scot. Introduction à ses positions fondamentales*, Paris, Vrin, 1952

WOLTER A. B., « Duns Scot, John », *The Encyclopedia of Philosophy*, ed. Paul Edwards, New York, Macmillan and Free Press, 1967, vol. 2, p. 427-436

BETTONI E., *Duns Scot: the basic principles of his philosophy*, Westport, Connecticut, Greenwood Press, 1979 (traduction anglaise de l'édition italiennne, Brescia, *La Scuola*, 1946)

WOLTER B., *The Philosophical Theology of John Duns Scot*, Ithaca and London, Cornell University Press, 1990

Duns Scotus on the Will and Morality, The Catholic University of America Press, Washington, D.C., 1986

DUMONT S. D., « John Duns Scotus », *A Companion to Philosophy in the Middle Age*, Blackwell Publishing, 2002, p. 353-369

SONDAG G., « Scotisme », *Grand Dictionnaire de la Philosophie*, Paris, Larousse, 2003, p. 951

Compléments bibliographiques

Dans le présent ouvrage sont également utilisés les livres suivants, de caractère surtout logique ou sémantique :

ARISTOTE, *Seconds Analytiques*, Paris, Vrin, 1987

ASHWORTH E. J., *Studies in Post-medieval Semantics*, London, Variorum Reprints, 1985

BOLZANO B., *Les paradoxes de l'infini*, introduction et traduction de Hourya Sinaceur, Paris, Seuil, 1993

CANTOR G., *Gesammelte Abhandlungen*, hrg. v. Ernst Zermelo, Berlin, Verlag von Julius Springer, 1932

COUTURAT L., *La logique de Leibniz*, Georg Olms Verlagsbuchhandlung, Hildesheim, 1969

ESPAGNE P. (d'), *Tractatus seu Summule logicales*, Van Gorcum & Comp. B. V. Assen, 1972

Prisciani Institutionum grammaticarum libri XVIII, in : *Grammatici latini*, Georg Olms Verlagsbuchhandlung, Hildesheim, 1961

PORPHYRE, *Isagoge*. Texte grec, *Translatio Boethii*, traduit par A. de Libera et A.-Ph. Segonds, introduction et notes de A. de Libera, Paris, Vrin, 1998

ABRÉVIATIONS

Textes non-traduits en français : *Vat.* (édition vaticane, 1950-) ; *Olms* (reprint de Wadding, Hildesheim, 1968) ; *Oph.* (*Opera philosophica*, St-Bonaventure, 1997-)

Textes traduits en français : *PP.* (*Traité du premier principe*, 1983) ; *PI.* (*Le principe d'individuation*, 1992) ; *Im.* (*L'Image*, 1993) ; *P. Lect.* (Prologue de la *Lectura*, 1996) ; *P. Ord.* (Prologue de l'*Ordinatio*, 1999)

BA. (*Bibliothèque augustinienne* ; Desclée, De Brouwer et cie)

Ordre des questions traitées dans le présent ouvrage

Pour qui cherche à exposer dans ses grandes lignes la pensée d'un philosophe, la première question qui se pose est de choisir le point de départ adéquat. S'agissant de Duns Scot, ce point de départ ne peut nous être fourni, ni même suggéré, par l'ordonnancement de ses écrits. En effet, les commentaires, ou plutôt les "questions" qu'il écrivit sur le livre des *Sentences* de Pierre Lombard, dont les trois versions connues constituent le principal de son œuvre, se conforment à l'ordre suivi par le Magister, selon l'usage commun. L'on peut toutefois faire une hypothèse raisonnable, à savoir que toute entreprise spéculative dépend de l'idée que le chercheur se fait de la connaissance humaine, de sa valeur, de ses causes ou origines, enfin de sa portée. Et, bien que cette idée ne soit sans doute pas le point de départ effectif de sa recherche, étant plus vraisemblablement élaborée et précisée en même temps que progresse la recherche portant sur les objets de spéculation qu'il se propose, il est possible de la considérer séparément et de voir en elle le meilleur point de départ au plan méthodologique. C'est donc par là que nous commencerons.

La philosophie moderne nous a habitués à considérer le problème de la connaissance humaine d'un point de vue critique, afin de rechercher quelles sont les vérités ou certitudes auxquelles l'esprit humain peut prétendre atteindre. La méthode de Duns Scot n'est pas substantiellement différente. Ce n'est pas par le procédé qu'il se distingue mais par les résultats auxquels il parvient car, ainsi qu'on le verra, son enquête le conduit à reconnaître à l'esprit humain une portée bien supérieure à celle que l'on a coutume de lui attribuer, et qui dépasse de fort loin les limites de l'expérience sensible. Ce point une fois établi, l'on peut envisager la possibilité d'une métaphysique ou philosophie première. A l'aide ensuite de cette métaphysique, il sera possible d'édifier une théologie, entendue comme la connaissance que l'homme viateur (*homo viator*) peut avoir de Dieu.

Ainsi donc, nous traiterons d'abord de la critique de la connaissance, ou épistémologie (ajoutant en complément la théorie de la signification, rarement abordée dans les études scotistes jusqu'ici), puis de la métaphysique, enfin de la théologie. Nous continuerons par la théorie de la Création, ou plutôt du créable. Viendront ensuite la psychologie, enfin la théorie de la volonté avec quelques aperçus sur l'éthique.

CHAPITRE PREMIER

ÉPISTÉMOLOGIE

LE PROBLÈME DES VÉRITÉS SÛRES ET CERTAINES

Le problème des vérités sûres et certaines (*sincerae veritates*) est soulevé à l'occasion de l'examen auquel Duns Scot soumet les opinions de Henri de Gand sur la vérité. Nous suivons ici le texte de l'*Ordinatio* I, distinction 3, partie 1. Cet influent théologien, de peu contemporain de Duns Scot, avait édifié au sujet de la connaissance humaine une théorie complexe, où il s'efforçait de combiner les enseignements d'Aristote et ceux d'Augustin (ou encore de Platon, puisqu'il se réclame quelquefois du *Timée*). L'opération propre de l'intellect consiste à connaître le vrai, dit-il, mais le vrai s'entend en deux sens différents. Selon Aristote, toute chose sensible cause dans l'esprit une espèce intelligible qui est reçue par la voie des sens, et l'intellect est dans le vrai lorsqu'il est conforme à cette espèce. Cependant, outre l'espèce naturelle, il en existe une autre, qui est l'idée de cette chose dans l'intellect divin ou encore le modèle suivant lequel elle a été créée.

Que la première espèce ne suffise pas à connaître le vrai, Henri le prouve comme suit. Premièrement, l'objet sensible d'où l'espèce est abstraite est muable par nature. Cet objet ne peut donc engendrer quelque chose d'immuable. Or la connaissance certaine de toute vérité concernant quelque objet que ce soit est connaissance de cet objet "sous la raison de l'immuable". Donc, etc. Telle est du reste l'opinion d'Augustin, qui soutient qu'il ne faut attendre des choses sensibles aucune vérité sûre et certaine. En second lieu, l'âme est elle-même muable et sujette à l'erreur. Elle ne peut être redressée par la seule action de l'espèce naturelle, qui est encore plus muable ou instable qu'elle-même. Henri conclut donc comme suit : s'il est possible à l'homme de connaître une vérité certaine et infaillible, il ne peut y parvenir grâce à la seule espèce reçue des sens. Il faut donc que l'*exemplar* incréé soit reçu d'en haut à la faveur d'une "illumination spéciale" ou "influence spéciale". Pour finir, Henri déclare que les deux espèces doivent concourir dans l'esprit. Lorsqu'elles sont unies, c'est alors seulement que celui-ci reçoit une « parfaite connaissance de la vérité » (*Vat.* III, 131).

Si Duns Scot considère avec intérêt cette doctrine, c'est, semble-t-il, pour deux raisons. La première est qu'il tient lui-même pour acquis qu'une influence divine est nécessaire à l'homme pour connaître le vrai, bien qu'il juge suffisant de poser une influence générale, comparable à celle par laquelle Dieu gouverne le monde suivant les lois qu'il lui a données. Telle était, du reste, la position de la quasi-totalité des théologiens de l'époque. La seconde est qu'en raison de ce que dit Augustin, l'on doit admettre que les vérités infaillibles sont vues dans les règles éternelles.

Cependant, pour Duns Scot, il faut rejeter la position d'Henri pour la raison que, loin de conjurer le scepticisme, elle y conduit irrésistiblement. C'est ce qu'il entreprend de montrer en critiquant les arguments sur lesquels le Gantois fonde sa théorie. Admettons, comme le voulait Héraclite, que les choses sensibles changent continûment, au point que, selon lui, il faudrait se limiter à les montrer du doigt, sans rien pouvoir en dire. Cela est faux, car s'il y a du changement dans le monde sensible, il y a aussi de la permanence. Admettons cependant que tout coule ou tout fuit. Si donc nous connaissons "sous la raison de l'immuable" des choses qui sont en soi entièrement muables et continûment changeantes, nous ne pouvons avoir aucune certitude à leur sujet. Bien plus, nous ne les connaissons pas du tout, si elles sont connues de nous sous une raison contraire à leur nature. Et quelle que soit la lumière, naturelle ou surnaturelle (si l'on pose une influence spéciale), dans laquelle nous les connaissons, la conclusion est la même, car « il n'y a pas de certitude lorsqu'un objet est connu selon un mode différent de celui dont il se comporte ». De même, s'il est vrai que l'âme intellective est intrinsèquement muable, tout ce qu'il y aura dans cette âme, serait-ce une espèce incréée, sera muable comme elle. En outre, si l'on pose deux espèces qui concourent dans l'âme, dont l'une est incertaine et l'autre certaine, aucune conclusion certaine n'en résultera, de même que dans un syllogisme dont une prémisse est nécessaire, et l'autre contingente, la conclusion est elle-même contingente. Les arguments d'Henri, conclut Duns Scot, aboutissent à une totale incertitude et plaident sans le vouloir en faveur de l'opinion des Académiciens, c'est-à-dire les représentants de la Nouvelle Académie, auxquels Augustin s'était déjà opposé.

Duns Scot s'emploie aussi à citer divers lieux d'Augustin témoignant que selon ce dernier nous pouvons connaître par nous-mêmes, sans erreur ni doute, des choses certaines, avant tout nos propres actes internes, comme le montre le chapitre quinze du second livre de *La Trinité*. « Qu'il dorme donc ou qu'il soit éveillé, [un homme] vit. Il s'agit d'une certitude que le sommeil ne peut rendre illusoire : car aussi bien dormir que voir en songe sont le fait d'un vivant » (*BA*. XVI, 479). Si quelqu'un dit "je sais que je vis", il ne peut se tromper, dit une sentence plus fameuse. Duns Scot est habile à trouver également des passages où Augustin se montre moins sévère envers la connaissance sensorielle qu'il ne paraît dans le texte invoqué par Henri de Gand. « Qu'on n'aille pas croire que nous mettons en doute la vérité des choses que nous atteignons par les sens corporels ; c'est par eux que nous avons appris à connaître le ciel, la terre, les êtres qu'ils renferment, dans la mesure où leur Créateur et le nôtre a voulu nous les faire connaître », dit Augustin (*BA*. XVI, 483).

Duns Scot entreprend pour finir – c'est la *pars construens* de son analyse – de montrer que « nous pouvons avoir par connaissance naturelle une certitude infaillible » concernant trois choses : premièrement les "principes connus par soi" et les conclusions qui peuvent en découler ; ensuite, les enseignements obtenus par l'expérience, plus précisément par l'induction raisonnée, qui est la combinaison d'observations répétées et d'un ou plusieurs principes connus par soi ; enfin, nos propres actes internes.

Avant d'examiner ces trois points, deux remarques s'imposent concernant, l'une, le sens du mot "naturel" dans l'expression "connaissance naturelle" et l'autre, l'ordre dans lequel se présentent les trois connaissables. Par connaissance "naturelle" Duns Scot entend une connaissance qui ne nécessite pas une intervention exceptionnelle ou spéciale venue d'en haut pour chaque acte cognitif. Il ne s'ensuit pas, cependant, que le terme soit à prendre en un sens naturaliste, comme si la nature se suffisait à elle-même. "Naturel" s'entend ici d'un pouvoir natif ou inné à l'intellect humain, qui s'exerce selon son degré de puissance maximal lorsqu'il n'est pas entravé, puisqu'à la différence d'une faculté libre, telle que la volonté, une faculté non-libre ou liée, telle que l'intellect, ne peut réfréner son action. Savoir si cette faculté ne rencontre pas des obstacles qui limitent sa portée, et quelles sont les raisons de cette limitation, c'est là une question que nous examinerons plus tard, en considérant la doctrine dite des "états de la nature".

L'on observe en second lieu que, dans son énumération des choses qui peuvent être connues sans erreur ni doute, Duns Scot met en tête les principes nécessaires. Bien que, ce faisant, il semble déférer à la tendance aristotélicienne, qui veut que la science ait pour objet le nécessaire (ce qui ne peut être autrement), il ne faut pas en conclure que la connaissance des choses contingentes, en premier lieu celle des vécus internes, souffre selon Duns Scot d'une moindre certitude, puisqu'il déclare explicitement, au sujet de nos actes, que « beaucoup d'entre eux sont connus de façon aussi certaine que les principes premiers et connus par soi » (*Vat.* III, 144). L'une et l'autre connaissances sont donc à parité pour le degré de certitude. La science ne peut reposer uniquement sur le nécessaire en délaissant le contingent. Elle ne saurait non plus se fonder exclusivement sur une vérité contingente, même certaine, comme le *cogito* cartésien. Il lui faut au contraire embrasser et les vérités nécessaires et les contingentes. La raison en est double : c'est qu'une vérité contingente (je pense, je suis) ne peut en aucune façon être déduite d'une vérité nécessaire, car la conclusion serait elle-même nécessaire; réciproquement, il est fort douteux que, de cette vérité contingente que je suis, puissent être dérivées toutes les vérités, comme semble le vouloir Descartes dans ses *Méditations métaphysiques*. Ce philosophe connut d'abord certaines vérités, puis il feignit de les tirer toutes de son seul esprit.

Les principes connus par soi

Une vérité "connue par soi" est une vérité telle qu'elle n'est, ni ne peut être connue par autre chose. C'est du reste ce qui fait d'elle un principe premier, c'est-à-dire immédiat. L'on peut dire encore qu'une semblable vérité est évidente, mais la question se pose aussitôt de savoir ce qui engendre son évidence et en répond. Selon Duns Scot, l'évidence résulte d'un acte particulier de l'intellect, que l'on peut décrire sommairement comme suit : par un acte de "simple intelligence", nous pouvons saisir le sens de termes simples (absolument simples comme "être", ou simples mais non pas absolument simples, comme "homme"). Ces termes simples sont ensuite composés par l'intellect pour former une proposition, dont le sens, distinct de celui des termes composés, est un tout. La proposition est dite "connue par soi" si, concevant les termes simples pris ensemble, l'intellect aperçoit aussitôt l'accord de la composition avec les termes composés. Comme l'explique Duns Scot, en pareil cas « il ne peut exister dans l'intellect une appréhension des termes et une composition de ceux-ci sans qu'il y ait une conformité de cette composition avec les termes, de même qu'il ne peut exister une blancheur et une autre blancheur qu'il n'y ait entre elles une similitude. Or cette conformité de la composition avec les termes constitue la vérité de la composition » (*Vat.* III, 139). Inversement, la "difformité" de la composition par rapport aux composés est la preuve manifeste de sa fausseté. Conformité et difformité sont perçues l'une et l'autre de l'intellect par un acte "collatif", acte qui n'est pas lui-même perçu (bien qu'il puisse l'être par un acte second), car ce qui est intellectuellement perçu, ce n'est pas l'acte de comparer (faute de quoi l'on ira à l'infini), mais l'accord ou le désaccord des comparés.

Duns Scot illustre cette doctrine en prenant pour exemple le principe commun qui veut que "le tout est plus grand que la partie" (savoir si ce principe est universel sera examiné plus bas). Ici, le prédicat est contenu dans le sujet. « C'est pourquoi, dit-il, l'intellect composant ces termes du fait qu'il les appréhende, possède en lui-même la cause nécessaire de la conformité de cet acte de composer avec les termes qu'il compose, ainsi que la cause évidente de cette conformité » (*ibid.*). A partir des principes premiers, qui sont certains, se déduisent des conclusions elles-mêmes certaines, celà « grâce à l'évidence de la forme du syllogisme parfait », c'est-à-dire ne faisant appel à aucune prémisse implicite, « puisque la certitude de la conclusion dépend uniquement de la certitude des principes et de l'évidence de l'inférence » (*Vat.* III, 140).

Cependant, si l'on admet avec Duns Scot, et conformément à Aristote, que toutes nos connaissances ont leur origine dans les sens, et que, par conséquent, les "termes simples", par exemple les notions de "tout" et de "partie", sont reçus des sens, ne s'ensuit-il pas que, dans la connaissance qu'il a des principes premiers, l'intellect est dépendant des sens ? Et qu'il doit se tromper si les sens eux-mêmes se trompent ? A la première question, Duns Scot répond ceci : si ces notions sont en effet acquises à partir des données sensorielles, ce n'est pas en vertu des sens, comme cause de son assentiment, que l'intellect assentit au principe, mais en vertu des termes et grâce à son pouvoir propre de juger. C'est pourquoi, afin d'assentir au principe que le tout est plus grand que la partie, il n'est pas nécessaire de voir ces termes "conjugués dans la réalité", alors qu'il est nécessaire, pour assentir à la proposition que Socrate est assis, de voir qu'il est assis en réalité. Duns Scot souligne par là la différence entre proposition nécessaire et proposition contingente. Il répond à la seconde question qu'à supposer que les sens se trompent, l'intellect, ayant acquis par voie d'abstraction les notions de tout et de partie voit, grâce à sa lumière naturelle, qu'il appartient à la signification du "tout" d'être plus grand que sa partie. Si mes sens, voyant telle chose, jugent à tort que celle-ci, qui n'est en réalité qu'une partie d'un tout, est un tout, je me trompe en me fiant à leur témoignage, mais "cette chose est un tout" n'est pas un principe premier. C'est une proposition contingente, fausse en l'occurrence. En conclusion, l'universel n'est pas connu parce qu'il est déduit de cas particuliers. C'est pourquoi l'inférence "tout tout est plus grand que sa partie ; donc ce tout, etc" est plus scientifique que l'inférence contraire, "ce tout-ci et ce tout-là; donc tout tout".

Une autre question serait de savoir si, aux yeux de Duns Scot, il est requis dans les sciences subordonnées que les quiddités des choses étudiées soient conçues distinctement, par exemple la ligne en géométrie. Sa réponse est négative, car la métaphysique est « dernière dans l'ordre de la doctrine ». Donc, « les principes des autres sciences ainsi que leurs termes peuvent être conçus avant que ceux de la métaphysique le soient » (*Ord.* I, d. 3, p. 1, q. 1-2; *Vat.* III, 53). C'est trop demander au mathématicien ou au physicien qu'ils connaissent tous les prédicats contenus dans l'espèce spécialissime qu'ils étudient, car il faudrait pour cela « beaucoup de temps ». Toutefois, « il est requis que la connaissance confuse [des] termes puisse être réduite à une connaissance distincte. Ainsi, dans la science de la nature, en tant qu'elle précède la métaphysique, les termes sont connus de manière indistincte. Mais le métaphysicien exprime distinctement la connaissance de ces termes au moyen de la définition, et c'est pourquoi la science de la nature est plus parfaite quand elle est conjuguée à la métaphysique ».

Pour ce qui est de la critique de la connaissance, les indications qui précèdent au sujet des principes connus par soi sont suffisantes. Nous reprendrons ce point pour le développer au chapitre sur la métaphysique, quand nous examinerons le problème du "vrai dans l'intellect".

Les enseignements de l'expérience

Outre les principes connus par soi, qui sont universels et, en tant que tels, indépendants de l'expérience sensible, il existe des vérités que nous tirons de l'expérience. Par l'expérience, il faut entendre ici la connaissance du monde physique et de ses lois. Elle repose sur des observations répétées de phénomènes similaires. Cependant, comme les observations ne portent pas sur tous les cas singuliers mais seulement sur un grand nombre d'entre eux, la question se pose de savoir si une généralisation est possible et légitime. La réponse de Duns Scot est positive. La généralisation est possible et légitime en fonction de cette "proposition latente dans l'âme", que « tout ce qui advient dans la plupart des cas (*ut in pluribus*) du fait d'une cause non-libre est l'effet naturel de cette cause » (*Vat.* III, 142). Ce qui n'advient pas dans la plupart des cas est l'effet d'une cause accidentelle ou casuelle. Donc, l'absence de régularité dans la production de l'effet permet de conclure que la cause est accidentelle, et l'effet dû au hasard. D'autre part, la nature n'est pas un agent libre. De la régularité de l'effet et de l'absence de liberté dans la cause, nous pouvons conclure par conséquent que l'effet observé est l'effet naturel d'une cause naturelle, et cela reste vrai même dans le cas où nous ignorerions quelle est la cause précise de cet effet.

Connaître la cause ou les causes d'un effet ne consiste pas seulement à savoir quelle est ou quelles sont les causes empiriques de celui-ci. Cela consiste plutôt à savoir pourquoi telle cause produit tel effet. Ici, observe Duns Scot, deux cas peuvent se présenter. Il prend deux exemples tirés d'Aristote, celui de l'éclipse de la lune et celui d'une herbe servant à guérir une maladie.

L'éclipse de la lune a pour cause l'interposition de la terre entre le soleil et la lune. Si, dit Aristote, nous étions sur la lune, nous verrions que la lumière du soleil ne peut nous parvenir à cause de l'interposition de la terre. Comme nous ne sommes pas sur la lune, nous ne pouvons pas savoir la cause de l'éclipse par intuition, c'est-à-dire par une vue directe de la cause, mais seulement par inférence de l'effet à sa cause. Constatant que la lune est quelquefois éclipsée, partiellement ou totalement, nous procédons à la recherche de la cause "par voie de division". Il arrive alors quelquefois « qu'à partir de la conclusion connue par expérience », c'est-à-dire ici l'obscurcissement, partiel ou total, de la lune, « nous parvenons à des principes connus à partir des termes » (*Vat.* III, 143). Dès lors, la conclusion, d'abord connue par l'expérience, est « connue plus sûrement », parce qu'elle se déduit d'un principe connu par soi, à savoir qu'« un corps opaque interposé entre le milieu translucide et la lumière empêche la multiplication de la lumière jusqu'à ce milieu translucide » (*ibid.*). Et si l'on a découvert, par voie de division, que le corps interposé entre le soleil et la lune est la terre, alors l'on sait de façon tout à fait certaine, par une démonstration *propter quid*, c'est-à-dire déductive, ce qu'auparavant l'on savait seulement au moyen de l'expérience, avant la découverte du principe. L'on remarquera que Duns Scot n'explique pas ici comment nous parvenons à découvrir le principe de l'interposition. Mais, dès lors qu'il a été découvert, c'est un principe "connu par soi", dont la vérité ressort d'une simple comparaison entre ce principe et les termes, obtenus par abstraction, qui composent ce principe. La doctrine scotiste de l'induction, si nous l'avons bien comprise, combine deux idées différentes. Premièrement, la généralisation est légitime en raison du principe que « tout ce qui advient dans la plupart des cas (*ut in pluribus*) du fait d'une cause non-libre, est l'effet naturel de cette cause ». Deuxièmement, cette généralisation n'est pas suffisante pour fonder un "principe connu par soi", car un tel principe est connu à partir des termes qui le composent. Cette différence semble correspondre à celle que l'on a coutume de faire, dans les sciences naturelles, entre un principe général et une loi particulière.

Dans le second cas, celui d'une herbe dont nous constatons que, dans la plupart des cas, elle aide à guérir une maladie, sans cependant pouvoir démontrer la cause de ce phénomène grâce à un principe connu à partir de ses termes, nous ne pouvons aller au-delà d'une simple constatation, laquelle constitue, du moins pour le moment, "le degré ultime de la connaissance scientifique". Nous disposons toutefois, pour écarter le doute et la possibilité de l'erreur, du principe connu par soi suivant lequel « l'effet, qui se répète dans la plupart des cas, d'une cause non-libre, est l'effet naturel de cette cause ». La régularité dans la production de l'effet, jointe à l'absence de liberté dans la cause, est une garantie suffisante. Et si nous n'avons pas une connaissance actuelle de la causalité de la cause, faute de disposer d'un principe nécessaire permettant de la connaître, néanmoins cette connaissance existe "à l'état aptitudinal", c'est-à-dire, pour simplifier, à l'état potentiel.

La connaissance de nos actes internes

Concernant, en troisième lieu, nos propres actes, Duns Scot affirme que « beaucoup d'entre eux sont connus de façon aussi certaine que les principes premiers connus par soi ». Le fait que ces actes sont contingents n'y change rien. En effet, de même qu'il existe quelque vérité nécessaire qui est première et immédiate, de même les vérités contingentes sont ordonnées, c'est-à-dire dépendent d'une vérité contingente qui est première et immédiate. Dans le cas contraire, ou bien l'on ira à l'infini, et donc rien de ce qui est contingent ne sera connu, ou bien quelque chose de contingent suivra d'une cause nécessaire – deux conséquences impossibles. En conclusion, « de même que je sais avec certitude que je veille, comme quelque chose connu par soi, de même en va-t-il de bien d'autres actes qui sont en notre pouvoir, comme par exemple que je pense, que j'entends, et des autres actes qui sont des actes parfaits » (*Vat.* III, 145).

L'on remarquera ici qu'un "acte parfait" se définit comme un acte en possession de son objet, ou encore comme l'acte d'une faculté actualisée par son objet. Par suite, un acte parfait n'est pas que j'entends ou que je vois, mais plutôt que j'entends quelque son ou vois quelque objet visible. Puisque donc l'objet est cause réelle (quoique partielle, comme on verra) de l'acte parfait, il faut se demander si la certitude de tels actes n'est pas compromise par la possibilité d'une illusion qui serait causée par l'objet. Duns Scot répond à ce doute comme suit : « Bien qu'il ne soit pas certain que je vois une couleur blanche située à l'extérieur de moi, soit dans tel sujet soit à telle distance, puisqu'une illusion peut se produire dans le milieu intermédiaire ou dans l'organe visuel, ou encore de bien d'autres façons, il est certain néanmoins que je vois (…) » (*ibid.*).

Ici, une question se pose tout naturellement à quiconque connaît la longue histoire de cette problématique, d'Augustin à Descartes pour le moins : la certitude de l'acte de voir est-elle engendrée par un acte réflexif par lequel je sais, sans erreur, que je vois, de sorte que s'il est possible que je me trompe sur la nature ou la position de l'objet vu, il est impossible que je me trompe si je dis que je sais que je vois ? Ou bien faut-il penser que l'acte est "connu par soi", c'est-à-dire immédiatement et sans l'intermédiaire d'un acte réflexif? En dépit du texte qui vient d'être cité, où Duns Scot marque son allégeance envers Augustin, c'est la seconde réponse qui s'accorde le mieux à sa pensée. En effet, que je vois ou que je vis est pour Duns Scot une "vérité contingente", qui est connue immédiatement. Or si la certitude résultait d'un acte réflexif, qui est un acte second, le premier acte ne serait pas connu "par soi" c'est-à-dire immédiatement. Ce que Duns Scot veut dire, c'est plutôt que l'acte de voir est vrai, c'est-à-dire réel, ou une vision véritable. Il peut certes être connu par un acte réflexif, mais il ne pourrait être connu comme tel s'il n'était pas d'abord un acte vrai. Que l'on se rappelle ici la trop fameuse description d'Augustin : « Celui qui dit "je sais que je vis" affirme qu'il sait une chose; supposons qu'il dise "je sais que je sais que je vis", il sait déjà deux choses ; or savoir ces deux choses, c'est en savoir une troisième; en procédant ainsi, il peut en ajouter une quatrième, une cinquième, une quantité innombrable, s'il pouvait y suffire » (*BA*. XVI, 481 ; trad. modifiée). Or il est douteux que ces additions successives de pensées correspondent à une possibilité psychologique (ce qu'Augustin concède). Surtout, il est douteux que le processus contienne quelque chose de plus que la pensée initiale et immédiate. Il est donc nécessaire de poser que la pensée initiale est immédiatement vraie et certaine. D'où il suit que, concernant les actes du sens interne, l'on ne parvient pas à la certitude par la réflexion, ni par le raisonnement et l'inférence (comme le voudra un Descartes), mais par la simple intuition (ce que Descartes admettra finalement dans les *Réponses aux objections*), entendant par là ce que l'anglais appelle *awareness*.

Ce qui confirme cette interprétation, c'est la suite de l'analyse scotiste. Que faut-il en effet déclarer, demande Duns Scot, dans le cas où l'objet de la vision, loin d'être seulement perçu incorrectement, n'existe pas ? Ce cas n'est pas imaginaire, puisqu'Augustin observe que « des vestiges des objets qu'on a vus, persistant dans l'œil, sont vus quand les yeux sont clos », et qu'Aristote, de son côté, a noté que nous voyons du feu, les paupières fermées, à la suite d'un choc reçu sur l'œil. Dois-je dire, en pareil cas, que je vois ces vestiges ou ce feu, et que cela est certain, ou bien non ? Duns Scot répond positivement. C'est que l'organe, proprement dit, ou "principal", de la vue, n'est pas l'œil, mais "le croisement des nerfs optiques". Par suite,

« si l'espèce d'une couleur blanche a été imprimée dans l'œil, qui est telle qu'elle aurait pu être imprimée par une couleur blanche, la vue verrait encore cette espèce, parce qu'une telle espèce, ou ce qui, par nature, peut être vu en elle, serait vu, puisqu'elle se tient à distance suffisante par rapport à l'organe de la vue, qui est dans le croisement des nerfs optiques (...) » (*Vat.* III, 146). Une semblable vision est donc une "vraie vision", bien qu'elle ne soit pas une vision parfaite. Elle n'est pas parfaite, parce qu'elle n'est pas causée par un objet réel, dont elle serait une similitude ou une image sensorielle, bien qu'elle ne soit pas sans cause absolument (le choc, la persistance visuelle). Mais elle n'est pas illusoire, car elle est vraie ou réelle. Et c'est pourquoi Duns Scot nomme un acte semblable une "vérité contingente". Non pas quelque chose qui peut être vrai ou pas, mais quelque chose qui, quoique contingent, est vrai absolument. Et si l'on demande comment cette vérité contingente est connue, il faut répondre que c'est grâce à l'intuition intellectuelle, c'est-à-dire le pouvoir qu'à l'intellect d'intuitionner directement quelque chose qui est présent et existant, et de le connaître comme existant et présent, en premier lieu les vécus internes. La position de Duns Scot ne s'inscrit pas, nous semble-t-il, dans la tradition de la philosophie subjective et réflexive ouverte par Augustin. Elle s'apparente plutôt au "cogito" aristotélicien, qui affleure dans un passage bien connu de l'*Ethique à Nicomaque*, au chapitre 9 du livre IX (1169a 28-35) : « Et si celui qui voit a conscience qu'il voit, celui qui entend, conscience qu'il entend, celui qui marche, qu'il marche, et si pareillement pour les autres formes d'activité il y a quelque chose qui a conscience que nous sommes actifs ..., et si avoir conscience que nous percevons ou pensons est avoir conscience que nous existons (puisque exister, avons-nous dit, est percevoir ou penser), etc. ».

CONNAISSANCE SENSORIELLE ET CONNAISSANCE INTELLECTUELLE

Reste, pour finir, à s'interroger sur la connaissance des objets extérieurs, afin de savoir si nous pouvons en avoir une connaissance certaine, par exemple qu'un objet qui paraît blanc ou chaud est vraiment tel qu'il apparaît (la *veritas in re* étant l'"identité d'un être en tant que manifesté avec lui-même en tant que manifestant ou apparaissant" – ce point sera examiné plus bas). Ici, deux cas peuvent se présenter. Ou bien des sens différents, aptes à connaître un même objet sensible par des voies différentes, comme la vue et le toucher, portent sur cet objet un jugement concordant, ou bien un jugement divergent. Dans le premier cas, je suis certain de la vérité de l'objet connu, ceci à la fois par les sens et par le principe, connu par soi, de la cause liée : comme, l'objet étant présent, tel changement dans les sens se produit *ut in pluribus*, il suit que ce changement, ou l'impression sensorielle engendrée, est l'effet naturel de telle cause. Ainsi, ce qui est tel à l'extérieur sera blanc ou chaud ou, dit Duns Scot plus prudemment, sera « quelque chose qui est tel qu'il est de nature à être représenté par l'espèce engendrée par lui dans la plupart des cas ». L'importance de cette précision n'échappera à personne, car elle écarte tout réalisme naïf des qualités sensibles. Duns Scot sait très bien que l'impression sensorielle n'est pas causée uniquement par la qualité sensible, étant co-causée par celle-ci et par l'appareil sensoriel humain, agissant comme une cause partielle supérieure de l'espèce sensible, de sorte que celle-ci, bien qu'elle ait une unité indécomposable, participe davantage de sa cause interne que de sa cause externe, comme il apparaîtra.

Deuxième cas : des sens différents portent des jugements divergents. Considérons par exemple ce que dit la vue, prise séparément. Elle dit qu'un bâton, dont une partie est dans l'eau, l'autre dans l'air, est brisé. De même, elle dit constamment que le soleil a une masse plus petite que sa masse réelle, et que tout ce qui est vu de loin est plus petit qu'il n'est. En pareil cas, l'on peut être certain de ce qui est vrai, cela au moyen d'une proposition quiescente dans l'âme, qui est plus certaine que tout jugement des sens. En effet, l'intellect est en possession de la proposition suivante : « Nul corps plus indéformable n'est brisé au contact d'un corps moins indéformable qui lui cède » (*Vat.* III, 147). Cette proposition est évidente *ex terminis*, et n'est pas douteuse, car l'opposé entraîne contradiction. Ainsi, par un acte plus certain que tout acte sensoriel, l'intellect peut juger qui, de la vue ou du toucher, dit vrai concernant le bris apparent du bâton. De même pour la dimension d'un corps vu de près et de loin. C'est en effet une proposition connue par soi de l'intellect qu'« une mesure appliquée à une grandeur demeure égale à elle-même ». Or le sens de la vue comme celui du toucher attestent que la mesure utilisée est la même, que la grandeur mesurée soit proche ou éloignée. Donc, cette grandeur est égale, qu'elle soit vue de près ou de loin. Par suite, la vue est dans l'erreur quand elle dit que cette grandeur est plus petite.

L'on voit donc, après l'exposé qui précède, que Duns Scot fait un large crédit à notre pouvoir de connaître des vérités sûres et certaines, qu'il s'agisse de vérités nécessaires, expérimentales ou contingentes, grâce à la lumière naturelle de l'intellect. Cependant, pour bien comprendre la conclusion du docteur, il est opportun de se rappeler quelle était la question posée : « Est-ce que quelque vérité sûre et certaine peut être connue naturellement par l'intellect du viateur sans une illumination spéciale de la lumière incréée ? » (*Vat.* III, 123).

Selon Duns Scot, grâce à sa lumière naturelle, l'intellect est à même de connaître avec certitude un grand nombre de vérités. Telle qu'il la comprend, la doctrine d'Henri de Gand, qui réclame une illumination spéciale, revient à poser, pour la connaissance de quelque vérité que ce soit, une "lumière accidentelle créée", qui non seulement est superflue, mais encore entraîne deux inconvénients. Tout d'abord, que l'intellect serait réduit à la passivité et n'exercerait aucune action qui lui soit propre dans la connaissance d'une vérité sûre et certaine, laquelle est pourtant l'opération la plus noble de l'intellect. D'autre part, si l'on pose que l'intellect est de soi incapable d'atteindre quelque vérité que ce soit, il suit que la lumière incréée, utilisant l'intellect créé comme un instrument (ainsi que le dit Henri), ne pourra jamais causer grâce à ce dernier la connaissance d'aucune vérité, puisqu'un agent utilisant un instrument ne peut jamais exercer une action qui excède la portée de cet instrument. Cependant, si ce qu'Henri a voulu dire, c'est que la lumière éternelle cause toute vérité certaine en tant que "cause lointaine", par conséquent première – la cause prochaine, c'est-à-dire seconde, étant l'intellect créé –, alors il rejoint l'enseignement d'Augustin sur les vérités éternelles, qui doit être approuvé.

Si l'on rejette la théorie du Gantois sur la double espèce, l'une, peu fiable, tirée des sens, l'autre, certaine, infusée d'en haut, il faut montrer quelle est la véritable origine de nos concepts naturels, et prouver que ceux-ci sont à même de représenter fidèlement la réalité. Duns Scot suit d'abord la voie aristotélicienne. Initialement, l'intellect est comme une tablette de cire vierge. C'est au contact de la réalité extérieure que toute connaissance prend naissance. Or l'intellect n'est pas en contact immédiat avec l'extérieur, mais seulement par les sens. Il suit de là que toute connaissance ou notion des choses vient à l'existence par les sens : *omnis notitia oritur a sensu*. L'analyse qui précède, sur les vérités sincères, aura prouvé que les sens ne sont pas la cause suffisante de la connaissance de ces vérités. Mais avant d'étudier le rôle qu'ils jouent, il n'est pas inutile, pour éviter l'erreur de faire de Duns Scot un empiriste, de citer un texte important où, faisant appel à l'expérience commune, il montre que nombre de nos connaissances vont au-delà de ce que les sens, à eux seuls, peuvent nous enseigner. Nous suivons ici le texte de l'*Ordinatio* IV, distinction 43, question 2. « Nous avons en nous, dit Duns Scot, la connaissance d'un objet sous une raison à laquelle ne peut atteindre l'acte d'aucune connaissance sensorielle; donc, etc. L'antécédent est prouvé par le fait que nous expérimentons en nous-mêmes que nous connaissons en acte l'universel ». Je puis voir un homme par exemple, mais que l'homme est un être vivant doué de raison, cela je ne puis le voir de mes yeux. Je puis seulement le savoir : les deux éléments de la définition, à savoir le genre, "être vivant", et la différence spécifique, “doué de raison” (la seconde déterminant le premier), ne sont pas des parties physiques et perceptibles d’un homme comme la tête et les membres, mais des “parties essentielles”, c’est-à-dire des parties de l’essence humaine, qui n’est pas perceptible mais seulement intelligible, et c’est pourquoi l’on chercherait en vain une quelconque “homothétie” entre les parties physiques et les parties essentielles d’un être matériel.

Et il poursuit : « Nous savons par expérience que nous connaissons l’être ou la qualité (*ens, vel qualitatem*) sous une raison plus commune que celle de l’objet premier de quelque faculté sensorielle que ce soit, serait-ce la plus noble et la plus élevée », c’est-à-dire la vue, laquelle est supérieure à tous les autres sens, à la fois extensivement et intensivement (comme on pourrait le montrer sans difficulté). « Nous savons aussi par expérience que nous connaissons les relations consécutives aux natures des choses, même non-sensibles. Nous savons par expérience que nous distinguons tout genre des sensibles de ce qui ne fait pas partie de ce genre. Nous savons par expérience que nous connaissons les relations de raison, qui sont des intentions secondes, c’est-à-dire la relation de l’Universel, du Genre et de l’Espèce, et de l’opposition ainsi que des autres intentions logiques ». Duns Scot conclut en conséquence : « Il est impossible d’attribuer à une faculté sensorielle le pouvoir de connaître n’importe laquelle de ces choses » (*Olms* X, 24-25). En résumé, ni l’être ni les natures ou essences, ni les notions logiques, ni les principes premiers ne sont connaissables par la voie des sens.

Connaissance intuitive et connaissance abstractive

Commençons par reproduire à ce sujet une déclaration magistrale du docteur, tirée de l’*Ordinatio*, livre II, distinction 3. « Il peut exister, dit-il, une connaissance d’un objet qui fait abstraction de toute existence actuelle de celui-ci; et il peut exister une connaissance de cet objet en tant qu’existant et en tant que présent dans l’existence actuelle ». Ce qui se prouve comme suit : « Le premier point ressort manifestement de ce que nous pouvons avoir la connaissance de telle ou telle quiddité; or la science d’un objet fait abstraction de l’existence actuelle de cet objet, faute de quoi cette science “tantôt peut exister, tantôt non” ; ainsi, elle ne serait pas constante mais, la chose ayant été détruite, la science de cette chose serait détruite, ce qui est faux ». Second point : « Ce qui est de la perfection d’une faculté inférieure apparaît être présent à un degré plus éminent dans une faculté supérieure si celle-ci appartient au même genre que la première; or, il est de la perfection du sens – qui est une faculté cognitive – de pouvoir connaître une chose en tant qu’elle est existante en soi et en tant qu’elle est présente dans son existence; cela est donc possible pour l'intellect, qui est la puissance cognitive la plus élevée; l'intellect peut donc avoir l'intellection d'une chose en tant que présente. Pour user de termes brefs, j'appelle "abstractive" la connaissance d'une quiddité en tant qu'elle fait abstraction de l'existence actuelle et de l'inexistence de celle-ci. L'autre connaissance, c'est-à-dire celle qui connaît la quiddité d'une chose en tant qu'elle existe en acte (ou qui a pour objet une chose présente dans l'existence actuelle), je l'appelle intellection "intuitive" » (*Vat*. VII, 532-33). Tel qu'il l'entend, ce terme ne s'oppose pas au terme "discursif", puisqu'une connaissance "abstractive" peut être "non-discursive" (ainsi l'intellection de termes simples, par opposition aux propositions et syllogismes).

Ainsi, selon Duns Scot, nous pouvons connaître une chose sensible de deux façons différentes. Lorsqu'elle est existante et présente, nous connaissons cette chose en présence propre. Dans ce cas, la connaissance que nous en avons est dite "intuitive". Si Duns Scot emploie ici le terme d'intuition, du latin *intueri*, au lieu de celui de perception, c'est parce que l'acte de connaître dit intuitif ne s'arrête pas aux qualités sensibles de l'objet perçu, mais appréhende celui-ci "en tant qu'existant et présent". Comme déjà pour Aristote, l'acte de sentir est pour Duns Scot en quelque façon un acte de juger, quoique non-discursif, car les sens jugent qu'une chose est, c'est-à-dire attestent son existence. Cependant, l'on peut penser que les sens ne sont pas seuls à pouvoir porter jugement sur l'existence des choses, et que l'intellect le peut aussi. La raison en est qu'une faculté supérieure doit pouvoir connaître ce que connaît une faculté inférieure, mais non pas inversement. Si donc les sens peuvent intuitionner des choses en tant qu'existantes et présentes, il faut que l'intellect le puisse aussi, puisqu'il peut connaître les sensations. L'on doit donc poser la possibilité réelle d'une connaissance intellectuelle intuitive. N'est-il pas clair, au demeurant, que si je vois un arbre devant moi, je sais du même coup qu'il y a un arbre devant moi? A la différence de beaucoup de scolastiques, qui attribuaient aux sens le pouvoir de connaître l'existence des choses exclusivement, et à l'intellect celui de connaître leur essence exclusivement, Duns Scot est enclin à penser que l'intellect peut lui aussi appréhender une existence, non seulement celle des actes internes à l'âme, mais aussi des objets extérieurs. Bien qu'il n'ait pas développé complètement la doctrine de la connaissance intellectuelle intuitive, il ne semble pas excessif de la lui attribuer, à condition bien entendu de ne pas confondre l'intuition intellectuelle d'un objet ou d'un acte existant en tant qu'existant, qu'il concède, avec une intuition des essences à la manière platonicienne, qu'il refuse. Par ailleurs, Duns Scot déclare que la connaissance intuitive d'un objet est "plus parfaite" que la connaissance abstractive de ce même objet, ce qui paraît incontestable, tant il est vrai que voir la mer vaut mieux que penser à la mer, et que la vision d'un jour ensoleillé est préférable à son concept. Or, raisonne Duns Scot, si cette connaissance intuitive était uniquement sensorielle, il s'ensuivrait que les sens seraient une faculté supérieure à l'intellect, ce qui est impossible.

S'il en est ainsi, la distinction initiale ne passe pas entre les sens jugeant de l'existence des choses, d'un côté et, de l'autre, l'intellect connaissant leur essence. Elle passe non pas entre les facultés, mais plutôt entre deux possibilités ou deux cas : ou bien l'objet connu est présent, ou bien il ne l'est pas. Dans le premier cas, il est connu en présence propre ; dans le second, au moyen d'un représentant. C'est ce représentant de l'objet que Duns Scot nomme l'"espèce intelligible" de cet objet. Cette espèce représente l'objet à l'esprit, ou donne à connaître, en l'absence de cet objet, le "ce-que-c'est" ou la quiddité de ce dernier.

Cela paraît clair, mais une question se pose : si la nécessité d'une espèce intelligible s'impose quand l'objet n'est pas présent, permettant de se le représenter, qu'en est-il lorsque celui-ci est présent ? La présence de l'objet rend-elle l'espèce intelligible superflue pour la connaissance de cet objet ? Cette question ne semble pas avoir retenu l'attention du docteur (du moins pour ce qui concerne la connaissance naturelle), mais peut-être pouvons-nous essayer d'y répondre à partir des quelques indications qu'il a données. Tout d'abord, il est impossible qu'une espèce intelligible nouvelle soit engendrée toutes les fois où un objet individuel, d'une nature déterminée, se présente aux sens. Cela pour deux raisons. A chaque fois qu'un objet est perçu, une espèce sensible nouvelle est engendrée. Mais, si l'espèce intelligible de cet objet a déjà été acquise à partir d'objets similaires, une nouvelle espèce intelligible est superflue. D'autre part, Duns Scot insiste sur le fait qu'un objet sensible n'agit pas sur le sens, ensuite sur l'intellect, au degré de sa singularité, mais au degré de sa nature. En d'autres termes, ce que nous concevons d'un objet présent, c'est que cet objet est un arbre, un lac, une montagne ou autre chose encore et, bien que cet arbre, ce lac, cette montagne soient des singuliers en soi, nous n'avons pas un concept distinct pour chacun de ces singuliers, mais seulement un concept commun pour les singuliers de même nature ou espèce, ainsi que le montre l'expérience. Il faut donc qu'un concept commun accompagne la perception que nous avons de tel ou tel singulier de même espèce, afin que cet objet singulier soit connu ou reconnu pour ce qu'il est.

Si donc un objet présent n'engendre pas à chaque fois qu'il est perçu une espèce intelligible de lui-même, et s'il faut que cet objet présent ne soit pas seulement connu comme présent, mais connu aussi pour ce qu'il est, il suit que l'espèce intelligible, conservée dans la mémoire intellectuelle, doit intervenir dans la connaissance de cet objet présent. Ainsi, la connaissance intuitive et la connaissance abstractive d'un objet peuvent être disjointes, quand l'objet est absent, mais elles peuvent aussi être conjointes, quand l'objet est présent. Ce qui fait qu'elles peuvent être conjointes quand l'objet est présent, c'est qu'elles portent l'une et l'autre sur le même objet, et que, dans ce même objet présent, le fait qu'il est, ou son existence, et ce qu'il est, ou sa quiddité, ne sont pas séparés. S'ils étaient séparés, la connaissance intuitive et la connaissance abstractive n'auraient pas le même terme, car la première connaîtrait une existence, la seconde une essence, ce qui est impossible dans la mesure où, de quelque façon que l'existence et l'essence se distinguent, il ne se peut pas qu'elles soient séparables et composées dans l'objet existant. Telle est la raison fondamentale pour laquelle nous pouvons intuitionner un objet existant et en même temps le connaître dans sa nature propre, ce qui n'empêche pas que l'intuition de l'objet existant comme existant et la conception de la nature de cet objet soient des actes spécifiquement différents, puisque la nature de cet objet – ou l'universel qui s'en tire, comme on verra plus bas – demeure identique à elle-même, que cet objet soit présent ou non, et qu'elle peut être conçue identiquement quand il est absent, voire n'existe plus. *Cognitio abstractiva est aeque existentis et non existentis*, lit-on à la question 6 du *Quodlibet* (*Olms* XII, 145).

Cette explication ne satisfera sans doute pas tous les interprètes de Duns Scot, dont certains estiment que la connaissance intuitive et la connaissance abstractive sont exclusives l'une de l'autre. Elle peut toutefois se réclamer de Mastrius, éminent scotiste qui l'a soutenue dans des termes voisins au XVIIe siècle. Surtout, elle peut s'appuyer sur le texte de la question 13 du *Quodlibet*, l'un des derniers écrits de Duns Scot.

Le docteur commence par rappeler la distinction entre les deux modes de connaissance, l'un intuitif, l'autre abstractif. Cette distinction, déjà présente dans la partie inférieure de l'âme (sens et l'imagination) est présente aussi dans la partie supérieure : « Il existe une connaissance par soi d'un objet existant, comme celle qui atteint cet objet dans son existence actuelle propre. Par exemple, la vision d'une couleur et, plus généralement, une sensation du sens externe. Il existe aussi une connaissance d'un objet qui n'est pas connaissance de cet objet existant en soi, soit que cet objet n'existe pas, soit, à tout le moins, qu'il n'est pas connu en tant qu'existant en acte. Par exemple quand on imagine une couleur, parce qu'il est possible d'imaginer une chose quand elle n'existe pas, de même que lorsqu'elle existe ». L'on peut prouver, poursuit Duns Scot, qu'une distinction semblable se rencontre dans la connaissance intellectuelle. Deux objections sont ensuite avancées, dont la seconde est celle-ci : « Si ces deux intellections différentes sont possibles pour notre intellect, alors, pour la même raison, il pourra y avoir deux intellections différentes pour un seul et même objet. Je demande donc comment elles se distingueraient. Ce ne sera pas seulement par le nombre, parce que deux accidents de même espèce ne peuvent être en même temps dans le même sujet. Ce ne sera pas non plus par l'espèce. En effet, que l'acte de connaître reçoive l'espèce soit de la puissance intellective, soit de l'objet, l'on ne pourra pas poser une différence spécifique entre ces deux intellections, puisque la puissance est la même, et l'objet le même ». En d'autres termes, il est impossible d'avoir deux intellections numériquement différentes d'un même objet en même temps – c'est le premier point. Et il est impossible d'avoir deux intellections spécifiquement différentes, l'une portant sur l'existence de l'objet, l'autre sur sa nature ou essence, puisque l'objet est un et le même, et que la puissance intellective est une et non pas double – c'est le second point. Duns Scot répond comme suit : « Concernant la seconde objection, il est possible d'admettre qu'il y ait simultanément deux connaissances d'un même objet, pourvu que l'objet de l'une ne soit pas distingué de celui de l'autre comme une essence d'une existence. En effet, bien qu'il existe entre essence et existence une distinction en tant qu'objets de l'intellect, cette distinction ne suffit pas pour le présent propos, puisque l'existence elle-même peut être connue par connaissance abstractive. En effet, de même que je puis concevoir l'essence d'une chose, de même je puis concevoir son existence, bien qu'elle ne soit pas présente dans la réalité hors de l'intellect. Il faut donc déclarer que ces connaissances sont distinctes, cela spécifiquement, parce que les raisons formelles qui meuvent l'intellect ne sont pas les mêmes dans l'un et l'autre cas : dans la connaissance intuitive, c'est la chose dans son existence propre qui est par soi motrice en tant qu'objet (*motiva obiectivè*), tandis que dans la connaissance abstractive, ce qui meut l'intellect, c'est quelque chose en quoi la chose a l'être-connaissable, que l'on entende par là soit une cause contenant virtuellement la chose en tant que connaissable, soit un effet, par exemple une espèce, c'est-à-dire une similitude qui contient en le représentant ce dont elle est la similitude » (*Olms* XII, 310).

En d'autres termes, puisque d'une chose qui n'est pas présente dans la réalité il est possible de concevoir et son existence et son essence, *a fortiori* est-il possible d'une chose qui est présente dans la réalité de concevoir et son existence et son essence. Il y a donc ici deux connaissances distinctes. Sont-elles distinctes numériquement comme deux actes ? Ou bien spécifiquement distinctes à l'intérieur d'un acte numériquement un ? La première possibilité semble exclue, bien que le docteur n'en parle pas, car il tient la seconde possibilité pour véritable : d'une part, l'intellect a conscience de la présence de la *res extra* dans son existence propre ; d'autre part, il conçoit la nature ou le ce-que-c'est de cette chose, ou bien parce qu'il possède déjà l'espèce de cette chose, ou bien parce que cette espèce est engendrée dans l'intellect par la chose elle-même en présence propre.

L'on peut évidemment regretter que Duns Scot ne s'étende pas davantage sur la différence entre connaître et reconnaître, mais tel n'est pas son propos. Reste qu'il y a dans l'exposé qui précède une conception entièrement nouvelle par rapport à l'aristotélisme standard, selon lequel les sens connaissent l'existence des choses, et l'intellect leur essence. Et l'on est en droit de penser, semble-t-il, que lorsqu'ils distinguent perception et conception, intuition sensible et concept, les Modernes raisonnent encore en termes aristotéliciens, du moins à partir du XVIIIe siècle (caractéristique à cet égard est la distinction kantienne entre la "matière" des sensations et le concept comme forme), à quoi s'ajoute pour eux un problème supplémentaire, inconnu d'Aristote, qui est de savoir comment la perception des choses existantes et la conception de leur nature peuvent être réunies en un tout (pensons aux difficultés de la théorie kantienne du "schématisme de l'imagination"). Seule, chez les philosophes contemporains, à notre connaissance du moins, la théorie phénoménologique dite de la "vision catégoriale" évoque dans une certaine mesure la doctrine scotiste de la *visio intellectualis*, bien que cette théorie manque d'un fondement métaphysique. Ce fondement métaphysique est indispensable, et il est clair pour la raison : dans une chose existante et présente (voire même une chose conçue comme pouvant exister, bien qu'elle n'existe pas en acte), son existence et son essence ne se distinguent pas réellement (cela est incompréhensible car, réellement distinctes, elles pourraient aller séparément) ; elles ne se distinguent pas non plus formellement, ainsi que le voulurent d'anciens scotistes (comme si l'existence pouvait être une forme ou une formalité dans la chose existante !). Si elles se distinguent dans une certaine mesure, c'est seulement objectivement (*obiectivè*), c'est-à-dire à titre d'objets dans l'intellect, lequel peut concevoir une même chose qu'elle existe ou n'existe pas, qu'elle soit présente ou non. S'il conçoit une chose comme non-existante ou non-présente, il faut évidemment que l'intellect conçoive en même temps la nature de cette chose : comment pourrais-je savoir que le jour d'hier n'est pas présent si je ne savais ce qu'est le jour d'hier ? S'il la conçoit comme existante ou présente, il faut évidemment qu'il conçoive non seulement la nature de cette chose, mais aussi son existence actuelle : comment pourrais-je avoir une connaissance intuitive du jour d'aujourd'hui si ce jour n'était pas présent et connu comme présent ?

IMAGE ET CONCEPT

Dans son traité *De l'âme*, Aristote distingue à côté des sens – sens spécifiques et sens commun – une autre faculté, la *phantasia*, dont le rôle paraît être de retenir dans l'organisme vivant les impressions qu'il a reçues d'un objet quand l'objet qui les a suscitées n'est plus là, ce qui fait de l'imagination une sorte de mémoire des impressions sensorielles, dont elle garde la trace. Cette faculté, pense Aristote, est nécessaire à la vie de l'animal, puisque celui-ci doit pouvoir se rappeler les impressions passées pour agir à nouveau, fuyant ce qu'il se rappelle être mauvais pour lui, recherchant à nouveau ce qu'il sait lui être bon et profitable mais, bien que la *phantasia* semble jouer aussi un rôle dans la vie intellectuelle de l'homme, puisque, dit Aristote – et nous allons y revenir – « jamais l'âme ne pense sans image » (III, 7, 431a 16; cf. III, 8, 432a 8), l'on ne sait pas si l'image contribue selon lui, et de quelle façon, à la production des espèces intelligibles, jouant ainsi ce rôle d'une faculté intermédiaire entre les sens et l'intellect, que la psychologie moderne lui attribue généralement. Pour Duns Scot, au contraire, l'imagination a un rôle réel dans la production des espèces intelligibles, bien qu'elle n'appartienne pas à la partie supérieure de l'âme, qui est constituée de l'intellect, de la mémoire et de la volonté exclusivement. Il faut qu'il en soit ainsi, si la chaîne qui va des impressions sensibles aux images et jusqu'aux espèces intelligibles est continue et sans lacune. Or il le faut, si l'objet connu est le même. S'il n'est pas le même, la connaissance est impossible.

Pour Duns Scot, un même objet est connu des différentes facultés sous le mode qui convient à chacune d'entre elles, par une espèce sensible ou sensorielle pour les sens, par une image pour l'imagination, enfin par une espèce intelligible ou plutôt intellectuelle pour l'intellect. En outre, loin d'être reçues passivement, l'espèce sensorielle, l'image et l'espèce intellectuelle sont autant d'effets de causes partielles "essentiellement ordonnées". Les causes partielles de l'espèce sensorielle sont l'objet sensible et les sens, celles de l'image l'espèce sensorielle et l'imagination, celles de l'espèce intellectuelle l'image et l'intellect agent. Chacune des facultés situées sur cette chaîne produit donc, en coopérant ou co-agissant soit avec l'objet, soit avec la faculté immédiatement inférieure, quelque chose de nouveau. L'on explique par là comment le processus cognitif est continu du début à la fin, assurant ainsi l'identité de l'objet connu en tant qu'il est connu. Comment aussi, bien qu'il soit continu, ce processus passe par les seuils différentiels. En effet, dans tout concours de causes partielles essentiellement ordonnées (nous reviendrons plus bas sur le sens de cette expression), l'une est supérieure, l'autre inférieure, et la cause supérieure assimile à soi l'effet, ou rend semblable à soi l'effet davantage que ne le fait la cause inférieure. De là, par exemple, que l'espèce intellectuelle est davantage assimilée à l'intellect qu'à l'image formée par l'imagination, ce que l'on vérifie facilement en observant que l'image participe de l'ordre sensible, tandis que l'espèce intellectuelle appartient à l'ordre de l'intelligible. Les phénomènes de seuil qui jalonnent le processus cognitif, sans mettre en cause sa continuité et son unité pour autant, s'expliquent par les lois de la co-causalité. Ainsi, l'imagination, coagissant avec les sens, produit quelque chose qui n'est pas contenu dans les impressions sensorielles prises séparément. C'est ce que Duns Scot appelle, en reprenant le langage d'Aristote, le *phantasma*, c'est-à-dire l'image. Une image étant "la similitude d'un tout", à la différence d'une simple trace, qui est "la similitude d'une partie", il faut considérer que, pour le docteur, c'est à l'imagination qu'il appartient de représenter un objet en son tout, cela à partir des impressions sensorielles, qui sont des vues partielles ou successives de cet objet. Il est opportun de se rappeler ici que, pour Aristote, l'imagination est une "affection du sens commun", ainsi qu'il l'explique dans les *Parva Naturalia*, au chapitre "De la mémoire et du ressouvenir".

L'objet, dit Duns Scot, « brille dans le phantasme » (*obiectum relucet in phantasmate*). Expression remarquable, quoique commune chez les docteurs de l'époque. Si l'objet est dit briller, c'est parce que la connaissance étant lumière, tout ce qui participe de la connaissance participe de la lumière. Mais le plus important est ailleurs. L'imagination ne donne pas à connaître une image comparable à une image peinte, mais un objet brillant dans une image. Comment cet objet se présente-t-il dans l'image? Tout d'abord, il n'est pas présent comme il l'est aux sens, puisqu'il est représenté. Cela explique pourquoi l'objet n'étant plus présent, il peut encore être imaginé. Cela explique aussi pourquoi nous pouvons nous retourner par réflexion sur l'image, alors que les sens ne peuvent se retourner sur les espèces sensibles ou sensorielles (la vue ne peut voir l'espèce du rouge, mais seulement l'objet rouge, ou plutôt la qualité rouge de l'objet), parce que les espèces sensorielles ne sont pas des représentations mais des impressions. Or, ainsi qu'on le verra dans le chapitre sur la signification, seul un représentant d'objet, parce qu'il s'apparente à un signe, peut être connu par réflexion. Ce n'est pas le cas de l'espèce sensorielle, qui est en réalité une trace. C'est le cas de l'image ou phantasme et, bien évidemment, celui de l'espèce intelligible.

L'objet qui brille dans le phantasme – c'est le second point – est une nature représentée "sous la raison du singulier". Lorsque l'on imagine un arbre ou un triangle, il est clair que la nature de cet objet est identifiée dans l'image qui le représente. Mais la nature de cet objet – un arbre, un triangle

– est toujours vue sous un aspect particulier. Il est d'ailleurs impossible de se représenter dans une image mentale un objet vu sous un aspect universel. Le triangle imaginé sera nécessairement rectangle, scalène ou isocèle, et ne pourra être les trois à la fois. De même, l'arbre imaginé sera plutôt semblable à un platane ou un aulne ou à tout autre espèce, selon que telle ou telle essence nous est plus familière, parce que nous habitons en Aquitaine ou bien en Auvergne. Naturellement, comme l'image est "confuse", c'est-à-dire indistincte, et qu'elle n'a qu'une "unité par accident", il sera difficile de l'analyser. Il est certain à tout le moins qu'il est de la nature d'une image mentale de toujours représenter l'objet "sous la raison du singulier", et non pas "sous la raison de l'universel". L'on peut encore s'exprimer autrement. « L'image, écrit Duns Scot, est proprement image d'un singulier, cela en tant que celui-ci appartient à une espèce spécialissime » (*Im.*, 129), c'est-à-dire divisible en individus, indivisible en espèces.

Dans le traité *De l'âme*, Aristote déclare que « la faculté noétique pense les formes dans les images » (III, 7, 431b 1-2). Se fondant sur ce passage (lequel, on le sait, ne contient pas toute la doctrine aristotélicienne sur le sujet), certains docteurs contemporains de Duns Scot estimaient qu'il suffit à l'intellect, pour connaître la nature d'un objet, de se tourner vers le phantasme. L'on reconnaît ici la théorie de la *conversio ad phantasma*. Pour de multiples raisons (dont l'une est que cette théorie suppose un intellect passif, au lieu qu'il est productif par nature), Duns Scot rejette cette conception. L'universel proprement dit – le concept de l'arbre ou celui du triangle – n'est pas contenu dans l'image. Il est engendré par le concours de l'image et de l'intellect, de sorte que, par une *translatio ab ordine ad ordinem*, l'objet passe de l'ordre matériel, qui est encore celui de l'imagination, à l'ordre de l'immatériel, qui est celui de l'intelligible. La *conversio ad phantasma* a-t-elle encore une place dans la description scotiste, peut-on demander? Oui, mais cette conversion est postérieure à la formation de l'espèce intelligible, et non pas antérieure. En d'autres termes, si le concept de l'arbre ou celui du triangle n'est pas contenu dans l'image, il nous est possible, dès lors que ces concepts sont acquis, de nous retourner vers des images conservées par l'imagination, qui représenteront l'arbre ou le triangle sous un aspect particulier. Ce point est de première importance en épistémologie, car il n'est pas exact que l'intellect humain "construit le triangle dans l'intuition", faute de quoi le triangle construit serait toujours particulier (B. Bolzano a insisté sur ce point dans sa critique de la géométrie selon Kant). C'est seulement quand le concept du triangle a été formé et acquis que l'esprit peut imaginer tel ou tel triangle particulier, dont l'image accompagne en quelque sorte le concept. Cela est du reste très compréhensible, car si l'image fut une cause par soi de l'espèce intelligible, il est normal qu'elle n'ait pas disparu quand l'espèce a été produite. Elle peut subsister, à titre d'adjuvant cette fois, aidant et entraînant l'esprit à concevoir une quiddité grâce à son pouvoir ostensif et récordatif. D'une façon générale, quand il distingue imaginer et concevoir, Duns Scot est proche de Descartes, dont l'exemple qu'il prend du chiliogone imaginé et du chiliogone conçu est dans toutes les mémoires.

La dissociation opérée par Duns Scot entre l'image et le concept rencontre cependant une difficulté suscitée par un lieu d'Aristote, selon lequel nous ne concevons rien sans image. Déjà formulée dans le traité *De l'âme*, cette sentence se retrouve dans les *Parva Naturalia*, au chapitre sur la mémoire et le ressouvenir. Duns Scot explique ce point comme suit : dès lors qu'une espèce intelligible, ou concept, a été acquise, nous sommes en mesure de concevoir l'objet qu'elle représente, c'est-à-dire donne à connaître. Or nous constatons qu'en même temps que nous concevons cet objet, une image apparaît dans l'imagination. Le docteur concède par conséquent que « nous ne concevons rien au plan de l'universel que nous n'imaginions un objet singulier qui s'y rapporte » (*Im.*, 143). Cette concession faite à Aristote paraît excessive (du reste, la psychologie de l'intelligence a montré depuis, sur la foi de multiples expériences, que la règle énoncée est loin d'être universelle). Mais Duns Scot précise sa pensée : « Tandis que [l'intellect] conçoit le "ce que c'est" qui brille dans l'espèce intelligible en tant qu'il brille dans l'espèce intelligible, il le voit dans un singulier qui s'y rapporte, et qui est vu par l'imagination dans une image » (*Im.*, 144). La distinction des plans, l'un supérieur, l'autre inférieur, apparaît ici plus clairement. Toutefois, la véritable raison pour laquelle Duns Scot s'écarte d'Aristote, c'est que ce dernier semble avoir pensé que la connexion du concept avec l'image est nécessaire. Or, pour le docteur, elle n'est pas nécessaire mais seulement contingente. Et la raison de cette connexion est le *status iste*, c'est-à-dire le statut présent, ou l'état, présent où se trouve cette nature intellectuelle qu'est l'homme après la chute. Dans cet état, l'intellect est en effet conjoint à l'imagination, ainsi que nous le constatons. Mais en tant qu'intellect, ou encore pris en soi, il n'est pas lié à l'imagination nécessairement car, dans le corps glorieux, c'est-à-dire le corps de la résurrection, cette connexion disparaît. Il ne faut donc pas tirer du *status iste* des conclusions qui s'étendraient à l'intellect en tant que tel (nous reviendrons sur le *status iste* dans le chapitre relatif à la psychologie), qui est autre chose que les états successifs de la nature intellectuelle créée.

Comme toujours chez Duns Scot, les motifs religieux et les motifs scientifiques vont de pair et se renforcent mutuellement, bien que les plans soient différents. Au plan expérimental, l'on peut montrer que l'association de l'intellection avec une image n'a pas lieu dans tous les cas. Développons librement un exemple scotiste. Si je pense à la couleur rouge, il est probable qu'une image ou une impression de rouge sera suscitée dans mon imagination. Si ce que je conçois est la couleur en général, il se peut que l'image d'une couleur particulière me vienne à l'esprit, ou plutôt à l'imagination. Ce sera du bleu pour moi, du jaune pour un autre. Si enfin, au lieu de concevoir simplement la couleur, je la définis en disant que c'est une espèce de la qualité, l'association de la définition avec l'image d'une couleur particulière sera encore plus lâche, sinon inexistante. La raison en est sans doute que la définition nous fournit d'une chose une connaissance distincte, alors qu'avant d'être définie cette chose n'est connue que de façon indistincte par la simple appréhension de son concept, laquelle est comparable à la compréhension du sens d'un mot. L'image adhère au mot, accordons-le, mais la définition en libère. Pour Duns Scot, en tous cas, le scientifique (il entend par là le métaphysicien en premier lieu) doit se défaire des images une à une, en écartant les *phantasmata obnubilantia* dont Augustin a parlé, afin de parvenir à une conception pure des quiddités. Peu d'hommes, il est vrai, y parviennent pleinement. Qu'on parle de l'unité, la plupart se la représenteront sous la forme d'un tas, observe Duns Scot, qui le regrette. Qu'on parle de l'être, certains l'imagineront comme un éléphant qui porte toutes les choses sur son dos, dit Jean Paulhan pour nous amuser.

Après qu'une espèce intelligible a été engendrée, elle est conservée dans la partie réceptive de l'intellect. Cette partie, ou quasi-partie, correspond à l'"intellect patient", dont Aristote a brièvement parlé dans le traité *De l'âme*. En réalité, elle constitue plus précisément la mémoire intellectuelle, et se rapproche de la *memoria* augustinienne davantage que du *nous pathètikos* aristotélicien. Conservée dans la mémoire intellectuelle, l'espèce intelligible se tient à la disposition de l'intelligence, qui peut la concevoir en acte, et la composer avec d'autres espèces pour former des propositions. Mais avant d'en rechercher les causes, Duns Scot s'applique à établir l'existence de ces espèces intelligibles, ou concepts, dans l'esprit. Nous passons sur les nombreux arguments qu'il avance (par l'universalité de l'objet intelligible ; par le fait que l'intellect possède nécessairement des espèces des choses qui lui sont propres, faute de quoi cette faculté n'existerait pas en tant que telle, puisqu'elle n'aurait pas de raison d'être ; par le fait que, lorsque les choses auxquelles nous pensons ne sont pas présentes, il faut quelque chose qui les représente et les donne à connaître à l'esprit, etc). La preuve n'est plus à faire en effet, tant l'idée de formes mentales représentatives est accréditée dans la philosophie moderne, sauf exception. Reste que, bien que cette conception soit déjà présente chez Avicenne (qui, sous le nom d'*intentio*, assimile un concept à un signe mental), elle n'allait pas de soi chez tous les scolastiques. C'est qu'Augustin n'a pas parlé de semblables espèces, mais seulement de la science que nous avons en nous-mêmes des choses. De là que certains, tel Pierre Olivi, estimaient les dites espèces superflues. Pour Duns Scot, il est clair que si Augustin n'a pas explicitement parlé des espèces intelligibles, ce qu'il dit de la science des choses, de l'intelligence et de la mémoire, implique de poser ces espèces dans l'esprit.

ÉTIOLOGIE DE L'ESPÈCE INTELLIGIBLE

Reste à savoir comment l'espèce intelligible, dont la nécessité a été précédemment établie, est produite ou engendrée dans l'esprit. Appelons ce problème "étiologie de l'espèce intelligible", c'est-à-dire la recherche de ses causes. Remarquons au passage qu'il vaudrait mieux parler ici d'une "espèce intellectuelle", car ce qui caractérise en premier une telle espèce, c'est d'être engendrée dans l'intellect par l'intellect principalement. Qu'elle soit intelligible est certain, mais seulement par un acte second ou réflexif, qui la prend pour objet. De même, il serait préférable de parler d'une espèce sensorielle, plutôt que d'une espèce sensible. Cela non seulement pour le parallélisme des expressions, mais surtout parce qu'une espèce sensorielle n'est pas sensible, puisque les sens ne peuvent réfléchir sur leurs actes (je vois du bleu, mais je ne peux voir cette impression ou espèce du bleu). Cette remarque une fois faite, nous reprendrons néanmoins le vocabulaire traditionnel, sauf exception.

Avant de décrire à grands traits l'étiologie scotiste de l'espèce, un possible malentendu doit être d'abord écarté, qui peut être suscité par l'emploi particulier que Duns Scot fait des termes de cause et effet. Aujourd'hui, en effet, ces termes se prennent le plus souvent au sens physique. Par exemple, l'échauffement d'une pierre est un effet, dont les rayons du soleil sont la cause. Duns Scot a-t-il conçu la production des concepts sur le modèle de l'échauffement de la pierre ? Bien entendu, il ne saurait être question ici d'un modèle physicaliste. Toutefois, puisque le monde de l'esprit n'est pas un monde surnaturel, nous sommes en droit d'utiliser pour son exploration des comparaisons tirées de la réalité sensible naturelle. *A notis ad ignota devenimus*, dit l'adage traditionnel. Nous allons de ce que nous connaissons à ce que nous ignorons et cherchons à connaître. Toutefois, dès lors que nous passons d'un plan à un autre, il nous faut transposer aussi les concepts. Ainsi, dans l'étiologie de la connaissance, les concepts de cause et d'effet, tirés de l'expérience du monde physique, seront à prendre en un sens métaphorique (*metaphorice, transsumptive*). Le concept fondamental de la physique est le mouvement. Celui de la métaphysique est l'être. Partant du concept de l'"être-mû", nous obtenons par transposition le concept de l'"être-produit". De même, à partir du concept de la cause motrice (*causa efficiens*), nous obtenons celui de la cause donatrice d'être (*causa dans esse*). « Il faut noter ici, déclare Duns Scot, que les quatre causes, considérées en tant que chacune dans son genre donne l'être – abstraction faite, par conséquent, de la notion de mouvement et de changement –, relèvent de la métaphysique : la matière et la forme, en tant qu'elles sont les parties essentielles [de la chose qui reçoit l'être] ; la cause efficiente, en tant qu'elle donne l'être – abstraction faite de la notion de mouvement car, à supposer qu'elle n'agirait pas autrement que par le mouvement, la notion de ce qui donne l'être est cependant antérieure par rapport à la notion de ce qui meut; la fin, en tant qu'une chose, en fonction de l'entité qui est la sienne, est ordonnée à autre chose : bien qu'elle ne puisse l'atteindre sinon par un mouvement ou une opération, la notion d'ordre selon l'être est antérieure à celle de l'ordre selon une opération » (*Oph.* III, 43). L'étiologie scotiste de la connaissance doit par conséquent être comprise dans le cadre d'une théorie de la donation ou production dans l'être (*productio in esse*). Comment, sous l'effet de quelles causes, l'espèce intelligible passe-t-elle du non-être à l'être ? Telle est la question qu'il faut étudier.

Observons pour commencer que si, dans cette question, Duns Scot utilise quelquefois le terme *conceptus*, il faut néanmoins lui préférer celui d'espèce intelligible ou espèce intellectuelle. C'est que cette expression, quoique identique par le sens, diffère du terme précédent par ses connotations. Le mot latin *species* qui, comme le déplore Etienne Gilson, n'a malheureusement plus de correspondant dans le français actuel, comporte l'idée qu'entre l'espèce et ce dont elle est l'espèce, il existe une certaine similitude. Non point une similitude au sens étroit du mot, qui est une relation bilatérale entre des semblables, mais une similitude dans la représentation (*similitudo in repraesentando*), qui est une relation non-réciproque, par laquelle l'espèce est ordonnée à ce qu'elle représente, et non point inversement le représenté au représentant.

Comment l'espèce d'une chose est-elle produite dans l'esprit ? Duns Scot examine ce problème à la distinction 3, partie 3, de l'*Ordinatio* I. Deux faits s'imposent. D'une part, la chose extra-mentale doit être une cause par soi et, d'autre part, il ne se peut pas que l'intellect soit directement en contact avec la réalité extra-mentale. De fait, la chose sensible pénètre dans l'esprit par l'espèce sensible, puis par l'image produite par l'espèce sensible et l'imagination ostensive (*phantasia*). En dépit de ces intermédiaires, nous pouvons ne considérer que les deux extrêmes de la chaîne causale, l'objet d'un côté, l'intellect de l'autre, et donc ramener toutes les causes à deux. Nous avons maintenant à examiner la théorie scotiste des causes partielles essentiellement ordonnées (à noter, pour la suite, que cette théorie reçoit une forme différente dans un contexte différent, celui de la cosmogonie, dont il sera question plus bas, bien que certains interprètes ne fassent pas la différence, ce qui entraîne des confusions).

L'étiologie de l'espèce intelligible se comprend dans le cadre plus général d'une théorie des causes partielles. Nous avons affaire à des causes partielles lorsque ces causes sont au moins au nombre de deux, sont ordonnées et produisent par leur concours un effet commun. Cependant, deux cas différents sont à considérer. Les causes partielles peuvent être soit accidentellement ordonnées, soit essentiellement ordonnées. Par exemple, lorsque deux hommes halent une péniche le long d'un canal, ils agissent ensemble. Mais si l'un des deux était assez fort pour remplacer l'autre et faire à lui seul tout le travail, alors le second ne serait pas nécessaire. C'est pourquoi l'on dit que ces causes partielles sont ordonnées accidentellement (*accidentaliter ordinatae*). L'on remarquera toutefois que la somme des forces étant vectorielle, le cas hypothétique n'est pas identique au premier pour la direction de la force, ce qui laisse à penser qu'il est difficile de trouver des cas où les causes seraient ordonnées de façon purement accidentelle (nous reviendrons sur ce point en étudiant de plus près la notion d'"ordre essentiel").

Des causes essentiellement ordonnées se distinguent triplement des causes ordonnées par accident. Premièrement, elles ne sont pas de même nature. Deuxièmement, l'une est supérieure à l'autre ou plus parfaite. Troisièmement, aucune ne peut remplacer l'autre pour agir seule, et toutes doivent co-agir ensemble. Ces trois conditions sont vérifiées dans le cas de la production des espèces intellectuelles. C'est clair pour la première et la troisième. Mais qu'en est-il de la seconde? La cause partielle la plus parfaite est-elle l'objet ou l'intellect? Duns Scot pouvait ici se ranger soit du côté d'Aristote, soit du côté d'Augustin. Le premier a souligné la passivité ou plutôt la réceptivité de l'intellect patient, lequel est assimilé, d'après lui, à l'objet connu, ou du moins à la forme de celui-ci, tandis que le second a si fortement accentué la productivité de l'esprit que le rôle de l'objet extérieur se voit réduit à celui d'une *causa sine qua non*. Pour Duns Scot, une *conditio sine qua non* n'est pas une cause par soi. Les quatre causes aristotéliciennes sont suffisantes, sans qu'il soit besoin de leur en ajouter une cinquième. Surtout, l'aptitude de l'espèce à représenter l'objet se trouverait menacée si le rôle de l'objet se ramenait à celui d'une condition accidentelle. Pas d'occasionnalisme chez Duns Scot, par conséquent. De fait, sa solution diffère tant de celle d'Aristote que de celle d'Augustin.

Il distingue deux sortes de causalité. D'un côté, nous avons des causes "univoques", qui produisent un effet de même nature que ses causes, de l'autre des causes "équivoques", dont l'effet est d'une nature différente de ses causes et inférieure à celles-ci. Lorsqu'un couple humain engendre un enfant, il cause en tant que cause univoque, puisque l'enfant est de même nature que ses parents. Lorsqu'un homme peint un tableau, il cause ou produit ce tableau en tant que cause équivoque, puisque la nature de l'homme est supérieure à celle du tableau et plus parfaite. Appliquant cette distinction au cas présent, nous dirons que l'objet est cause partielle univoque, l'intellect cause partielle équivoque. En fonction du principe selon lequel la cause assimile à soi l'effet, il suit que l'espèce intellectuelle participe davantage de l'intellect que de l'objet. De l'objet, comme de sa cause univoque, elle reçoit l'aptitude à le représenter. De l'intellect, comme de sa cause équivoque, elle tient sa nature intellectuelle, n'étant pas autre chose qu'une qualité ou un habitus de l'intellect. Où Duns Scot s'écarte d'Augustin, c'est quand il pose que l'objet est cause réelle, quoique partielle, de l'espèce. Où il s'écarte d'Aristote, plus encore qu'il ne s'écarte d'Augustin, c'est lorsqu'il pose que l'espèce engendrée participe davantage de l'intellect que de l'objet, parce que le premier est la cause partielle supérieure ou équivoque de cette espèce.

La cause partielle extérieure et la cause partielle intérieure forment ensemble la cause totale de l'effet. Cependant, bien qu'elle soit l'effet d'une composition de causes partielles de nature différente et inégale, l'espèce intellectuelle n'est pas elle-même composée (ainsi que nous le constatons), mais le résultat commun et indivis de ses causes, en sorte qu'il est impossible de discerner dans l'effet commun ce qui provient respectivement de l'une et l'autre cause. *Effectus communis correspondet utrique causae*. Duns Scot donne ici une méthode scientifique pour l'étude de la formation des espèces intelligibles (par suite aussi des relations logiques), méthode qui est aujourd'hui courante dans la psychologie expérimentale de l'intelligence (ainsi que dans la psychologie de la perception). Qu'elle soit intellectuelle ou bien sensorielle, une espèce est un tout indécomposable en parties. Puisque donc les causes internes ne sont pas directement observables, il faudra leur attribuer tout ce qui ne peut être attribué aux causes externes. Quant à ses dernières, il faudra les faire varier pour connaître leur efficace propre. C'est la méthode de "division", rapidement évoquée plus haut au sujet de la théorie de l'induction. Un exposé plus développé montrerait que la méthode de division est déjà très semblable à celle d'un F. Bacon ou d'un Stuart Mill; plus développé encore, il montrerait l'origine de cette méthode chez Alhacen.

Pour finir, la doctrine des causes partielles essentiellement ordonnées implique une révision ou correction d'un principe métaphysique qui est reçu pour fondamental, celui de l'égalité de la cause et de l'effet (*causa aequat effectum*). Exprimé sous une forme négative, ce principe signifie qu'une cause ne peut produire un effet qui soit supérieur à, ou plus parfait que sa cause. Ce principe est vrai lorsque nous avons affaire à une cause totale, mais il est faux lorsqu'il s'agit d'une cause partielle. En réalité, une cause partielle peut produire un effet qui lui est supérieur, voire cent fois supérieur, lorsque, comme dans le cas présent, elle concourt avec une autre cause plus parfaite, puisque la cause partielle moins parfaite ne produit pas une partie de l'effet, mais, co-agissant avec la cause plus parfaite, produit avec elle l'effet total incomposé. Il est donc faux d'affirmer, avec Auguste Comte, que l'inférieur n'explique pas le supérieur. La réalité sensible et matérielle explique le supérieur, c'est-à-dire la réalité intellectuelle et immatérielle, en tant qu'elle en est une cause partielle et une cause par soi. D'une façon générale, la révision du principe d'égalité s'impose partout où nous examinons des processus vitaux. Non seulement dans la pensée, mais aussi dans la sensation et même la croissance, le non-vivant co-agit avec le vivant, de sorte que le non-vivant est capable de produire des effets vitaux, du moins en tant que cause partielle. La vie de l'esprit n'est donc pas une exception, un cas unique, mais seulement l'expression la plus élevée d'une loi de la vie.

NATURE ET CONCEPT

L'on appelle "universel" tout terme qui peut être prédiqué d'une multiplicité, ou plus précisément de chacun des éléments composant cette multiplicité. Dans la liste classique, due à Porphyre dans son *Isagogè*, ces universels, traditionnellement appelés universaux, sont au nombre de cinq, et l'on distingue, sur le cas de l'homme, le genre (animal), la différence spécifique (doué de raison), l'espèce (homme), le propre (capable de rire), l'accident (blanc). Ainsi, "animal" se prédique ou se dit par soi de tout animal, "homme" de tout homme, etc. Par opposition, un singulier n'a pas d'inférieur, puisque ce qui définit un singulier d'une espèce déterminée, c'est qu'il est indivisible en parties subjectives, c'est-à-dire en parties qui lui seraient identiques. D'où il suit qu'un terme singulier, comme un nom propre, ne se prédique que d'un seul sujet, comme lorsque nous disons "Socrate est Socrate". L'on pourrait naturellement se demander s'il existe des noms proprement propres, sachant que le plus souvent un nom dit propre est un nom improprement propre mais approprié à un sujet par divers moyens, de façon que nous puissions distinguer sans erreur deux sujets portant le même nom, par exemple Montpellier en Amérique et Montpellier en France. Cependant, la question ne concerne pas ici le nom d'un sujet singulier, lequel, en tant que nom, est une détermination extérieure à ce sujet et accidentelle. L'idée fondamentale est que, lorsque nous descendons l'arbre de Porphyre, en allant du plus général au plus particulier, chaque terme supérieur se prédique par soi du terme immédiatement inférieur. Ainsi, "être vivant" se prédique par soi de "animal", "animal" de "homme", de telle sorte que le sujet de la première prédication devient le prédicat de la suivante, jusqu'à aboutir à un sujet – Socrate ou bien Coriscus –, lequel ne peut pas être prédiqué à son tour d'un sujet inférieur, comme si l'on disait "Socrate est Coriscus". La coordination prédicamentale est donc fermée par en bas. Elle s'achève sur un sujet qui n'est plus prédicable, sauf de lui-même, comme lorsque nous disons "Socrate est Socrate". L'on remarquera aussi qu'une coordination prédicamentale est également fermée par en haut, puisque, partant d'un singulier et remontant de ce singulier à l'espèce, de l'espèce au genre prochain, etc, nous aboutissons nécessairement à la notion la plus générale que nous puissions concevoir, qui est l'être indéterminé, lequel ne peut devenir le sujet d'une prédication ultérieure, puisqu'il n'y a rien au-delà de l'être le plus indéterminé ou indifférencié. Comme le dit Duns Scot, « toute coordination, en tant qu'elle est finie à la fois en montant et en descendant (d'après le Philosophe, *Seconds Analytiques* I), comprend, d'une part, un prédicament premier dont rien n'est prédiqué, et, d'autre part, un plus petit sujet (*infimum subicibile*), qui n'a pas de sujet en dessous de lui » (*PI.*, 128). Ainsi, ce qui définit un singulier, par opposition à un universel, c'est qu'il n'est pas prédicable par soi de plusieurs.

Remarquons qu'une "description finie" telle que "le premier homme ayant marché sur la lune" semble satisfaire cette condition. Pourtant, Duns Scot ne l'admettrait sans doute pas, car "le premier homme ayant marché sur la lune" serait pour lui, comme pour Aristote, un "être par accident", c'est-à-dire un "agrégat de déterminations relevant de genres différents". En d'autres termes, l'on peut trouver des expressions qui conviennent à un sujet et un seul, mais ces expressions, étant des descriptions, n'expriment pas l'essence ou la nature du sujet. Il reste donc vrai qu'il n'existe pas de définition du singulier ou de l'individu, du moins pas de définition métaphysique de "cet homme-ci", bien qu'il existe une définition logique de l'Individu, celle qui a été donnée plus haut.

Après avoir distingué singulier et universel, reste à s'interroger sur le problème épineux du mode d'existence des Universaux. Problème épineux, disons-nous, parce que, si nul ne conteste l'existence d'êtres singuliers (cet arbre, cet homme), qui sont directement perceptibles, l'on peut se demander comment existent des choses qui, n'étant pas singulières, ne sont pas directement perceptibles. Pour sa part, Aristote ne doutait pas que l'espèce (à la différence du genre) est une réalité, puisqu'il l'appelle *deutera ousia*, employant le même terme *ousia* qu'il emploie pour l'*ousia protè*, c'est-à-dire l'individu, et ces deux expressions expriment bien l'ordre qui existe entre l'une et l'autre entités. Cela n'empêcha pas Porphyre de soulever un doute dans son *Isagogè*, ouvrant ainsi par avance la voie à la querelle dite des Universaux. Sans prétendre traiter lui-même le problème, le commentateur néo-platonicien demande, comme en passant, à propos des genres et des espèces, « si ce sont des réalités subsistantes en elles-mêmes, ou seulement de simples conceptions de l'esprit, et, en admettant que ce soient des réalités substantielles, s'ils sont corporels ou incorporels, si enfin ils sont séparés ou s'ils ne subsistent que dans les choses sensibles et d'après elles (...) » (*Isagogè*, p. 11).

Selon l'enseignement d'Aristote, « l'"universel" est ce qui est un dans une multiplicité et se dit d'une multiplicité ». *Universale in re et de re*: l'universel est dans une chose et se dit de cette chose. Nous suivons ici le texte *Du principe d'individuation*, question 1. Compte tenu de ce que l'on vient de voir au sujet des coordinations de prédicaments, ce qu'Aristote paraît avoir en vue ici est une chose singulière, ou encore un singulier d'une certaine espèce ou nature, par exemple "cette pierre-ci". D'après la définition de l'universel, il faut donc poser que la pierre est dans cette pierre-ci, et se dit de cette pierre-ci. De fait, si la pierre n'était pas d'une certaine façon dans cette pierre-ci, l'on ne pourrait dire avec vérité qu'elle est une pierre, ou que ceci est une pierre. Telle est sans doute la part de vérité contenue dans la conception aristotélicienne de l'universel. La difficulté réside ailleurs. Dire que ceci est une pierre, c'est identifier ceci à une pierre. Mais, observe Duns Scot, identifier ceci à une pierre est une opération propre à l'intellect attribuant un prédicat à un sujet. Or il paraît clair que la pierre ne peut pas être dans cette pierre-ci de la même façon qu'elle est, à titre de prédicat, dans la proposition et dans l'intellect formant la proposition. Le concept de la pierre n'est pas dans cette pierre-ci, mais seulement dans l'intellect, et Duns Scot n'a de cesse de répéter que l'universel n'a pas d'existence hors de l'intellect.

Pour surmonter la difficulté inhérente à la définition aristotélicienne de l'universel, déjà relevée par certains commentateurs antiques, il paraît souhaitable de distinguer les deux sens en lesquels la pierre s'entend. En un premier sens, la pierre signifie la nature de la pierre, c'est-à-dire ce qu'est cette pierre-ci. En un second sens, la pierre signifie le concept de la pierre, c'est-à-dire ce que nous pensons lorsque nous concevons une pierre. Or, si le concept de la pierre, en tant que concept, ne peut être dans cette pierre-ci, il est nécessaire que la nature de la pierre soit dans cette pierre-ci, ou que cette chose-ci ait la nature d'une pierre, faute de quoi cette pierre-ci ne serait pas ce qu'elle est, une pierre, et pourrait donc être autre chose, par exemple un homme. Citons un texte tiré de la sixième des *Questions sur la Métaphysique*, où la différence de conception entre Aristote et Duns Scot ressort clairement. « L'unité de l'objet du sens n'est pas une unité universelle en acte, mais quelque chose qui est un d'une unité antérieure – à savoir une unité réelle –, par quoi l'intellect est mû à causer quelque chose de commun qui est abstrait de ce singulier-ci et de ce singulier-là, lesquels appartiennent à une même espèce plutôt qu'à des espèces différentes. Autrement, l'universel ne serait qu'une fiction. En effet, en l'absence de tout intellect, ce blanc s'accorde davantage avec cet autre blanc qu'avec quelque chose d'un autre genre. C'est pourquoi je dis que cette unité réelle qui précède l'acte de l'intellect est une unité dans une multiplicité, et non point une unité qui se dit d'une multiplicité (*est unum in multis, non tamen de multis*). C'est l'intellect qui fait de cette unité une unité prédicable d'une multiplicité, et alors elle est universelle, ce qu'elle n'était pas avant l'acte de l'intellect » (*Oph.* III, 140-41).

Cette nécessaire distinction est corroborée par deux différences entre nature et concept. Il est clair tout d'abord qu'une nature n'est pas prédicable des sujets ou suppôts de cette nature, puisque l'on ne peut dire que cette pierre-ci est la nature de la pierre, ou que cet homme-ci est l'humanité. Par contre, le concept correspondant à une nature est prédicable de tous les sujets de cette nature, puisque "pierre" se prédique universellement de toutes les pierres, et "homme" de tous les hommes. La première différence est donc la prédicabilité. Une nature n'est pas prédicable d'un sujet ayant cette nature, tandis que le concept de cette nature est prédicable de tout sujet ayant cette nature. « En effet, dit Duns Scot, rien de ce qui existe dans la réalité, quel que soit le degré d'unité qui est le sien, n'est tel qu'en fonction de cette unité-là il soit en puissance prochaine d'être prédiqué de tel ou tel sujet par une prédication du type "ceci est cela" ». Cela s'applique à une nature, laquelle existe dans la réalité, et possède une unité réelle, c'est-à-dire une unité qui ne lui est évidemment pas conférée par l'intellect, à savoir l'unité spécifique ou unité de l'espèce Et il poursuit : « Seul peut être prédiqué d'un sujet par une prédication du type "ceci est cela" un concept numériquement un, considéré en acte par l'intellect, car c'est seulement en tant qu'"objet de l'intellect" qu'il possède l'unité numérique grâce à laquelle on peut le prédiquer de tout sujet singulier en disant "ceci est cela" » (*Pl.*, 102).

En second lieu, une nature est présente chez des singuliers de même espèce, auxquels elle est commune – “commun” signifiant, précise Duns Scot, « non pas “ce qui est prédicable d’une multiplicité”, mais “ce qui est tel qu’il peut être présent chez un autre sujet que celui chez qui il se trouve” ». Ainsi, l’humanité, qui est présente chez Jean, peut être présente chez Jacques. D’où il suit que cette nature n’existerait pas ou n’existerait plus si les sujets ayant cette nature n’existaient pas ou n’existaient plus. Si tous les hommes venaient à disparaître, l’humanité disparaîtrait avec eux, que l’on entende par l’humanité une nature ou une collection, ou les deux à la fois. Cependant, si quelqu’intellect avait formé, avant que l’humanité ne disparaisse, le concept de l’homme, il pourrait le conserver, puisqu’à la différence des sens, qui ne retiennent pas les espèces sensibles, l’intellect conserve les espèces intelligibles, ou concepts, qui sont pour lui autant d’acquis, ou habitus. Or, une fois acquis, ce concept ne change pas de signification et reste identique à lui-même, même dans le cas où son objet n’existe plus. L’objet d’un concept est une nature, et non pas les sujets singuliers ayant cette nature. Ecartons la fiction d’une disparition totale des sujets ayant telle ou telle nature déterminée. La même conclusion s’impose néanmoins, car un concept en tant que tel n’enferme de façon nécessaire ni l’existence ni la non-existence des sujets réels dont il représente la nature. César est un homme, que César existe ou qu’il n’existe pas. Allons plus loin. Même dans le cas où son objet existe, un concept est indifférent envers l’existence de son objet, puisque l’existence n’entre pas en tant que telle dans le concept de cet objet. Ainsi, la seconde différence entre nature et concept s’énonce comme suit : une nature n’est pas indifférente envers l’existence de ses suppôts, tandis que le concept est indifférent envers l’existence ou la non-existence des suppôts ayant la nature ou quiddité que ce concept représente à l’esprit. Si la distinction entre une nature et un concept, ou plus précisément le concept d’une nature, corroborée par les deux différences qui viennent d’être exposées, est bien, comme il nous semble, la véritable clé d’accès à la doctrine scotiste des universaux, elle doit nous permettre d’élucider un certain nombre de points relatifs à la doctrine des natures communes, que l’on expliquerait moins bien sans cette clé.

Une nature commune n’est pas une simple similarité entre des individus, ni un universel achevé, ni une troisième chose commune à deux ou plusieurs individus et réellement distincte de ceux-ci. Elle signifie uniquement l’identité d’une espèce à elle-même, dont l’unité est réelle, mais inférieure à celle de l’individu (et l’on retrouve dans cette différence d’unité la distinction aristotélicienne entre *ousia protè* et *deutera ousia*).

Le premier point ressort de la différence de conception entre Duns Scot et Occam sur le sujet. Pour ce dernier (si nous l'avons bien compris), un terme commun ne signifie pas quelque chose d'intelligible, mais suppose seulement pour ses suppôts, c'est-à-dire est mis pour ses suppôts. Ainsi, le terme “homme” ne signifie pas l'être humain. Il est mis seulement pour tous les hommes, présents, passés et futurs. Il est clair que, dans cette conception, si aucun homme n'existait, le terme commun ne supposerait plus pour rien et ne serait plus un terme, semble-t-il. Conception trop étroite évidemment, car un terme commun peut être mis pour des choses qui ne sont pas présentes, voire n'existent plus. Il est donc clair qu'à suivre cette conception, la portée de la connaissance est abusivement limitée. Dira-t-on qu'elle a au moins cet avantage d'éliminer les encombrantes “natures” ? Il ne le semble pas, car l'adversaire des natures est nécessairement contraint de poser une certaine ressemblance entre les suppôts pour lesquels le terme commun est mis. Mais alors, de deux choses l'une. Ou bien l'on prend la ressemblance au sens strict (*similitudo*), et c'est insuffisant puisque, prise en ce sens, la ressemblance n'est rien de plus qu'une relation entre des accidents. Par exemple, deux objets bruns sont ressemblants. Donc, un ours brun et un chien brun sont ressemblants, mais on n'ira pas les mettre dans une même espèce animale. Ou bien l'on prend la ressemblance au sens large, c'est-à-dire comme une similitude de nature. Dans ce cas, l'ours brun et l'ours blanc ont une unité réelle, et c'est pourquoi on les mettra dans une même espèce en dépit de la différence des accidents. Le même, dit Aristote, est ce dont la substance est une. Le semblable est ce dont la qualité est une. Entre l'identité spécifique et la similarité accidentelle des individus, il faut choisir.

En second lieu, une nature ne désigne pas seulement une espèce, comme l'homme ou le cheval. Elle peut désigner aussi une qualité, comme la blancheur par exemple. Il n'est pas douteux, en effet, que la blancheur se distingue de “ce blanc-ci”, comme l'humanité de “cet homme-ci”. D'une façon générale, une nature est tout ce qui est susceptible d'être individué, tout en restant identique à elle-même. Si la blancheur peut être individuée de même qu'une quiddité, c'est parce que, pour Duns Scot et ses contemporains, la blancheur n'est pas une couleur, mais une espèce de la couleur (de même, les nombres sont considérés comme des cardinaux, puisque 2, 3, 4, etc, sont appelés non point des nombres mais des “espèces du nombre”, ce qui rejoint incontestablement l'idée de cardinalité et de classe, bien que la notion de classes d'ensembles ne soit pas encore construite).

En troisième lieu, il ne faut pas confondre une nature avec un ensemble, une classe ou une collection. En effet, un ensemble fait abstraction de la nature et de l'ordre de ses éléments, par définition. En outre, les éléments d'un ensemble ne sont pas identiques à l'ensemble dont ils sont les éléments, et cela reste vrai même dans le cas où le nombre des éléments est réduit à un seul. Au contraire, des individus de même nature ont un même être, ou participent d'un même être, sachant que « son être est plus intime que tout en chaque chose et lui est inhérent plus profondément » (*Reportata Parisiensia* I, d. 37 ; *Olms* XI-1, 215). Par conséquent, l'humanité ne saurait être réduite à l'ensemble des hommes. Ce n'est pas à dire qu'une nature créée soit indivisible. De fait, toute nature créée se divise en ses parties "subjectives", c'est-à-dire en sujets individuels participant de cette nature (c'est pourquoi l'on peut dire que "Socrate" est identique à "homme", si l'on fait abstraction de la différence individuelle). Mais la division d'une nature en ses parties subjectives ne doit pas être confondue avec la division d'un quantum en ses parties intégrantes, c'est-à-dire quantitatives. Naturellement, il y a autant de parties subjectives d'une nature en tant que nature qu'il y a de parties quantitatives dans une nature considérée comme un quantum ou un ensemble. Cependant, pas plus qu'une nature n'est un ensemble, pas davantage la division en parties subjectives et la division en parties intégrantes ne sont identiques. Elles se recouvrent seulement. Comme l'explique Duns Scot, « le "tout" divisé en parties quantitatives n'est donc pas le "tout" divisé en parties subjectives ; ils se divisent certes "en les mêmes parties", mais ces parties ne sont les mêmes que par accident car, formellement, elle ne sont pas de même nature (...). Or, comme la division de l'un et celle de l'autre en leurs parties respectives se recouvrent, et que ces parties, bien qu'elle soient de nature différente, se recouvrent également, certains ont été conduits à croire que l'un et l'autre "tout" se divisent en parties de même nature » (*PI*., 138), ce qui est une erreur. Parce que les parties subjectives et les parties quantitatives d'une même nature, bien que formellement différentes, se recouvrent ou se superposent, il est possible de considérer une nature d'un point de vue extensionnel et d'un point de vue intentionnel, étant entendu que celui-ci prime sur celui-là. En effet, un raisonnement évident persuade que si des individus de même nature sont différents l'un de l'autre, ce n'est pas parce qu'ils sont plusieurs. Ils sont au contraire plusieurs parce que chacun est différent d'un autre et identique à soi. En outre, les parties quantitatives d'un tout sont interchangeables, tandis que les parties subjectives ne le sont pas.

En quatrième lieu, en dépit de ce que cette expression pourrait laisser croire, une nature commune n'est pas une troisième chose commune à deux ou plusieurs individus, et réellement distincte de ceux-ci, au sens où, par exemple, l'intersection de deux ensembles est un ensemble distinct des deux premiers, d'où il suivrait que deux individus auraient d'un côté une partie commune et, de l'autre, une partie non-commune (l'ensemble complémentaire de l'intersection), ce qui est impossible. C'est pourquoi, afin de corriger ce que l'expression "nature commune" a de trompeur, il vaut mieux poser, en reprenant le vocabulaire de Duns Scot, qu'une nature est "dite commune", ou encore qu'elle est "une dénominativement" (de même qu'une table n'est pas blanche, mais est dite blanche). Ou encore, pour prendre un autre exemple mathématique, l'on peut dire que la notion d'ensemble est commune à deux ou plusieurs ensembles, bien que cette notion ne soit pas elle-même un ensemble. Ou enfin, au lieu de dire qu'une nature est commune *à* deux individus, l'on dira qu'elle est quelque chose de commun *dans* ces deux individus. Ainsi, dire que l'humanité est commune à Jean et à Jacques, c'est dire que la même humanité qui est dans Jean est dans Jacques. Elle est donc neutre, n'étant ni propre à Jean, ni propre à Jacques. Il va de soi que cette humanité n'a pas d'existence par soi, de sorte qu'elle subsisterait indépendamment des hommes. Ce qui a une existence séparée, c'est le concept de l'homme qui est dans l'esprit. Tandis que pour Aristote, *universale est in re et de re*, pour Duns Scot *natura est in re, universale de re*. Cette distinction est claire, car l'on se demande comment un concept, c'est-à-dire un prédicable, pourrait être présent dans une chose en tant que tel. Il est harassant pour un commentateur venant après cent autres d'avoir à répéter cette évidence contre des interprétations fallacieuses qui datent de Leibniz, pour qui Duns Scot aurait mis l'universel dans les choses !

Certes, une nature est en un sens universelle, c'est-à-dire commune, puisqu'elle ne se confond pas avec un individu ayant cette nature, mais elle n'est pas encore un "universel achevé", c'est-à-dire ce que l'on appelle couramment un concept. En tant que nature, elle a une unité spécifique mais elle n'a pas l'unité numérique grâce à laquelle un concept est prédicable de tel ou tel sujet, permettant de dire "ceci est cela". Capable d'exister indifféremment dans la réalité extérieure – où elle est individuée chez les sujets chez qui elle réside – aussi bien que dans l'âme intellective, une nature ne possède pas encore, du seul fait qu'elle est dans l'âme qui la conçoit, l'universalité achevée. Cette universalité, c'est l'intellect qui l'apporte – non pas, comme on peut le lire parfois, en universalisant la nature qu'il conçoit, ce qui n'a pas de sens, mais en co-produisant avec cette nature, telle que les sens, puis l'imagination la lui présentent, une "espèce intelligible" douée d'une unité numérique qui en fait un objet distinct de l'esprit ou un être intelligible proprement dit. Une nature est une, de l'unité spécifique, dans une multiplicité réelle. Le concept de cette nature est un, de l'unité numérique, dans l'esprit et n'existe nulle part ailleurs. Lui seul est un universel achevé, « c'est-à-dire doté d'une identité grâce à laquelle il est prédicable de tel ou tel sujet, permettant de dire "ceci est cela" » (*PI.*, 104).

Le schéma scotiste au complet est donc le suivant : l'individuel est ce qui est tel qu'il ne peut se trouver que chez le sujet chez qui il se trouve, c'est-à-dire chez “ce sujet-ci” ; le commun est ce qui est tel qu'il peut se trouver chez un autre sujet que celui chez qui il se trouve, c'est-à-dire chez “ce sujet-ci et/ou ce sujet-là” ; l'universel est ce qui est tel qu'il peut être prédiqué de n'importe quel sujet de cette nature et qui, n'étant présent que dans l'esprit, ne peut se trouver chez aucun des sujets dont il se prédique. Pour voir ce qui sépare Duns Scot d'Aristote sur ce point, le lecteur pourra se reporter au chapitre 5 des *Catégories*, où le Philosophe explique ce qu'il entend par “être dans un sujet” et “se dire d'un sujet”. La combinatoire que cet esprit logique, qui savait la valeur des combinaisons conjecturales exhaustives pour l'exploration de la réalité par la méthode *a priori*, avait tirée de là (‘être dans un sujet” et ne pas “se dire d'un sujet”, “ne pas être dans un sujet” et “se dire d'un sujet”, etc) ne résiste pas à la distinction scotiste, qui veut qu'une nature n'est pas dans un sujet au même sens où une science est dans l'âme. Une nature est individuée chez les sujets de cette nature, tandis qu'une science ne l'est pas, puisqu'elle doit son unité à l'objet dont elle est la science, et non pas aux sujets qui la possèdent.

Il existe toutefois un texte bien connu d'Aristote (*Seconds Analytiques* II, c. 19, 100a 15-100b 3) dans lequel on peut lire – mais avec les yeux de Duns Scot pour ainsi dire – la formulation *ad mentem Scoti* des rapports entre individu, nature et universel achevé : « Quand l'une des choses spécifiquement indifférenciées s'arrête dans l'âme, on se trouve en présence d'une première notion universelle; car bien que l'acte de perception ait pour objet l'individu, la sensation n'en porte pas moins sur l'universel : c'est l'homme, par exemple, et non l'homme Callias. Puis, parmi ces premières notions universelles, un nouvel arrêt se produit dans l'âme, jusqu'à ce que s'y arrêtent enfin les notions impartageables et véritablement universelles ». La théorie esquissée de la sensation, les deux arrêts qui se produisent dans l'âme, l'un par lequel une nature, ou première notion universelle, est connue, l'autre où s'arrêtent enfin les notions impartageables et véritablement universelles – tout cela ne peut manquer d'évoquer la description scotiste (et d'abord le concept avicennien de l'universel achevé). Mais le suite du texte prend une autre direction, car les étapes successives sont ensuite représentées par les notions de l'espèce et du genre, ce qui est déroutant.

NATURE ET HECCÉITÉ

Au chapitre 13 du livre Z de la *Métaphysique*, prenant une fois de plus position contre Platon, son ancien disciple Aristote écrit : « La substance d'un individu est celle qui lui est propre et qui n'appartient pas à un autre » (1038b 9-10). L'intention du Philosophe dans le passage où figure cette phrase est de montrer que l'universel n'est pas une cause ou un principe. Puisqu'il est quelque chose de commun, l'universel ne peut être la raison pour laquelle la substance d'un individu lui est propre, ce qu'Aristote prouve immédiatement après. Cependant, cette sentence fut utilisée plus tard comme une autorité pour prouver tout autre chose. Si l'on entend par la substance d'un individu la nature de celui-ci et si, comme le dit Aristote, la substance d'un individu lui appartient en propre et n'appartient à aucun autre, alors cette nature est de soi individuelle. Il y a ici un quiproquo manifeste, qui est dû sans doute au fait que le même terme de substance est utilisé par Aristote pour désigner soit un individu, soit la nature de cet individu (que l'on se rappelle seulement les exemples qu'il donne pour illustrer la catégorie de la substance – "Socrate", "cheval"). Cela explique pourquoi, dans la première question du *Principe d'individuation*, qui demande « si la substance matérielle est individuelle ou singulière de soi, c'est-à-dire par sa nature », le premier intervenant répond positivement, pensant que sa doctrine est assurée et imbattable. « Au livre VII de la Métaphysique, le Philosophe établit contre Platon que "la substance de chaque chose est propre à ce dont elle est la substance et n'appartient à aucune autre", donc etc. C'est donc par sa nature même, à l'exclusion de quoi que ce soit d'autre, que la substance matérielle est propre à ce à quoi elle appartient, de sorte que, par sa nature même, elle ne peut appartenir à aucune autre chose : elle est donc individuelle par sa nature même » (*PI.*, 87).

Qu'une chose soit individuelle par sa nature même est évidemment impossible pour de multiples raisons, dont la plus simple est que, dans ce cas, il ne saurait exister deux individus de même nature ou espèce, ou encore il y aurait autant de natures que d'individus, ce qui revient à détruire le concept de nature et celui d'individu (sauf si l'on pose un seul individu, puisqu'un individu unique n'est pas identique à sa nature, du moins chez la créature). C'est pourquoi Duns Scot n'a pas de mal à rejeter cette conception. Pour le présent propos cependant, l'important est la façon dont la question débattue est formulée. Le point de départ du raisonnement est une nature quelconque, non un individu. L'on cherche ensuite à savoir si cette nature est individuelle de soi. Si elle ne l'est pas, il faudra alors s'enquérir de la cause ou raison par laquelle elle est individualisée ou encore "contractée à la singularité". Le problème n'est pas celui de l'individu, mais celui de l'individuation d'une nature. Car il n'y a pas de sens à demander pourquoi un individu est un individu, ni pourquoi une nature est une nature (c'est comme si l'on demandait pourquoi Jean est Jean, et l'homme l'homme). Mais il y a sens à se demander pourquoi ou par quoi la nature d'un individu est la sienne, c'est-à-dire quelle est la cause ou principe de l'individualité. Nul besoin d'attribuer ici à Duns Scot un soi-disant "réalisme des natures", puisque le contexte de la discussion, que nous venons de résumer, suffit à expliquer pourquoi l'investigation prend son départ dans la notion d'une nature, entendant par là une nature quelconque, et non point une nature qui aurait une existence séparée des individus de cette nature.

Pour Duns Scot et en vérité, *natura non est de se "haec"*. Cette expression est difficile, mais il n'en existe pas d'autre qui pourrait la remplacer. Il est manifeste tout d'abord que le pronom démonstratif latin sert à rendre le *tode ti* aristotélicien, qui signifie tel singulier d'une certaine nature – "ce quelque chose-ci", pourrait-on dire. Car si l'on disait, plus simplement, "un singulier", l'on aurait à faire à un indéfini. Or, comme un indéfini est voisin par le sens d'un universel – puisque "un homme", pris comme un indéfini, est voisin de "tout homme" dans une définition, à la différence près que le quantificateur n'est pas explicite dans l'indéfini, tandis qu'il est explicite dans un universel pris universellement –, le but ne serait pas atteint, qui est de désigner sans risque de confusion un singulier pris singulièrement, ou encore un singulier déterminé et non pas indéterminé (*singulare signatum*, et non *singulare vagum*). De là le recours au pronom démonstratif, tant en grec qu'en latin. Mais – c'est le second point – le pronom n'a plus en métaphysique la valeur monstrative ou indicative ou encore déictique qu'il a en sémantique. Pris en un sens transposé, *hic homo* ne signifie pas cet homme que je montre du doigt, mais seulement tel homme particulier, différent de tout autre. La raison en est que l'homme que je montre du doigt est nécessairement un homme existant. Or, « l'expression "cet homme" n'inclut pas davantage l'existence que "homme" », dit Duns Scot (*PI.*, 117). Et la raison en est qu'en tant que mode le singulier fait abstraction de l'existence non moins que l'universel. Il peut s'agir d'un homme existant ou d'un homme qui n'existe pas, mais jamais l'analyse de cette expression, prise séparément, ne permettra d'établir si l'homme ainsi désigné est ou n'est pas. Tout ce que signifie *hic homo*, c'est qu'il n'est pas *ille homo*. Grâce à cette opposition, le sens de l'expression *hic homo* est plus facile à concevoir. L'on peut encore la clarifier autrement. "Tout homme est cet homme" : cela est faux, si l'on entend par là que tout homme est celui-ci. Cela est vrai, si l'on entend par là que tout homme est celui qu'il est. Mais le plus éclairant, c'est de distinguer d'un côté un universel pris universellement et, de l'autre, la modalité de l'universel. Un universel (tout homme) est un singulier (cet homme) – c'est évidemment contradictoire. Mais cette expression est bien compréhensible si l'on pose qu'ici le singulier est signifié sous le mode de l'universalité, car le sens est le suivant : il est commun à tout homme d'être singulier ou encore d'être "celui-ci". Là où la quantification échoue, la modalité peut réussir. Car "être singulier" ne se dit pas de "tout homme" comme d'un sujet universel, mais comme d'un sujet pris sous le mode universel ou le mode de l'universel. Un mode n'est pas un *quid*, mais la raison sous laquelle un *quid* est conçu, puis signifié.

Posé qu'une substance matérielle n'est pas individuelle de soi, c'est-à-dire par sa nature ; posé ensuite qu'une substance matérielle a nécessairement de soi une nature, avec laquelle elle ne se confond pas, il reste à se demander par quoi, par quelle cause ou principe une nature est individuée chez "ce sujet-ci" et "ce sujet-là", de sorte qu'après individuation cette nature commune devient incommunicable. D'où résulte l'*ultima solitudo* de l'individu créé. En dernière instance, chaque homme est seul – non pas unique. Et chaque pierre est seule elle aussi dans le tas de pierres amoncelées.

Comme on le verra plus bas au sujet des différences individuelles dans le chapitre sur la métaphysique, le problème dit de l'individuation consiste à se demander par quoi deux ou plusieurs individus de même espèce diffèrent l'un de l'autre, ou les uns des autres. Spécifiquement identiques, ils sont "numériquement différents". En d'autres termes, ils sont plusieurs, bien qu'il ne soit pas prouvé qu'ils diffèrent individuellement par le nombre (le contraire peut être prouvé facilement). Dans *Le principe d'individuation*, Duns Scot examine les causes possibles de la pluralité des individus. Ou plutôt, pour le dire dans son langage, qui est plus précis, il cherche par quoi une nature est contractée à la singularité, et passe en revue les diverses explications qui avaient cours de son temps. Pour les uns, le principe d'individuation, c'est la matière, pour d'autres la quantité. Pour d'autres encore, c'est l'existence actuelle, ou bien le lieu où une chose se trouve (c'est la théorie la plus faible de l'individuation, en dépit des grands noms qui lui sont attachés – Leibniz en partie, car il a beaucoup varié, Kant certainement). Pour d'autres enfin, un individu est "celui-ci" parce qu'il est indivis en soi et non identique à un autre. C'est l'opinion de Henri de Gand. Selon Duns Scot, aucune de ces solutions ne paraît convenir.

Nous n'avons pas ici la place qu'il faudrait pour exposer les divers arguments que le docteur oppose à ces solutions prises une à une, et ne dirons que quelques mots de son argumentation contre l'individuation par la matière, parce qu'elle anticipe sur la solution générale qui sera la sienne. Son argument principal est le suivant, exposé sur un exemple. Chez l'homme, la matière, c'est le corps. Or le corps ne peut être ce par quoi deux hommes diffèrent l'un de l'autre pour la raison que, si tous les hommes ont un corps, chacun a le sien, de même que, si tous les hommes ont une âme, chacun a la sienne (à noter toutefois que la similitude n'est pas complète, puisqu'il existe une subordination du corps à l'âme, de sorte que le corps et l'âme ne sont pas des principes à égalité du composé). En d'autres termes, si le corps est lui-même individué, il ne peut être la cause pour laquelle le tout composé d'âme et de corps est individué. Pour bien comprendre la pensée de Duns Scot sur ce point, il faut accepter avec lui que le terme de forme est équivoque, et peut être pris en deux sens différents (d'où il suit que le terme de matière peut lui-même être pris en deux sens différents, comme il apparaîtra). Ou bien la forme signifie "l'autre partie du composé", par opposition à la matière. Chez l'homme, cette forme est l'âme. Appelons-la "forme 2". Ou bien la forme signifie la quiddité, c'est-à-dire en l'occurrence le composé d'âme et de corps qu'est l'homme (car l'homme n'est pas une âme mais un composé d'âme et de corps). Appelons-la "forme 1". Comme la forme 1 est commune à tous les hommes, tout ce qui entre dans cette forme commune sera individué chez "cet homme-ci", c'est-à-dire et le corps et la forme 2 (sous la réserve faite plus haut), ainsi que leur composition. Pour Duns Scot, les partisans de l'individuation par la matière confondent la forme 1 et la forme 2, de sorte que l'on ne sait pas exactement de quoi ils parlent quand ils disent "la forme". Le Philosophe, quant à lui, ne fait pas cette confusion, dit Duns Scot, ce qui n'est pas certain toutefois, car il règne une grande ambiguité dans l'usage qu'Aristote fait des termes (*eidos*, *morphè*), que nous rendons par "forme" indifféremment.

Reste que, comme il est nécessaire s'agissant de l'individuation, si nous prenons le terme de forme au sens de la forme 1, ou quiddité, tout ce qui est contenu dans la forme 1, qui est commune, est commun – le corps, l'âme et la composition d'âme et de corps. Non point en ce sens évidemment qu'il existerait un corps commun, une âme commune, une composition commune d'âme et de corps, mais en ce sens que tous les hommes ont en commun d'avoir un corps, une âme et une composition d'âme et corps. D'où il suit, par voie de conséquence, que si la forme 1 est quidditative, ce qui contractera cette forme en dernière instance ne saurait être lui-même quidditatif. En effet, s'il était quidditatif, il serait encore commun. Et, bien que la qualité puisse être commune elle aussi, si l'on entend par là un accident, néanmoins, si ce terme est pris par opposition à la quiddité, alors il est possible de dire qu'en ce sens le principe d'individuation, n'étant pas quidditatif, est qualitatif. Tel que le voit Duns Scot, l'univers créé est un univers différencié qualitativement par les différences individuelles (et par les différences spécifiques ultimes qui distinguent les espèces spécialissimes, telle que l'espèce humaine ou l'espèce chevaline). Cette idée d'une différenciation fondamentalement qualitative est non seulement puissante, elle est aussi exaltante pour le sentiment vital et le sens artistique. De là qu'elle a pu inspirer des poètes érudits, ou du moins les conforter dans leur vision.

Il suit de ce qui précède que le principe d'individuation ne saurait porter le nom d'une chose ou celui d'une forme quelconque. Tout ce que l'on sait, c'est que l'entité qui est cause de l'individuation est positive, puisqu'elle est déterminante et la nature qu'elle contracte à la singularité, déterminable et déterminée. Quoique l'expression "différence individuelle" soit plus appropriée, appelons cette entité l'entité individuelle ou la réalité individuelle, comme dans le texte suivant, qui contient la conclusion de Duns Scot dans *Le principe d'individuation*, à la question 6 : « L'"entité individuelle" n'est ni forme ni matière ni composition en tant que chacune de celles-ci est une "nature". Elle est la réalité ultime de l'être qui est matière, ou qui est forme, ou qui est composition, de sorte que tout ce qui est commun et cependant déterminable peut toujours être distingué (bien qu'il soit une même chose (*res*)) en plusieurs réalités (*realitates*) formellement distinctes dont l'une, formellement, n'est pas l'autre : l'une est formellement l'entité du singulier, l'autre est formellement l'entité de la nature » (*PI.*, 176).

Il y a, dirons-nous, une seule et même chose, par exemple ce visage humain. Dans ce visage, nous distinguons, sans pouvoir les séparer, les traits communs de la face humaine, qui sont les mêmes chez tous, d'un côté, et, de l'autre, les traits singuliers qui appartiennent en propre à ce visage-ci, et non à ce visage-là. Plus exactement, nous voyons comment les traits communs sont singularisés sans exception dans ce visage-ci et ce visage-là, quand nous les comparons. L'aspect commun et l'aspect singulier ou individuel sont discernables, mais non point séparables. La distinction en présence est ce que Duns Scot appelle *distinctio formalis a parte rei*. Formelle par opposition à réelle (car si la distinction entre *a* et *b* est réelle, *a* et *b* peuvent être séparés et exister séparément). *A parte rei*, parce qu'elle est inhérente à la chose considérée. Le contraire serait *a parte intellectus*, mais il est bien évident que ce n'est pas à celui qui l'observe que ce visage-ci doit d'être celui qu'il est.

Tout cela est très clair et parfaitement acceptable, mais il subsiste un doute ou une obscurité concernant l'expression "réalité ultime de l'être qui est matière, ou qui est forme, ou qui est composition". L'on reconnaît ici le composé, lequel comprend une matière et une forme. Tout ce qui entre dans ce composé est individué, jusqu'à la composition elle-même. Mais que veut dire *ultima realitas entis*, demandera-t-on sans doute ? Faut-il entendre par *realitas* la réalité actuelle, c'est-à-dire l'existence présente de l'être en question? Non, car deux raisons s'y opposent. Tout d'abord, si l'on remplace *realitas* par *exsistentia*, l'on obtient une expression – *ultima exsistentia* – qui est incompréhensible, car on se demande ce que pourrait être l'existence ultime d'une chose. En outre, Duns Scot a rejeté auparavant la thèse de l'individuation par l'existence ou l'être d'existence. Cet être d'existence, dit-il, n'est de soi ni distinct ni déterminé; il n'a pas de différences propres, autres que celles de l'être d'essence. Il ne peut donc être ce qui fait la différence entre deux individus. Certes, concède Duns Scot, l'on peut dire que l'existence distingue de façon ultime (car le Philosophe a dit que «l'acte détermine et distingue» (*PI.*, 115)), mais cette distinction est postérieure à la coordination complète suivant l'être quidditatif. En d'autres termes, l'existence n'est pas un prédicat. Un individu peut donc être complètement déterminé indépendamment de son existence actuelle. Etienne Gilson s'étonne de cette conclusion. Peut-être n'a-t-il pas songé que cet individu sans existence – un ange incréé, par exemple – a néanmoins un *exemplar*, ou idée exemplaire dans l'intellect divin, lequel possède une idée complète pour chaque individu (comme le voulait déjà Bonaventure, auquel Duns Scot fait retour).

Pour comprendre ce qu'est la réalité ultime de l'être, il faut revenir à la notion de coordination prédicamentale. Si l'on descend l'arbre de Porphyre à partir de son sommet, qui est l'être entièrement indéterminé et entièrement déterminable, chaque entité se voit déterminée ou réduite par une différence spécifique à l'entité qui la suit immédiatement; par exemple "être naturel" est réduit à "être vivant", "être vivant" à "animal", "animal" à "homme", etc. L'entité déterminante est acte, tandis que l'entité qui est déterminée est d'abord en puissance de l'être. Mais lorsqu'on arrive à l'individu, par exemple Jean, chez lequel l'espèce spécialissime (indivisible en sous-espèces, divisible en individus) est déterminée par la différence individuelle, le processus s'arrête, puisque l'individu n'est pas divisible en parties subjectives. Donc, il n'est plus déterminable ou en puissance d'être déterminé. Donc il est acte, ou encore réalité ultime. C'est là, semble-t-il, l'intention de Duns Scot quand il écrit *ultima realitas entis*. Non point en ce sens que l'individu serait la réalité ultime de l'être, ce qui ne veut rien dire, mais en ce sens que tout ce qui est dans un individu (l'être indéterminé, l'être naturel, l'être vivant, l'être de l'animal, enfin l'être humain qui sont dans Jean) est déterminé en dernier ressort et contracté à la singularité.

Pour les raisons que l'on a vues plus haut, le principe d'individuation ne porte pas de nom spécial chez Duns Scot. Pourtant, il apparaît que le docteur s'est aperçu que cet anonymat devait être levé, et il nomma ce principe "matière". «La réalité spécifique est formelle, la réalité individuelle est matérielle» (*PI.*, 174). Contradiction? Non, bien sûr, car Duns

Scot n'entend pas par "matière" la matière matérielle, celle qui entre à titre de partie dans le composé. A preuve ce qu'il dit des anges : « … S'il est vrai que l'espèce angélique ne peut être participée par la matière qui est l'autre partie du composé, elle peut être participée par plusieurs individus matériels, c'est-à-dire par plusieurs individus ayant des entités matérielles, lesquelles sont appelées "matérielles" – comme on l'a déjà dit à plusieurs reprises – par opposition à la quiddité réduite, en tant que la quiddité est appelée "forme" » (*PI.*, 203). Il est clair que la matière n'est pas ici l'autre partie du composé (appelons-la "matière 2"). Ce que Duns Scot a ici en vue, c'est la "matière 1" et, s'il emploie le terme de matière, c'est parce que seule la matière 1 est l'opposé de la forme 1, ou quiddité. Puisque les anges sont individuellement différents et qu'ils ne peuvent différer par la matière 2, parce qu'ils sont immatériels, ni par la forme 1, parce que l'espèce angélique leur est commune, il faut qu'ils diffèrent par la matière 1. Et comme le principe d'individuation doit être le même partout, ce qui est vrai des anges le sera de toute créature, bien qu'à la différence des précédents toutes les autres créatures soient matérielles. Ce que Duns Scot entend par la matière, c'est donc ce par quoi tout individu est numériquement un. L'on pourrait peut-être l'appeler matière logique, par opposition à la matière matérielle, à condition toutefois de changer les signes. La matière logique est déterminable par une forme. Le signe plus convient à celle-ci, le signe moins à celle-là. Chez Duns Scot, c'est l'inverse. Sa matière logique est déterminante, et la forme commune déterminée. A la première le signe plus, à la seconde le signe moins.

Reste à savoir si cette conception est conforme à Aristote. Duns Scot n'en doute pas, ce qui ne laisse pas d'étonner, du moins si l'on s'en tient à l'aristotélisme standard des écoles (celui des formes soit-disant "engagées dans la matière"). Quand un partisan de l'individuation par la matière lui objecte ceci : « Selon le Philosophe, Métaphysique V, chapitre "De l'un", "sont numériquement uns les êtres dont la matière est une" ; donc, etc. », le docteur répond avec assurance en ces termes : dans ce texte, dit-il, le Philosophe « entend par "matière" l'entité individuelle, qui est constitutive des choses au plan matériel et non au plan de l'être formel (ou quidditatif, pour autant que la quiddité est appelée "forme"), puisque l'entité individuelle n'est pas quidditative ». Et il ajoute : « Cette interprétation s'impose, car il dit ensuite : "Sont spécifiquement uns les êtres dont la notion (*ratio*) est une", etc. ; la "notion" est prise ici au sens de la quiddité, laquelle, par rapport à l'être individuel, est appelée "forme" » (*PI.*, 183). En d'autres termes, ce que le Philosophe entend ici par "matière", c'est la matière 1, non la matière 2. Cette interprétation est ingénieuse, mais est-elle correcte ? Il nous semble que le concept aristotélicien de la forme, prise au sens de la quiddité, est trop souvent conçu sur le modèle des “abstractions mathématiques”, où en effet la forme, prise au sens géométrique, est séparable de la matière, prise au sens de la matière matérielle, bien qu’elle ne soit pas séparée dans la réalité. D’un autre côté, il est certain que la matière constitue pour Aristote un principe passif. Il est donc difficile de lui attribuer un concept de la matière qui est à l’opposé, celui d’une entité positive et déterminante, comme le veut Duns Scot. Par ailleurs, nous ne voyons pas où Aristote aurait enseigné que la matière 1 individue la matière 2, en même temps que la forme 2 et la composition de l’une et de l’autre. Dans son effort talentueux pour mettre le Philosophe de son côté, peut-être Duns Scot a-t-il masqué l’originalité de sa propre conception.

THÉORIE DE LA SIGNIFICATION

Les *Questions sur le Perihermeneias d’Aristote (opus primum* et *opus secundum)* sont certainement une œuvre authentique de Duns Scot, à la différence des *Questions sur les livres I et II des Premiers Analytiques,* ou les *Questions sur les livres I et II des Seconds Analytiques*, qui appartiennent certainement à l’école scotiste, mais ne sont pas de la main de Duns Scot. Le second ouvrage est de Jean de Cornouailles, ainsi que la critique l’a établi; le premier est d’un auteur inconnu. Dans son livre sur *La syllogistique d’Aristote* (p. 95), Jan Lukasiewicz déclare avoir trouvé dans le premier de ces livres la formulation initiale d’une loi qu’il appelle “loi de Duns Scot”, laquelle deviendra le troisième axiome de la théorie de la déduction du logicien polonais, après la loi dite de Clavius : “si p, alors si non-p, alors q”. « En d’autres termes, explique Lukasiewicz, si deux phrases contradictoires, comme *a* et *non-a*, étaient vraies en même temps, l’on pourrait, au moyen de cette loi, en faire dériver la proposition arbitraire *q*, c’est-à-dire n’importe quelle proposition ». Cette loi se trouve effectivement dans le Pseudo-Duns Scot, *Super librum II Priorum*, q. 2, *Utrum possibile sit, quod ex falsis sequatur verum* (*Olms* I, 332-333), où elle est démontrée (d’où il suit que ce n’est pas un axiome). Mais elle était certainement connue de Duns Scot lui-même. Au demeurant, il semble que la dite loi ne soit rien de plus qu’une application d’un principe plus général, acquis depuis le XIIe siècle au moins, *ex falso sequitur quodlibet*.

Les *Questions sur le Perihermeneias* ne sont pas très fréquentées par les chercheurs et historiens. Pourtant, à côté d’idées traditionnelles, l’on y trouve des éléments nouveaux. Nous en retiendrons deux seulement pour le présent exposé. Premièrement, l’affirmation selon laquelle la signification d’un terme simple, voire d’une proposition composée, est indifférente à l'égard de la présence ou de l'absence, de l'existence actuelle ou de l'inexistence de ce qui est signifié par ce terme ou cette proposition. Deuxièmement, la solution que Duns Scot apporte au problème, ardemment débattu de son temps, de savoir si un signe signifie une chose, ou bien le concept de la chose qui est dans l'âme.

Concernant le premier point, il est bien connu que, dans le traité *De l'âme* (III, c 6, notamment), Aristote a enseigné qu'un terme simple (ou "incomplexe"), comme "homme" par exemple, a une signification, mais ne peut être dit ni vrai ni faux puisque, pris séparément, il ne pose encore rien, c'est-à-dire n'affirme ni ne nie l'existence de rien. La vérité et la fausseté sont seulement dans l'assertion (ou "complexe"), c'est-à-dire la proposition affirmative ou négative. Duns Scot reprend à son compte ces idées traditionnelles, mais il accentue plus que ne l'avait fait Aristote la différence entre la signification des termes et des propositions d'un côté, de l'autre la vérité ou fausseté des propositions composées. La raison en est que la signification lui paraît, à juste titre, antérieure à la vérité ou la fausseté de la proposition ou assertion. La signification est l'acte d'un signe, qu'il soit simple ou complexe, et cet acte consiste à "donner à connaître quelque chose, représenter quelque chose à l'intellect" (*dare aliquid intelligere, repraesentare aliquid intellectui*). Cette définition est donnée par Duns Scot pour aristotélicienne. Elle l'est certainement, à cette réserve près que l'idée de "représenter" n'a pas d'équivalent exact chez Aristote. Surtout, il s'y ajoute maintenant une autre idée, qui provient probablement d'Avicenne. C'est qu'un signe, incomplexe ou complexe, conserve la même signification, que ce qu'il signifie existe ou bien n'existe pas. Ce qui montre que cette idée est bien de provenance avicennienne, c'est que Duns Scot reprend pour la prouver un argument du Persan. Si la signification d'un signe dépendait de l'existence de la chose signifiée, alors il faudrait établir un autre signe quand la chose signifiée n'existe plus.

La façon dont Duns Scot tend à s'écarter d'Aristote apparaît assez clairement dans le passage qui suit, tiré de la question 3 des *Questions sur le Perihermeneias*, *opus primum*, qui demande ceci : « Lorsque la chose signifiée par un mot subit une transmutation [ou changement substantiel], la signification de ce mot subit-elle une transmutation ? » (*Olms* I, 189A). Un argument pour la négative est celui-ci : « Dans le livre des Catégories, chapitre De la substance, [Aristote] dit qu'une proposition restant absolument la même tantôt est vraie, tantôt est fausse ; donc les expressions d'une proposition qui est tantôt vraie, tantôt fausse, signifient la même chose ». D'où l'on voit que la signification de l'énoncé d'une proposition précède la vérité ou la fausseté de celle-ci. Et Duns Scot poursuit : « Dans la réalité qui est signifiée par ces énoncés, il peut se produire un changement, comme on le voit à l'énoncé *Socrate est assis*. Quand il est assis, cet énoncé est vrai, mais il est faux quand un changement de position s'est produit; donc, la signification de cet énoncé ne change pas quand un changement s'est produit dans la réalité». De même, nombreux sont les actes, tels que dormir, courir, etc, qui tantôt ont lieu, tantôt n'ont pas lieu. «Si donc la signification des termes qui les signifient changeait en même temps que ces actes eux-mêmes, les mots institués pour les signifier tour à tour les signifieraient et ne les signifieraient pas et, par conséquent, il faudrait à chaque fois instituer un mot nouveau pour les signifier» (*ibid.*, 189B). La même idée est présentée sous une forme différente, où il apparaît plus nettement encore que signifier, c'est susciter une intellection. «Une parole proférée suscite en nous la même intellection quand la chose signifiée existe et quand elle n'existe pas, faute de quoi nous ne dirions pas que l'énoncé "Socrate est" est faux quand Socrate n'est pas; puisque donc signifier, c'est susciter une intellection, un même mot signifie une même chose» (*ibid.*, 189B).

Naturellement, l'on peut trouver des idées similaires chez Aristote, par exemple quand, dans les *Seconds Analytiques*, au livre 2, il déclare qu'«il est possible que l'on signifie et conçoive des choses qui ne sont pas» (*non entia contingit significare et intelligere*). De même, lorsqu'il pose que «nous pouvons avoir une même démonstration des choses qui existent le plus souvent, même quand elles n'existent pas et ne se produisent pas et, par conséquent, en avoir la même science que lorsqu'elles existent» (*ibid.*, 189B). Néanmoins, Aristote n'a pas dit expressément que signifier, c'est susciter l'intellection de quelque chose, ou représenter cette chose à l'esprit, c'est-à-dire rendre la chose présente à l'esprit. L'idée de représentation, ou plutôt de présentification d'une chose à l'esprit au moyen de signes, donc en l'absence de la chose signifiée, a une autre provenance, qui est Augustin. Ou bien, dit celui-ci, une chose est connue en présence propre, ou bien par le moyen de quelque chose qui la représente. Cette distinction est indépendante de la question de savoir si l'énoncé est vrai ou faux. Et c'est seulement grâce à cette distinction que la voie est ouverte vers une théorie de la signification en tant que telle. Elle s'accorde très bien avec la distinction scotiste, évoquée plus haut, entre connaissance intuitive et connaissance abstractive. Quelque chose qui n'est pas présent peut être connu, c'est-à-dire pensé au moyen d'un représentant, que l'on entende par là soit un signe verbal, soit un signe mental, tel un concept ou une espèce intellectuelle.

A partir de là, Duns Scot peut étudier et résoudre des questions telles que les suivantes: «La proposition "César est un homme", "César est un être animé" est-elle vraie si César n'existe pas?» (q. 7; *Olms* I, 192); «La proposition “un homme est un homme, César est César” est-elle vraie si ni l’un ni l’autre n’existent ?» (q. 8; *ibid.*, 193). En réponse à la première question, le docteur opte pour l’affirmative car, dit-il, «la notion du prédicat est incluse par soi dans la notion du sujet». Si l’on sait ce que veut dire “homme”, et que César est un homme célèbre, il est clair que César est un homme, et pour toujours. La seconde question, portant sur la proposition identique, est l’occasion de préciser les deux sens différents du verbe “est” dans la proposition attributive. En effet, le verbe “est” peut signifier soit l’existence actuelle, comme lorsqu’on dit que César est ou existe (ce qui correspond, en aristotélisme, au verbe “est” *secundum adiacens*), soit une disposition ou rapport du prédicat envers le sujet, sans existence actuelle de celui-ci (ce qui correspond au verbe “est” *tertium adiacens*). La proposition identique correspond au second cas. Dans la proposition *Socrates est Socrates*, le prédicat ne signifie pas l’*esse Socratem*, mais l’*esse Socratis*. Pris au second sens, le verbe *est* ne détermine pas ce qui le suit, il est déterminé par ce qui le suit. Il ne signifie pas l’existence actuelle de Socrate, mais l’identité de Socrate avec lui-même. Et l’on pourrait tirer de là argument pour souligner la différence structurelle entre la proposition et la réalité signifiée – non seulement la proposition identique, mais la proposition en général, comme on le verra plus bas. Dire, et d’abord penser que Socrate est Socrate, c’est proprement composer ces termes entre eux. Or il est évident qu’il n’existe pas une composition similaire dans la chose signifiée, puisque l’identité d’une chose avec elle-même est seulement une “relation de raison”, c’est-à-dire une relation que pose ou établit la raison, et non pas une “relation réelle”, ce qui supposerait que Socrate soit réellement distinct de Socrate. Il y aurait donc deux Socrate, et un troisième Socrate, qui serait l’identité des deux précédents.

La doctrine de la signification qui se dégage des *Questions sur le Perihermeneias* entraîne pour le moins deux conséquences. Premièrement, la signification d’un terme n’est pas présente dans ce terme *ut in subiecto*, mais seulement dans l’esprit de qui connaît la signification de ce terme. Deuxièmement, il faut que la chose signifiée ait dans l’esprit une existence propre, distincte de celle qu’elle a ou peut avoir dans la réalité. Que la signification ne soit pas présente dans le signe *ut in subiecto*, c’est-à-dire comme un accident inhérent à un sujet, c’est clair, puisque tout signe est *ad libitum*, ce qui veut dire conventionnel. Par ailleurs, *significare sequitur intelligere*, ou encore *quidquid significatur primo intelligitur*. Tout ce qui est signifié est d’abord conçu. L’intellect humain conçoit d’abord quelque chose ; ensuite, il impose ou établit un terme pour signifier ce qu’il conçoit (l’imposition ou institution des signes signifie seulement que ceux-ci sont conventionnels). Donc, les signes sont l’expression de la pensée. Mais l'ordre de la signification et l'ordre de la conception peuvent être différents. Ainsi, la *praedicatio signata* n'a pas le même forme ni le même ordre que la *praedicatio exercita*. "Socrate est un homme" est une *praedicatio exercita*, c'est-à-dire l'expression verbale d'une proposition mentale. Ici, le prédicat est postérieur au sujet dans l'ordre verbal. Mais quand on conçoit que « "homme" se prédique par soi de Socrate », l'on a affaire à une *praedicatio signata*. Ici, le prédicat est antérieur au sujet dans l'ordre mental, et la prédication ne nécessite pas le verbe "est". Or, la *praedicatio exercita* présuppose la *praedicatio signata* (puisque signifier suit de concevoir). L'on a ici un bon exemple montrant comment la forme de la proposition mentale diffère de celle de la proposition verbale, bien que celle-ci exprime correctement celle-là.

D'autre part, il est des cas où l'on signifie davantage que ce que l'on conçoit (*contingit plus significare quam intelligere*). Par exemple, quand on parle de la Trinité. Ce qui est signifié est au-delà de ce que l'on conçoit par ce mot, car la trinité n'est pas dans la Trinité comme elle est dans les choses, puisque, dans les choses, la trinité correspond seulement à l'idée de trois éléments, mais ne contient pas celle de la similarité et de l'égalité des éléments entre eux. Il reste vrai malgré tout que la signification est ordonnée à la conception, et non pas inversement.

La seconde conséquence de la doctrine de la signification est la nécessité de poser dans l'âme une *res concepta*, ou *res ut concepta*, laquelle n'est pas la même chose que la *res in re*, ou *res ut in re*. Ce problème est traité dans la deuxième question des *Questions sur le Perihermeneias*, qui demande « si le nom signifie la chose ou l'espèce qui est dans l'âme » (*Olms* I, 186). Naturellement, la question de savoir quelle est la nature exacte de la *res ut concepta*, ou *res in intellectu*, déborde largement la théorie de la signification des signes verbaux, et la raison principale en est que l'intellection est antérieure à la signification. Elle peut donc être examinée indépendamment des signes. Cependant, la deuxième question sur le *Perihermeneias* présente un double intérêt. Premièrement, parce qu'ici le problème est examiné sous l'angle particulier de la signification, puisqu'il s'agit de savoir quel est l'ordre des éléments à considérer – *signum, conceptus, res*. D'autre part, parce que ce problème est traité de façon plus exhaustive dans les *Questions sur le Perihermeneias* que dans l'*Ordinatio*. Cela est du reste normal, car il s'agit d'un problème proprement philosophique. Et l'on tient pour certain que ces questions, comme d'autres semblables, sur l'*Isagogè* de Porphyre par exemple ou les *Prédicaments* d'Aristote appartiennent à la période de formation philosophique de l'auteur, avant qu'il ne se tourne vers la théologie.

Le point de départ du problème se trouve dans un texte très connu d'Aristote, au chapitre 1 du *Perihermeneias* : « Les sons émis par la voix sont les symboles des états de l'âme, et les mots écrits les symboles des mots émis par la voix. Et de même que l'écriture n'est pas la même chez tous les hommes, les mots parlés ne sont pas non plus les mêmes, bien que les états de l'âme dont ces expressions sont les signes immédiats soient identiques chez tous, comme sont identiques aussi les choses dont ces états sont les images » (16a 2-8). Dans ce texte, l'intention d'Aristote est de chercher ce qu'est le nom, puisque la première phrase du chapitre, précédant immédiatement la citation, commence ainsi : « Il faut d'abord établir la nature du nom et celle du verbe ». Le Philosophe soutient que les “sons émis par la voix”, de même que les “mots écrits”, sont des signes conventionnels, puisqu'ils ne sont pas les mêmes chez tous (or, seul est naturel ce qui est le même chez tous). “Ne pas être le même chez tous” est ensuite opposé à “être le même chez tous”. Cela est vrai des “passions de l'âme”, c'est-à-dire les impressions faites dans l'âme par les choses ; cela est vrai aussi des choses elles-mêmes, dont les “passions de l'âme” sont des similitudes (ce que Tricot rend par “images” ; le texte latin que Duns Scot utilise dit “les choses que ces états de l'âme représentent”). Mais il est évident que ce texte va bien au-delà de la question de la conventionnalité des signes. Le problème qu'il soulève est en réalité celui de la connexion des signes avec les pensées et avec les choses.

C'est du moins ainsi que Duns Scot voit le problème, d'autant qu'il connaissait la théorie du signe d'Augustin, lui-même influencé en la matière par les Stoïciens, qui ont posé la célèbre triade *sèmèion, sèmainon, sèmainomenon*, où la connexion des termes entre eux est plus évidente. Il y a trois choses, disent-ils : le signe “Dion” par exemple, ensuite l'idée de Dion (appelée, d'un terme qui reste assez énigmatique, le *lekton*), enfin Dion lui-même. Dans la perspective qui est celle de Duns Scot, le problème, posé dans les termes de cet exemple, serait donc de savoir si le signe “Dion” signifie l'idée de Dion, ou bien Dion lui-même. Mais ce problème est plus compliqué pour Duns Scot qu'il ne l'était aux yeux des Stoïciens, cela pour la raison que Dion n'existe pas, puisqu'il est devenu un exemple. D'un autre côté, Dion n'est pas identique avec l'idée ou le concept de Dion, car un homme n'est pas la même chose que l'idée que tel ou tel a de cet homme, bien qu'elle soit l'idée de cet homme, et non d'un autre. Il faut donc distinguer le *conceptus rei* et la *res concepta*, bien que le premier et la seconde ne diffèrent pas réellement, mais seulement formellement. Le concept d'un objet n'est pas identique à l'objet conçu, même à l'intérieur de l'âme. Bien des philosophes, et jusqu'à la période contemporaine (par exemple F. Brentano dans sa *Psychologie*), arriveront à la même conclusion, ce qui n'a rien de surprenant puisqu'elle s'impose nécessairement à l'analyse. Ainsi se dégage l'idée d'une relation "intentionnelle" (*relatio tendentiae ad terminum ut alterum*), dont l'objet qui est dans l'âme est le terme. L'on peut dire aussi que l'objet "brille" (*relucet*) dans l'espèce intelligible, et ce n'est pas là parler par métaphore, car l'esprit est proprement lumière.

Si l'on revient au problème de la signification, deux exigences sont en présence. Premièrement, tenir compte des autorités d'Aristote. Or celui-ci dit clairement (dans le texte cité plus haut) que ce que est signifié par les signes verbaux, ce sont des impressions de l'âme, non des choses. De plus, la vérité et la fausseté résident dans le discours uniquement en tant qu'il est un signe; donc l'énoncé signifie ce en quoi il y a vérité et fausseté; or c'est une composition effectuée par l'intellect. « Donc, un énoncé composé signifie uniquement une intellection composée; et par conséquent les parties de l'énoncé signifient uniquement des intellections simples, telles que les espèces » (*Olms* I, 187A). Deuxièmement, il faut prendre en compte le fait que lorsque nous percevons des signes verbaux, ce qui est rendu présent à l'esprit, ce ne sont pas des concepts mais des choses. C'est ce que dit Augustin, et ce que montre l'expérience: « Signifier, dit Duns Scot, c'est susciter l'intellection de quelque chose; or, quand il est prononcé, le mot ne suscite pas l'intellection d'une espèce, mais celle d'une chose, ainsi qu'il apparaît chez toute personne qui entend un son vocal significatif» (*ibid.*, 187A). On peut aussi le prouver par le raisonnement. Supposons, en effet, que ce soient des concepts. Alors, il serait faux de dire que "l'homme est un animal", puisque le concept de l'homme n'est pas le concept d'animal (le premier est un concept d'espèce, le second un concept de genre; or il est clair qu'une espèce n'est pas un genre). Il faut donc que ce qui est signifié par "homme" et ce qui est signifié par "animal", ce soit l'homme lui-même et l'animal lui-même.

En réponse au problème posé, Duns Scot propose deux solutions. La première est que l'espèce intelligible peut être considérée sous un double aspect, d'abord en tant qu'elle est dans l'âme, ensuite en tant qu'elle représente l'objet: « Je dis que l'espèce intelligible est immédiatement signifiée par le nom, mais qu'elle peut être considérée sous un double aspect, ou bien en tant qu'elle est en soi un accident, c'est-à-dire en tant qu'elle informe l'âme, ou bien en tant qu'elle représente la chose ». Prise au premier sens, l'espèce n'est pas signifiée, comme l'ont montré les arguments qui précèdent, tirés de l'expérience et du raisonnement. « Prises au second sens, l'espèce est bien signifiée par le mot : en effet, puisque tout signe, en tant que signe, est signe d'un signifié, il s'ensuit que le mot, signifiant une similitude en tant que celle-ci est signe de la chose, signifie la chose elle-même, mais de façon médiate, car immédiatement le mot signifie ce qui, au regard de la chose, est un signe dans la mesure où il est signe de celle-ci » (*ibid.*, 187B).

La première solution consiste donc à discerner dans l'espèce intellectuelle ou concept deux aspects différents, quoique liés. D'une part, c'est une forme réelle ou une qualité réelle présente dans l'âme, et un *habitus* (c'est-à-dire un acquis intellectuel). D'autre part, c'est une forme intentionnelle ou représentative de l'objet. Si l'on retient le second sens, alors on peut appliquer le principe bien connu, selon lequel "le signe d'un signe est signe du signifié de ce signe" (*signum signi signum signati*). Et l'on dira, dans le cas présent, que le signe verbal signifie l'espèce intellectuelle qui signifie la chose. Donc, le signe verbal signifie la chose. Il est important de remarquer qu'afin que ce principe soit applicable, il est nécessaire de concevoir l'espèce intellectuelle de la chose non point comme une "similitude" au sens d'Aristote, mais comme un signe mental (ou signe dans l'âme) ou encore un signe naturel (c'est-à-dire formé naturellement par l'esprit, à la différence des signes verbaux, qui sont conventionnels ou institués). Or, qu'est-ce qu'une forme intentionnelle, si ce n'est un signe, c'est-à-dire quelque chose dont tout l'être s'épuise à rendre quelque chose présent à l'esprit? Dans cette assimilation de l'espèce intellectuelle à un signe, et sa substitution à la "similitude" aristotélicienne, l'influence d'Avicenne a certainement joué un rôle, qui a posé que l'*intentio* (ar. *ma'ana*) est un signe dans l'âme. L'on pourrait dire également que le signe mental est une "représentation" au sens des philosophes modernes, bien que ceux-ci ne retiennent le plus souvent que le seul aspect noétique (relatif à la connaissance), et négligent l'aspect psychologique (relatif à la présence réelle du signe mental dans l'âme), lesquels sont pourtant liés comme deux aspects d'une même chose (d'où les difficultés à concevoir les rapports entre un soi-disant "sujet transcendantal" et le sujet empirique ou psychologique, si on les pose comme réellement distincts, comme semblent le vouloir les phénoménologues).

La seconde solution est en accord avec la doctrine constante de Duns Scot sur la signification. « Je fais, dit-il, une autre réponse : la chose est signifiée en premier, non pas en tant qu'elle existe, parce qu'elle n'est pas conçue par soi en tant qu'elle existe, mais en tant qu'elle est par soi perçue de l'intellect. En d'autres termes, c'est l'essence même de la chose, signifiée par la définition, qui est l'objet premier de l'intellect (…) » (*ibid.*, 188B). Or, la définition, qui signifie la chose, « ne signifie pas un tout composé ». Dans ce "tout composé", l'on reconnaît le *simul totum* d'Aristote, c'est-à-dire le tout formé, dans une chose existante, par son existence et son essence. En d'autres termes, l'existence actuelle de la chose signifiée est en dehors de sa définition. L'on peut répondre par là à l'objection, assez forte, présentée plus haut au sujet de la vérité et de la fausseté, dont il est admis qu'elles résident uniquement dans l'esprit : « Pour ce qui est de la composition et de la division opérées par l'intellect, j'affirme que la composition est composition des choses, non pas en tant qu'elles existent mais en tant qu'elles sont conçues, et c'est pourquoi l'on parle de vérité et de fausseté à propos de la composition et de la division opérées par l'intellect, sachant que cette composition est causée par l'intellect et réside en celui-ci comme ce qui est connu dans ce qui le connaît, et non point comme un accident dans un sujet » (*ibid.*, 188B).

Mais ne suit-il pas de là, demandera-t-on sans doute, que les signes ne signifient pas ce qui existe dans la réalité ? Question légitime assurément, mais Duns Scot a pris ici les devants. Les signes, simples ou composés, ne signifient ni des choses présentes et existantes, ni des choses absentes ou inexistantes. Ils signifient des choses abstraction faite de leur existence et de leur inexistence. Pour comprendre ce point, il faut se rappeler que signifier veut dire "faire connaître quelque chose", "rendre présent quelque chose à l'esprit". Assurément, les signes peuvent faire connaître des choses qui existent. Mais ils ne peuvent pas faire connaître ce qui est présent en tant que présent, ni ce qui est existant en tant qu'existant. Cela, seule le peut l'intuition ou connaissance intuitive, par laquelle une chose présente et existante est connue des sens, et aussi de l'intellect, en tant que présente et existante. L'expression "en tant que" (lat. *inquantum*, *ut*) a ici toute son importance, car elle indique la cause. Si l'on dit "l'homme en tant qu'homme est un être vivant", l'expression "en tant que" n'indique aucune cause. Elle est prise au sens simplement "spécificatif". Mais si l'on dit "une chose présente est connue intuitivement en tant que présente", cette expression est prise au sens "duplicatif", et le sens est le suivant : parce qu'elle est présente, une chose est cause de la connaissance intuitive que l'on a ou que l'on peut en avoir.

Dans l'une de ses *Etudes sur la sémantique post-médiévale*, E. J. Ashworth résume clairement la position de Duns Scot sur la question du signe. « Dans son premier commentaire sur le *De interpretatione*, [Duns Scot] examine la possibilité que les mots signifient des choses – non point en tant qu'elles existent, mais en tant qu'elles sont conçues –, et il observe que l'on peut disposer des choses en tant qu'elles sont conçues comme d'autant de signifiés, même quand la chose a cessé d'exister en acte ». Et elle poursuit : « ... Les choses en tant qu'elles sont conçues pourraient être identifiées avec les contenus de notre pensée, de sorte qu'elles n'auraient pas d'existence en dehors des esprits individuels. En ce sens, l'identification d'une chose en tant qu'elle est conçue avec une *passio* serait parfaitement acceptable, et elle pourrait servir à montrer que lorsque nous disons que les mots signifient des concepts nous avons en vue des concepts en tant que représentatifs des choses plutôt que des concepts en tant qu'événements de notre histoire mentale » (VII, 319).

Une autre idée permet à Duns Scot de cerner au plus près la nature du signe en général et de son acte. Cette idée ne lui vient ni d'Aristote ni d'Avicenne, mais d'Augustin. Ce dernier insiste en effet à de nombreuses reprises sur le fait qu'en signifiant quelque chose un signe signifie en même temps ce qu'il est, à savoir un signe (bien que l'attention de celui qui perçoit un signe se porte généralement vers le signifié plutôt que vers le signe lui-même, comme le montre l'expérience). Cette particularité permet de distinguer nettement un signe d'une chose qui n'est pas un signe, car toute chose qui n'est pas un signe est certes *index sui*, mais elle ne fait pas connaître autre chose qu'elle-même. En outre, elle peut être transposée des signes sensibles aux signes mentaux. Par là s'explique comment l'homme, qui conçoit une chose au moyen de l'espèce intellectuelle de celle-ci, peut aussi se retourner vers l'espèce elle-même, et comment, à l'*actus rectus*, dont le terme est la chose conçue, peut succéder l'*actus reflexivus*, dont le terme est l'espèce.

Un exposé sur la signification ne serait pas complet sans quelques indications au moins sur la supposition des termes. Toutefois, nous n'en dirons que quelques mots, afin que la théorie de la signification ne soit pas trop développée, au détriment de doctrines portant sur des sujets plus importants. Pris séparément, un terme est "mis pour" son signifié. Ainsi, le signe "homme" est mis pour son signifié, qui est l'être humain. Cependant, dès lors que ce signe entre dans une proposition quantifiée par un quantificateur, ou bien qualifiée par le temps du verbe dans la proposition, il reçoit une extension déterminée : "tous les hommes sont des êtres vivants", "quelques hommes sont gauchers" – ceci pour la quantification ; "les hommes qui vivaient au temps de César", "les hommes qui vivront après nous" – cela pour la qualification (et l'on observe qu'une même proposition peut être quantifiée et qualifiée : "quelques hommes qui vivaient au temps de César étaient des républicains"). En tant qu'il est quantifié ou qualifié dans la proposition, un terme commun est "mis pour" ou "suppose pour" ses suppôts par soi, soit tous, soit quelques-uns (et l'on retrouve l'antériorité de la quantification par rapport à la qualification).

La règle générale des rapports entre signification (ou compréhension) et supposition (ou extension) des termes est bien connue depuis que Pierre d'Espagne l'a codifiée dans ses *Summule logicales*. Un terme commun est d'abord mis pour son signifié (*significatum pro significato*), et il n'est mis pour ses suppôts (*significatum pro suppositis*) qu'à la condition que ces suppôts aient pour nature ce qui est signifié par le terme commun. C'est à cette condition seulement que ces suppôts sont des suppôts par soi, et non par accident, du terme commun. En d'autres termes, une proposition qui énonce quelque chose au sujet des hommes, par exemple, n'est compréhensible que si les suppôts du terme "homme" dans cette proposition ont en commun l'humanité, qui est le signifié du terme "homme". Prétendre, comme le voudront certains, qu'il suffit d'attribuer à un terme commun une supposition sans signification ne va pas sans difficultés. Par exemple, celle-ci : quand on dit "tous les hommes sont des êtres vivants", il est clair que la notion de l'homme est présupposée. Si elle n'était pas présupposée, l'on pourrait remplacer "hommes" par "pierres". Donc, la supposition présuppose la signification. Si l'on dit que "homme" ne fait rien d'autre que supposer pour tous les hommes soit existants soit inexistants (c'est-à-dire passés ou futurs), alors de deux choses l'une. Ou bien la signification du terme "homme" est présupposée, et l'on revient au cas précédent. Ou bien, elle ne l'est pas. Dans ce cas, "homme" suppose pour quelque chose qui serait "hommes-existants" et "hommes-inexistants". Mais que peut bien vouloir dire "hommes-existants" ? C'est un "être par accident", c'est-à-dire un agglomérat de déterminations, ou encore l'équivalent d'une relative explicative ('les hommes [virgule] qui existent), ce qui est faux. Ou bien cela veut dire "les hommes [sans virgule] qui existent" (relative restrictive, selon la distinction d'Arnaud dans la *Logique de Port-Royal* – cette distinction sémantique reproduit une distinction logique bien connue des Scolastiques). Dans ce cas, "homme" est présupposé par "les hommes qui existent", et son extension est restreinte par le verbe au présent. La théorie de la supposition sans la signification rencontre une dernière difficulté. Car, peut-on demander, pour quoi le terme "homme" suppose-t-il quand il s'agit d'hommes qui n'existent pas ? Il semble qu'il ne suppose pour rien. Mais ne supposer pour rien, c'est ne pas supposer du tout. Donc, quand il suppose pour des hommes inexistants, le terme "homme" n'est pas un terme.

Sur la théorie de la supposition, l'on consultera utilement dans les *Questions sur le Perihermeias (opus primum)* les questions 9 (« Est-ce qu'un terme commun, sujet d'un verbe au présent, est mis seulement pour les suppôts présents ?), 10 (« Est-ce que, dans une proposition au passé, le sujet est mis uniquement pour les suppôts qui ont existé et, dans une proposition au futur, uniquement pour les suppôts qui existeront ? ») et 13 (« Est-ce qu'un terme commun peut être restreint ? »).

En conclusion, le point de vue compréhensif (ou intentionnel), qui est celui de la signification, d'un côté et, de l'autre, le point de vue extensif (ou extensionnel), qui est celui de la supposition, sont tous deux nécessaires. Pour les raisons que l'on a vues, le premier est présupposé par le second.

Cette nécessité est d'ailleurs inscrite dans la nature des choses, avant qu'elle ne le soit dans les signes. Car, selon une remarque d'Aristote reprise par Pierre d'Espagne, ensuite par Duns Scot, elle s'impose dès lors que l'on considère un tout spécifique, c'est-à-dire le tout que forme une espèce, par exemple l'espèce humaine. Comme on l'a noté plus haut à propos de la théorie des natures, l'on dira qu'un tout spécifique doit être considéré doublement, soit comme un “tout essentiel”, soit comme un “tout intégral”. Au “tout essentiel” correspondent les “parties subjectives” de celui-ci, c'est-à-dire les individus; au “tout intégral”, les “parties quantitatives” de ce dernier. Or, bien que les parties subjectives et les parties quantitatives se recouvrent, elles ne sont pas identiques. En effet, les hommes sont des parties subjectives de l'humanité, prise au sens de l'essence. Cela veut dire que chacun d'eux participe de l'humanité, c'est-à-dire a l'humanité en partage. D'autre part, les hommes sont des parties quantitatives de l'humanité considérée comme un ensemble. Il y a autant de parties subjectives qu'il y a de parties quantitatives, mais un ensemble n'est pas une essence (puisque tout ensemble, en tant qu'ensemble, fait abstraction de la nature et de l'ordre de ses éléments), ni une essence n'est un ensemble (puisqu'elle est une de l'unité de l'essence).

CHAPITRE II

MÉTAPHYSIQUE

LE CONCEPT UNIVOQUE DE L'ÊTRE

Un terme peut être équivoque, analogue ou univoque. Il est équivoque s'il a deux ou plusieurs sens différents, univoque s'il n'en a qu'un seul, analogue si les choses dont il se prédique par soi, bien que différentes, ont entre elles une similitude suffisante pour qu'un même concept puisse être prédiqué des unes et des autres. Elles sont dites alors analogues. Ainsi, l'analogie tient en quelque sorte le milieu entre l'équivocité et l'univocité. Comme cette tripartition est universelle, elle s'applique au concept de l'être, et la question se pose de savoir si le concept de l'être doit être regardé comme équivoque, analogue ou encore univoque.

Dans ses premiers travaux philosophiques, notamment les *Questions sur les Prédicaments d'Aristote*, le futur docteur n'est pas encore parvenu à ce qui sera sa position définitive sur ce point. En effet, dans ces *Questions*, il déclare que le concept de l'être est équivoque selon qu'il se dit de la substance ou de l'accident. Cela pour le logicien, précise-t-il, lequel considère les concepts de seconde intention, c'est-à-dire non point une substance réelle mais le concept de la substance, non point le concept d'un accident réel mais le concept de l'accident en général. Or le concept de l'accident signifie un attribut d'une substance, tandis que le concept de la substance signifie un être par soi. Pour le logicien, l'un et l'autre concepts signifient leurs objet respectifs *aeque primo*. Ce sont deux concepts distincts, et non ordonnés. Cependant, ajoute Duns Scot, « pour le physicien et le métaphysicien, qui considèrent non pas la signification du terme [*ens*] mais les choses signifiées en tant qu'elles sont », il en va différemment car, dans la réalité, substance et accident sont ordonnés (*Oph.* I, 285). C'est pourquoi, dit-il, le terme *ens* est « analogue » pour le physicien et le métaphysicien. Il signifie « une seule raison immédiatement, laquelle dans la réalité convient à deux ou plusieurs choses, mais de manière différente ». C'est là d'ailleurs ce qu'enseigne le Philosophe au livre VII de la *Métaphysique : Sicut enim ens in omnibus, sed non similiter* (Z c. 4, 1030a 21). Par conséquent, la possibilité est ouverte que l'être se prédique univoquement de la substance et de l'accident, *sed non aeque primo*. C'est d'ailleurs là l'enseignement d'Avicenne, et ce sera celui de Duns Scot dans l'*Ordinatio*.

Accidentia non sunt entia sed entium. Les accidents ne sont pas des êtres mais quelque chose des êtres. Telle est la doctrine courante du temps de Duns Scot. Elle pouvait se réclamer d'Aristote, mais d'un Aristote simplifié. Car la réflexion sur les catégories conduit à une conception plus ouverte. On le voit, par exemple, dans une remarque d'Emile Bréhier sur les catégories. La blancheur, observe cet historien, peut être considérée d'une part comme une qualité et, d'autre part, comme une couleur. En tant que qualité, c'est un accident, non une substance. En tant que couleur, la blancheur a un être qui lui est propre. Accident, elle ne se conçoit pas sans un sujet dont elle est un accident, puisqu'un accident est toujours dans quelque chose d'autre. Couleur, elle est concevable par soi, et le *quid* de la couleur est autre que celui de la substance dont elle est la couleur. Cet exemple montre qu'une même chose, à savoir une qualité, peut être considérée doublement, soit comme un accident d'une chose, soit comme une chose, par conséquent comme un être. L'on peut penser que de semblables considérations s'imposaient déjà à la réflexion du docteur médiéval.

Pour Duns Scot, en effet, est un être tout ce qui a un *quid* (*omne habens quid*) ou une quiddité, c'est-à-dire ce que l'on répond, à propos d'une chose, à la question “qu'est-ce que c'est?” Ainsi, un *quale*, tel que la blancheur, peut être considéré comme un *habens quid*, et recevoir une définition en tant que tel, c'est-à-dire indépendamment de la substance dont il est le *quale*. Il n'est donc pas exact de dire qu'un accident n'est pas un être mais quelque chose d'un être. A partir de là, il est possible de concevoir un concept commun de l'être, qui se dira au même sens de la substance et de l'accident, sans que la différence entre substance et accident soit supprimée pour autant. Dans ces conditions, le concept de l'être sera antérieur à celui de la substance, par conséquent antérieur à celui de l'accident. Il sera aussi univoque, c'est-à-dire se dira au même sens de tout ce dont il se dit. En effet, si ce qu'est un être ne se conçoit plus à partir de la différence entre substance et accident, le concept de l'être sera indifférencié sous ce rapport. Il sera aussi, et pour la même raison, “transcendant”, c'est-à-dire antérieur aux dix catégories.

Un tel concept est éminemment souhaitable et attendu, cela pour plusieurs raisons. En effet, le concept de la substance est une construction intellectuelle, puisque la substance n'est pas sensible et connaissable par soi. Sur ce point, Duns Scot est strictement aristotélicien, non point toutefois par confiance aveugle (il connaît la tentative d'un Roger Bacon, qui veut que la substance "multiplie ses espèces" jusqu'à nous, mais il la juge infructueuse). D'autre part, l'on peut hésiter sur le point de savoir si telle chose est ou non une substance. Ainsi de la lumière par exemple. La lumière est-elle une substance ou bien un accident? Est-elle, dirions-nous, un corps ou une onde? La question de Duns Scot était justifiée, puisque la lumière est les deux, comme nous le savons aujourd'hui (avant Duns Scot, un Fishacre était déjà parvenu à la conclusion que la lumière peut être considérée doublement, soit comme une substance soit comme un accident). Enfin et surtout, si le concept de l'être est univoque, il a une unité. Par conséquent, la métaphysique a un objet qui est un, et cela est très souhaitable pour un théologien qui entend faire la preuve de Dieu par la métaphysique. En effet, si l'on pose un concept de l'être univoque pour la substance et l'accident, ce concept sera également univoque quand il se dit de Dieu et quand il se dit de la créature. La conception prévalente au temps de Duns Scot était en faveur d'un concept analogue, sous des formes diverses. En introduisant un concept univoque de l'être, le docteur est conscient de rompre avec la tradition. C'est pourquoi il ne l'introduit d'abord qu'à titre d'essai, *non asserendo*, dit-il. Par la suite, il se convaincra toujours plus des avantages de cette innovation.

Les deux raisons qui conduisirent Duns Scot à poser un concept de l'être univoque, commun à Dieu et à la créature, à la substance et l'accident, apparaissent clairement dans l'*Ordinatio* I, distinction 3, première partie, question 3. Pour ce qui concerne Dieu et la créature, la raison est que « Dieu n'est pas connaissable naturellement de nous à moins que l'être ne soit univoque pour le créé et l'incréé » (*Vat.* III, 87). Ce que veut dire le docteur, c'est ceci : puisque le concept que nous avons de l'être est formé par notre esprit à partir des objets sensibles, cela naturellement, si le concept de l'être n'est pas commun à Dieu et à la créature, alors nulle connaissance de Dieu n'est possible par les moyens naturels de notre esprit. En d'autres termes, si Dieu est tout autre que tout ce que nous connaissons, il est absolument inconnaissable pour nous. La seconde raison, relative à la substance et l'accident, est la suivante : la substance n'a pas d'action propre sur nos sens et notre intellect, comme le dit Aristote. Puisque seules agissent sur nous les qualités sensibles, il nous sera impossible de former un concept quidditatif de la substance, c'est-à-dire un concept de ce qu'est une substance, à moins que ce concept quidditatif ne soit abstrait du concept de l'accident. « Or nul concept quidditatif ne peut être abstrait du concept de l'accident, si ce n'est le concept de l'être », dit le docteur à la même page. De la conception aristotélicienne selon laquelle la substance n'est pas sensible (ou plutôt n'est sensible que par accident), Duns Scot tire la conclusion que nous ne pouvons parvenir à un concept de la substance si ce n'est à partir de celui d'un accident. Il ne suit pas de là que le concept de la substance soit contenu dans celui de l'accident, ce qui est impossible, mais que l'on peut abstraire du concept de l'accident un concept général et commun, celui de l'être, qui se dira au même sens de la substance et de l'accident, en dépit de toute différence entre accident et substance.

Avant de poursuivre, il faut s'arrêter sur la signification du terme *ens*, afin de prévenir divers possibles malentendus. Tout d'abord, comme Duns Scot l'explique dans les *Questions sur le Perihermeneias*, grammaticalement parlant, *ens* est soit un participe, soit un nom, c'est-à-dire un substantif. En tant que participe, ce terme est synonyme d'existant. En tant que nom ou substantif, il ne contient pas la notion d'existence, et c'est d'ailleurs pourquoi il peut se dire univoquement des mêmes choses, indépendamment du fait qu'elles existent ou n'existent pas. Ainsi, bien que César n'existe plus, César est néanmoins un *ens*.

Lorsque l'on parle de l'*ens univocum*, *ens* est-il un participe ou bien un nom ? Il est clair que ce n'est pas un participe, et que donc l'être univoque ne signifie pas l'existant univoque ou l'étant univoque. En effet, si *ens* était un participe, il ne se dirait univoquement que des seules choses existantes et, par conséquent, ne se dirait pas de ces mêmes choses lorsqu'elles ne sont plus présentes ou sont inexistantes, ce qui est impossible, puisque la signification d'un terme ne change pas selon que ce qui est signifié par ce terme existe ou non, est présent ou non dans la réalité, comme on l'a vu plus haut. En d'autres termes, l'existence actuelle d'une chose n'est pas contenue dans le concept de cette chose. Ce qui est contenu dans le concept d'une chose, c'est seulement l'aptitude de la chose conçue à exister, à condition que le concept de cette chose ne soit pas contradictoire et impossible. Pour cette raison, il ne saurait y avoir un concept univoque de l'étant, si l'on entend par là l'existant actuel. Si donc *ens* n'est pas ici un participe, c'est un nom – par conséquent, un prédicat dans la proposition. Dire que l'être est univoque, c'est dire qu'il se prédique *in quid* de toutes choses, parce que la notion de l'être est contenue en toutes choses (sous les réserves qu'on verra plus bas).

Dans l'expression *ens univocum*, *ens* est donc un nom. Inutile de le préciser, car le lecteur l'aura compris, dire que *ens* est un nom, ce n'est pas dire qu'il est un mot, et rien qu'un mot, puisqu'ici le nom est pris au sens de Priscien dans ses *Institutions grammaticales*, par opposition au participe, l'un et l'autre étant des mots. Ce qui est signifié par ce nom est la même chose que ce qui est signifié par le terme *res*, c'est-à-dire une chose, comme l'indique le passage suivant de la question 3 du *Quodlibet*, où les termes *ens* et *res* sont considérés par Duns Scot comme des synonymes : « Dans la mesure où tout objet concevable qui n'inclut pas contradiction (...) est appelé une chose (*res*) ou un être (*ens*), l'on pourrait poser l'être (*ens*) comme objet premier de l'intellect, parce que rien ne peut être intelligible qui n'inclue la notion d'être (*rationem entis*) de cette manière, car, comme on l'a dit antérieurement, ce qui inclut contradiction n'est pas intelligible ; et, de cette manière, toute science, non seulement celle qui est appelée science réelle (*realis*), mais aussi celle qui est appelée science de raison (*rationis*) porte sur une chose ou sur un être (*est de re sive de ente*) » (*Olms* XII, 67). Une science réelle, c'est la science naturelle par exemple, c'est-à-dire la physique. La métaphysique est une science réelle elle aussi, parce que les quiddités ou natures des choses considérées par le métaphysicien sont des réalités. La logique, par contre, est une science de raison, c'est-à-dire une science dont l'objet, à savoir les concepts et relations logiques, n'ont d'existence que dans l'esprit. Or, le texte qui précède pose que toute science, qu'elle soit réelle ou de raison, porte sur une chose ou un être. Ainsi, une relation peut être considérée comme un être ou une chose, en prenant ce terme en un sens commun, bien que, pris au sens strict, l'être ou la chose se prédique proprement de la substance. Pour le présent propos, il est donc clair que l'*ens* ne signifie pas l'existant, mais tout ce qui a un *quid*. Ce n'est pas ce qui existe, mais « ce à quoi il ne répugne pas d'exister en effet » (*id cui non repugnat esse in effectu*).

Remarquons que l'ambiguité qui affecte le terme *ens*, "être" en français, peut être levée en distinguant la *praedicatio signata* et la *praedicatio exercita*. Comme on l'a noté plus haut, la *praedicatio exercita* se fait avec le verbe être ; elle prend la forme d'une proposition catégorique. La *praedicatio signata*, logiquement antérieure à la *praedicatio exercita*, ne fait pas apparaître le verbe être, et s'en dispense. Parce qu'elle ne fait pas appel au verbe être, qui est bivoque, la *praedicatio signata* est logiquement préférable. L'on remarque qu'ici le prédicat précède ce dont il se prédique, et que l'ordre est l'inverse de celui de la "prédication exercée". Se fondant sur une étymologie erronée (ce n'est pas la seule fois où il se trompe, mais cette erreur est excusable en un temps où la philologie n'existe pas encore), Duns Scot remarque que *praedicari* signifie "être dit avant", c'est-à-dire précéder le sujet dans l'énoncé. L'étymologie est fausse, mais l'idée est exacte. "Homme se prédique par soi de Socrate" : ici "homme" précède "Socrate". La supériorité logique de la *praedicatio signata* se voit également au fait qu'elle permet d'exprimer plus rigoureusement la règle "tout ce qui se dit du prédicat se dit du sujet", et d'éviter les paralogismes, en la remplaçant par celle-ci : "tout ce qui est supérieur au supérieur est supérieur à l'inférieur". Ainsi, puisque "animal" est supérieur à "homme", il est supérieur à "Socrate". Par suite, pour toute définition, la *praedicatio exercita* pourrait être remplacée par une *praedicatio signata.* A faire cette substitution l'on gagnerait en clarté, mais on perdrait en commodité. Un langage plus pur n'est pas supérieur sous tous rapports, mais il est certainement utile pour dénoncer les paralogismes qui peuvent se glisser dans le langage commun, notamment les "paralogismes de l'accident" : Socrate est blanc, blanc est une couleur, donc Socrate est une couleur. Il suffit ici d'observer que "couleur" se prédique par soi de "blanc", mais non pas de Socrate. Dans ce raisonnement fautif, un *quid* (la blancheur) est substitué à un *quale* (blanc). Dans d'autres cas, le paralogisme est plus difficile à déceler.

L'ÊTRE COMME OBJET PREMIER, NATUREL ET ADÉQUAT DE L'INTELLECT

Logiquement antérieur à la substance et à l'accident, à Dieu et à la créature (mais non pas antérieur *in re* – nous reprendrons ce point en conclusion), l'être est nécessairement l'objet premier de l'intellect humain, puisqu'il n'est précédé par rien, soit détermination, soit division. En effet, le concept de l'être est inanalysable en concepts plus simples. Il est donc "simplement simple". Ou bien la signification de ce concept est comprise en une seule fois par un acte de simple intelligence, ou bien elle ne l'est pas du tout. Dire "ceci est un être", "ceci est quelque chose", c'est dire que ceci a une nature déterminée, partant intelligible. Ou encore, c'est dire que ceci est une entité, sachant que l'intelligibilité suit toujours de l'entité. Simplement simple, le concept de l'être ou de la chose indéterminée est confus, c'est-à-dire indistinct. S'il est posé comme premier, il est clair qu'il n'est pas connu en premier, puisque ce qui est connu en premier, ce sont les choses sensibles, ou plutôt les qualités sensibles des choses. En réalité, ce concept est le résultat d'une abstraction, plus précisément une "abstraction ultime", ce qui veut dire que l'on ne peut rien abstraire de ce concept qui serait antérieur et plus primitif que lui. L'être n'est donc pas "connu en premier", il est "premier connu" ou "le premier connaissable".

L'on comprend mieux cette dernière expression en se replaçant dans le contexte des discussions d'alors. La question de savoir ce qu'est le "premier connu" est évidemment de première importance en métaphysique. Tous étaient d'accord sur ce point. Mais les réponses divergeaient concernant l'identité du premier connu. Selon les uns, le premier connu pour l'intelligence humaine ne peut être que la quiddité de la chose matérielle. Fidèle sans doute à Aristote, cette conception est trop étroite aux yeux de Duns Scot, puisque, ainsi compris, le premier connu n'est pas extensible à Dieu – c'est évident. Selon d'autres, plus ambitieux, le premier connu est Dieu. Mais il est facile d'objecter que, s'il en est ainsi, alors Dieu se prédiquera de toutes choses, puisque le premier connu, étant contenu en toutes choses, se prédique par soi de toutes choses. En s'écartant à la fois de Thomas d'Aquin, qui tient pour la première réponse, et d'Henri de Gand, qui tient pour la seconde, Duns Scot construit une métaphysique qui lui est propre, où le premier connu est l'être, pris au sens qui vient d'être expliqué. Puisqu'il est antérieur à toute détermination, n'étant ni substance ni accident, ni créature ni Dieu, l'être est complètement indéterminé et entièrement déterminable.

A partir de là, l'on voit comment s'articulent les deux définitions de la métaphysique qui se rencontrent *passim* dans les écrits de Duns Scot. *Metaphysica est circa ens inquantum ens*. *Metaphysica, quae est de quidditatibus*. Il existe une science qui porte sur l'être en tant qu'être; la métaphysique a pour objet les quiddités. Ces deux définitions, qui sont d'ailleurs plutôt des descriptions, ne s'opposent pas, parce que l'être n'est pas une quiddité ou n'a pas de quiddité, de sorte que la question "qu'est-ce que l'être?" est sans réponse possible. Mais si nous voulons connaître quelque chose, il faut que cette chose soit un être, afin de rechercher quelle est sa nature ou quiddité. Si cette chose est un être, elle est intelligible. Si elle est intelligible, alors sa nature pourra être intelligée, c'est-à-dire connue. Et l'on remarquera que l'investigation métaphysique, telle que Duns Scot la conçoit, s'écarte ici de la méthode aristotélicienne, qui est plus empirique. Car le Philosophe demande que l'on pose d'abord la question *An sit ?* (est-ce que cette chose existe ?), ensuite seulement la question *Quid est ?* (qu'est-ce que cette chose ?). Pour Duns Scot, la seconde question est déjà contenue dans la première, car l'on ne peut chercher si quelque chose est ou existe à moins de supposer que cette chose est un *quid*.

Question fréquemment posée au sujet de l'être selon Duns Scot : est-ce un concept ou bien un être ? Bien que le docteur n'ait pas songé à répondre à la seconde partie de la question, sans doute parce que la réponse lui paraissait trop évidente, faisons-le à sa place. L'être ne saurait être un être. En effet, si le terme est pris au sens intensif de la quiddité, il est clair que l'être ne saurait avoir une quiddité, puisqu'il est contenu dans toute quiddité. S'il est pris au sens extensif de la totalité des êtres, l'être ne peut constituer un être, de même que l'ensemble de tous les ensembles n'est pas lui-même un ensemble. C'est pourquoi, lorsque l'on dit, par exemple, “l’être se divise en fini et infini”, il faut se garder de substantifier l’être, comme si “fini” et “infini” étaient des espèces de l’être. Car le sens de cette expression est en réalité le suivant: “tout être est soit fini soit infini”. Pas davantage l’être n’est-il un concept. C’est évident également, car s’il existe un concept de l’être, l’être n’est pas un concept, puisqu’il est universellement vrai qu’un concept n’est pas identique à son objet. D’ailleurs, Duns Scot lui-même affirme que l’être est un “objet réel” (*obiectum reale*), c’est-à-dire un objet réel pour l’intelligence. Dans le cas contraire, en effet, l’être ne serait qu’un nom ou une fiction. Autant dire que rien ne serait connaissable et connu par le concept de l’être. Toute interprétation, qui se veut fidèle, de la doctrine scotiste de l’être doit se garder de l’un et l’autre contresens. Et, bien qu’il y ait de grandes différences entre la métaphysique et les mathématiques, peut-être pourrait-on dire, à titre de comparaison, que l’ensemble ou le concept d’ensemble en général est aux mathématiques, dans l’état actuel de cette science, ce que l’être est à la métaphysique, à savoir un “premier connu” (et non pas “connu en premier” – l’on passe ici sur les explications qu’il faut donner aux jeunes élèves sur ce point dans les classes de mathématiques). Or, il n’y a pas de sens à demander si l’ensemble est une réalité ou un concept. C’est une abstraction ultime, qui se tire de collections concrètes d’objets divers, et un objet réel, c’est-à-dire suffisant pour que ses propriétés soient démontrées (l’on démontre par exemple qu’un ensemble n’est pas la même chose que l’ensemble de ses parties; que l’ensemble vide est unique; qu’il existe une relation d’ordre partiel dans l’ensemble des parties d’un ensemble, etc.). De même, l’être est un objet réel pour l’intelligence, c’est-à-dire suffisant pour que ses “passions” soient, sinon démontrées, du moins examinées, comme on va le voir immédiatement. Et, de même que les mathématiciens ne sont pas parvenus d’emblée, mais seulement à une époque récente, au concept d’ensemble en tant que premier connu pour les mathématiciens, de même les métaphysiciens ne sont pas parvenus aussitôt au concept de l’être en tant que premier connu en métaphysique, mais seulement à une date plus ancienne. Cette différence semble bien montrer au demeurant que, de toutes les sciences, la métaphysique est la première science “naturellement connue”.

Objet premier, l’être est aussi objet adéquat de l’intelligence humaine. Cela signifie que rien n’est intelligible pour nous qui ne soit “compris sous la raison de l’être”, ce que l’on vérifie facilement par l’expérience de la pensée. Car même la fameuse chimère qui bombine éternellement dans le vide est un être, mais un être de fiction. Premier et adéquat, l’être est enfin l’objet naturel de notre intelligence. Cet objet est naturel, parce que le concept de l’être est formé naturellement par l’intelligence. Naturellement, c’est-à-dire ni volontairement ni surnaturellement. Il ne dépend pas de notre vouloir de former ce concept, ni, plus généralement, les concepts par lesquels les quiddités des choses qui nous entourent sont connues de nous. Il n'est pas nécessaire non plus de poser que ce concept est infusé surnaturellement, puisqu'il est possible de montrer qu'il peut être acquis naturellement. En résumé, l'être ou le *quid* (ou encore la qualité prise comme un concept transcendant – voir le texte cité plus haut, page 33) est l'objet premier, adéquat et naturel de l'intelligence humaine.

Si maintenant l'on objecte que ce concept est particulier, pour la raison que, selon certains, il serait dépendant de telle ou telle langue disposant d'un terme pour l'exprimer, l'on peut répondre ceci, avec Duns Scot : quelle que soit la langue utilisée, tous les hommes disposent d'un concept de l'être, comme il apparaît à la question 3 du *Quodlibet* parisien. Dans cette *Question*, Duns Scot explique comment le terme *ens*, ou *res*, peut être pris de trois façons différentes, *communissime, communiter*, *strictissime*, c'est-à-dire au sens le plus commun, au sens commun, enfin au sens le plus strict. Pris au sens le plus commun, l'être s'étend à tout ce qui n'est pas rien, et se prédique de tout ce qui n'est pas rien. Est rien ce qui est contradictoire, et seulement cela, parce que ce qui est contradictoire exclut toute existence possible, soit hors de l'intellect, soit dans l'intellect. Inversement, est un être tout ce qui, n'étant pas contradictoire, est intelligible et concevable par soi. Pris ensuite au sens commun, est appelé rien ce qui n'a ni ne peut avoir d'existence hors de l'intellect, bien qu'il puisse avoir une existence dans l'imagination, comme la chimère. Est donc un être, pris au sens commun, tout ce qui existe ou peut exister hors de l'intellect (le troisième sens, ou sens strict, s'applique à la substance uniquement). « En ce sens, poursuit Duns Scot, Avicenne dit au livre I de la *Métaphysique*, chapitre 5, que l'être et la chose (*ens et res*) sont communs à tous les genres » (*Olms* XII, 67). Voici la précision qui nous intéresse : « Et cela ne peut être compris comme s'appliquant aux vocables d'une langue particulière, parce que, quelle que soit la langue considérée, il existe un concept indifférent à l'égard de toutes les choses qui sont à l'extérieur de l'âme ». Le docteur en donne la raison : « En effet, les concepts sont les mêmes pour tous, selon le *Perihermeneias*, livre I ». Cette précision concernant le langage est importante, parce qu'elle affirme l'universalité du concept de l'être, pris au sens commun, indépendamment de la diversité des langues et des vocables dans lesquels ce concept est exprimé.

Sans doute Duns Scot va-t-il plus loin que l'y autorisent les connaissances linguistiques de son temps, quand il ajoute ceci : « Dans n'importe quelle langue il existe de façon commune un nom et un seul imposé pour signifier ce concept commun, de quelque nature que soit cette communauté, soit d'analogie soit d'univocité » (*ibid.*). Il n'est pas certain, en effet, qu'il existe un nom et un seul par langue pour signifier ce concept commun. Mais il est certain que, les choses étant les mêmes pour tous, comme le dit le Philosophe, le concept indifférent de l'être, qui s'applique à toutes les choses hors de l'âme, doit être le même pour tous. Les connaissances actuelles en matière de langues permettent, semble-t-il, d'affirmer que, sous des formes diverses, parfois étonnantes, les langues humaines disposent toutes de termes ou expressions permettant de signifier, soit directement, soit sous forme indirecte et imagée, ce qui est hors de l'âme. Ceux qui prétendent faire dépendre le concept de l'être de la langue grecque ou latine ne se rendent pas compte qu'ils remettent en cause l'universalité de l'esprit humain, bien que telle ne soit sans doute pas leur intention.

UNE MÉTAPHYSIQUE NOUVELLE

Puisque l'être est l'objet premier, naturel et adéquat de l'intellect, ainsi qu'on vient de l'établir, l'on pourrait penser que toutes choses tombent sous le concept de l'être. Cela revient à dire que l'être se prédiquerait *in quid* de toutes choses, ce qui est impossible. D'une part, en effet, l'on distingue, outre la prédication *in quid*, la prédication *in quale*. La première exprime la nature essentielle d'une chose, la seconde telle ou telle qualité accidentelle de celle-ci (la prédication *in quale quid* attribue à une chose une qualité essentielle). D'autre part et surtout, ni les "passions convertibles", ni les "passions disjointes", ni les "différences ultimes" ne sont des êtres, ni ne tombent sous le concept de l'être, bien qu'elles se disent ou se prédiquent de l'être. D'où il suit que tout n'est pas un être, du moins formellement. Commençons par citer intégralement le texte de l'*Ordinatio* I, distinction 3, partie 1, question 3, qui servira de point de départ à l'analyse. A première lecture déroutant, ce texte contient les principaux linéaments de la nouvelle métaphysique que propose Duns Scot, fort différente de celle d'Aristote ou même d'Avicenne.

« Comme rien ne peut être plus commun que l'être, et que l'être ne peut être un terme commun univoque qui se prédique *in quid* de tout ce qui est intelligible par soi – puisqu'il ne se prédique pas *in quid* des différences ultimes ni des passions de l'être –, il suit que rien n'est l'objet premier de notre intellect parce que rien de commun ne se prédique *in quid* de tout ce qui est par soi intelligible. Cependant, nonobstant cela, je dis que l'objet premier de notre intellect est l'être, parce que deux primautés concourent en lui, à savoir la primauté de communauté et la primauté de virtualité. En effet, tout ce qui est par soi intelligible ou bien contient essentiellement la notion de l'être, ou bien est contenu, soit virtuellement soit essentiellement, dans quelque chose qui inclut essentiellement la notion de l'être. En effet, tous les genres, les espèces et les individus, et toutes les parties essentielles des genres ainsi que l'être incréé incluent l'être quidditativement; toutes les différences ultimes, quant à elles, sont incluses essentiellement dans certaines de ces choses, et toutes les passions de l'être sont incluses virtuellement dans l'être et dans ses inférieurs. Donc, les choses dont l'être ne se dit pas univoquement *in quid* sont incluses dans les choses dont l'être se dit univoquement *in quid.* Ainsi, il est manifeste que l'être a une primauté de communauté à l'égard des premiers intelligibles, c'est-à-dire les concepts quidditatifs des genres, des espèces et des individus, et des parties essentielles de tous ceux-ci, ainsi que le concept de l'être incréé, – et il a une primauté de virtualité à l'égard de tous les intelligibles inclus dans les premiers intelligibles, c'est-à-dire les concepts qualitatifs des différences ultimes et des passions propres » (*Vat.* III, 85-86).

DÉFINITION DU TRANSCENDANT

Telle que Duns Scot la conçoit, la métaphysique est une science transcendante (*quasi transcendens scientia*), parce que son objet est l'être transcendant, antérieur aux genres généralissimes, c'est-à-dire les catégories aristotéliciennes. Parce que aussi cette science prend en compte les autres concepts transcendants qui se prédiquent de l'être (le terme "transcendant" doit être préféré à celui de "transcendantal", qui est anachronique et sans rapport avec la métaphysique). Il faut donc, pour commencer, préciser la signification de ce terme. L'être est le premier transcendant, mais les "passions de l'être", passions convertibles (comme l'un, le vrai, le bon) et passions disjointes (comme "fini" et "infini"), sont aussi transcendantes.

Comme Duns Scot l'explique à la distinction 8, partie 1, question 3 de l'*Ordinatio* I, « l'être se divise en infini et fini avant de se diviser en les dix genres, puisque l'un des deux, à savoir "fini", est commun aux dix genres; donc, toutes les déterminations qui conviennent à l'être en tant qu'il est indifférent à l'égard du fini et de l'infini, ou en tant que l'une est propre à l'être infini, lui conviennent non pas en tant qu'il est dans un genre mais en tant qu'il est antérieur au genre et, par conséquent, en tant qu'il est transcendant et à l'extérieur de tout genre. Toutes les déterminations qui sont communes à Dieu et à la créature sont telles qu'elles conviennent à l'être en tant qu'il est indifférent à l'égard du fini et de l'infini : en effet, en tant qu'elle conviennent à Dieu, elles sont infinies; en tant qu'elles conviennent à la créature, elles sont finies. Donc, elles conviennent à l'être avant qu'il se divise en les dix genres et, par conséquent, toute détermination qui est telle est transcendante » (*Vat.* IV, 205-206).

Dans la philosophie médiévale, l'être est le plus souvent conçu comme commun aux dix genres. C'est là ce qui semble découler de la sentence fameuse d'Aristote, d'après laquelle « l'être se dit de multiples manières », selon la substance ou selon tel ou tel accident. Mais cette conception rencontre une difficulté, du moins pour le théologien, qui considère en même temps l'être créé et l'être incréé. C'est que telle détermination, par exemple la vie ou la sagesse, n'est pas commune à toutes les créatures, puisque la pierre ne la possède pas. Par ailleurs, telle autre détermination ne se rencontre chez aucune créature, par exemple la propriété d'être incréé, que Dieu est seul à posséder. Pour les besoins de la théologie, il faut donc poser un concept de l'être différent. Il ne sera pas commun à toutes choses, bien qu'il puisse être commun à beaucoup de choses, mais il sera transcendant par rapport aux dix genres. Plus précisément, il ne sera contenu dans aucun genre qui lui serait supérieur. Comme Duns Scot l'explique, « tout transcendant n'a aucun genre sous lequel il serait contenu, et s'il est commun à nombre de choses inférieures, c'est par accident ». Et il conclut : « Il n'est pas nécessaire que le transcendant en tant que transcendant se dise de n'importe quel être, à moins qu'il ne soit convertible avec le premier transcendant, c'est-à-dire l'être » (*ibid.*, 207).

Afin de construire son concept du transcendant, Duns Scot raisonne par analogie. Ce qui définit un genre "très général", c'est-à-dire chacun des dix genres artistotéliciens, ce n'est pas d'avoir sous lui une pluralité d'espèces, mais de n'avoir pas de genre au-dessus de lui. Ainsi, le genre du temps (*quando*) n'a pas de genre au-dessus de lui. Le fait qu'il ait peu d'espèces, voire pas d'espèces du tout, n'empêche pas que le genre du temps soit très général. De même, ce qui caractérise un transcendant, c'est de ne pas avoir un genre au-dessus de lui. C'est le cas de l'être, qui est "le premier transcendant", et celui des "passions convertibles", telles que l'un, le vrai et le bon. Qu'en est-il des "passions disjointes", telles que "fini" et "infini", "nécessaire" et "contingent" ? Elles ne sont pas convertibles, du moins prises séparément. Pourtant, elles peuvent être regardées comme transcendantes, dans la mesure où elles divisent sans reste l'être tout entier, puisque tout être est soit nécessaire soit contingent, soit fini soit infini, etc. De même, dirons-nous, il existe des propriétés qui conviennent au nombre, avant qu'il ne se divise en pair et impair (par exemple, tout nombre, soit pair soit impair, divisé par lui-même est égal à 1). Cette propriété est transcendante, en ce sens qu'elle est commune. Etre divisible par 2 n'est pas une propriété des nombres impairs. Elle est cependant transcendante, bien qu'elle ne soit pas commune, car c'est une propriété du nombre (ou bien un nombre est pair ou bien il est impair).

LES PASSIONS DE L'ÊTRE

L'étude de l'être serait stérile si elle se limitait à examiner le concept de celui-ci. Puisque ce concept est inanalysable en concepts plus simples, s'engager dans cette voie serait prendre un chemin qui ne mène nulle part. En réalité, un vaste domaine de recherche s'offre au métaphysicien dès lors qu'il prend en considération non pas l'être seul, mais l'être avec ses "passions" et ses différences. L'on peut même aller jusqu'à dire que c'est alors, et alors seulement que commence le travail du métaphysicien.

Les "passions" de l'être sont des déterminations qui conviennent à l'être transcendant ou l'être pris en général (*ens in communi*). Elles sont appelées de ce nom parce qu'elles ne sont ni des êtres (l'un n'est pas un être, l'infini n'est pas un être), ni non plus des accidents ('fini" n'est pas un accident de la créature, mais un mode d'être intrinsèque de celle-ci). Les passions de l'être ne s'ajoutent pas à l'être qu'elles déterminent, elles entrent par soi dans le concept quidditatif de celui-ci. Ainsi, l'un entre par soi dans le concept d'un être, quel qu'il soit. De même "fini" entre par soi dans le concept d'une créature. L'on distingue d'une part les "passions convertibles", d'autre part les "passions disjointes". Les premières sont dites convertibles par opposition aux secondes, qui sont formées de couples antithétiques, tels que infini/fini, nécessaire/possible, incréé/créé, etc.

LES PASSIONS CONVERTIBLES

Dans la liste scotiste, les passions convertibles sont l'un, le vrai et le bon. Il semble bien qu'il n'y en ait pas d'autre. D'une part, en effet, Duns Scot ne voit pas de raison de poser "la chose" (*res*) comme distincte de l'être (*ens*), comme on vient de le voir. D'autre part, à la différence de certains auteurs, il ne pose pas le beau comme transcendant. Néanmoins, comme on le verra, il existe des connexions entre le bon, pris au sens de la bonté d'un acte moral, et le beau.

La notion de convertibilité a un sens précis. Il ne faut pas imaginer que l'un et l'être seraient convertibles au sens où des monnaies sont convertibles, c'est-à-dire interchangeables. D'une part, il est évident que l'on ne peut avoir quelque chose qui soit un, ou vrai, ou bon, si l'on n'a pas d'abord quelque chose qui est un être et, par suite, l'être est antérieur à l'un, au vrai et au bon. S'il leur est antérieur, l'être n'est pas interchangeable avec ses passions convertibles. D'autre part, la convertibilité ne concerne pas les termes pris séparément, mais des propositions où figurent ces termes. On le voit sur un exemple. "Seule une ligne peut être droite; donc toutes les droites sont des lignes". La première proposition, qui est une exclusive, entraîne la seconde, qui est une universelle affirmative. La raison pour laquelle elle est une ligne est dans la droite, mais la raison pour laquelle elle est droite n'est pas dans la ligne (puisqu'une ligne peut être courbe). En d'autres termes, l'exclusive est une "prédication par soi du second mode", c'est-à-dire telle que le sujet est contenu dans le prédicat (la droite est une ligne), par opposition à une prédication par soi du premier mode, où le prédicat est contenu dans le sujet, comme lorsqu'on dit "une ligne est une longueur sans largeur". Cette distinction entre les deux modes de prédication par soi est déjà présente chez Aristote, bien qu'il n'utilise pas ces termes pour la désigner. On la retrouve plus tard chez Leibniz. Cela n'a rien de surprenant, puisque le second mode est un instrument d'investigation supérieur au premier mode, comme il serait possible de le montrer.

L'un

La question qui se pose au sujet de l'un, comme au sujet des autres passions convertibles, n'est pas de savoir si l'un peut être démontré de l'être, c'est-à-dire s'il peut être démontré que l'un convient à l'être nécessairement. La réponse, en effet, est négative, et Duns Scot en donne les raisons à la distinction 12 de l'*Ordinatio* II: « Dans l'être commun, soit l'unité est identique à l'être, soit c'est une passion qui suit immédiatement de l'être » (*Olms* VI-2, 672). Considérons d'abord la seconde possibilité. Il apparaît aussitôt que l'unité ne peut pas démontrée de l'être, « car si cela était démontrable, ce serait ou bien à partir de la définition du sujet, c'est-à-dire l'être, ou bien à partir de celle de l'un. Or ils sont tous deux transcendants et n'ont pas de définition ». C'est pourquoi l'unité en général, ou la passion immédiate de l'être qui consiste dans le fait d'être un, ne peut être démontrée de l'être. Ou alors, si être un est une passion médiate de l'être, « ce par quoi elle est inhérente à l'être n'est pas connu de nous » (*ibid.*). Ce dernier point mérite d'être relevé. Si l'un appartient à l'être médiatement, il faut qu'il existe un intermédiaire, qui ne sera ni l'être ni l'un, et qui sera pourtant plus immédiat à l'être que l'un (de même que la quantité est plus immédiate à la substance que la qualité, par exemple la couleur, puisqu'une substance ne peut avoir une couleur si elle n'a pas une surface). Or, personne ne voit quel pourrait être cet intermédiaire. Il faut donc déclarer que l'unité est une passion immédiate de l'être pris en général. A un être simple correspondra l'unité simple, à un être composé l'unité du composé.

Reste la première possibilité, que l'un soit identique à l'être. Sachant que la convertibilité du prédicat avec le sujet s'exprime sous la forme d'une exclusive, l'on obtient ceci : « Seul ce qui est un est un être, donc tout être est un ». Le Conséquent suit de l'Antécédent, mais la question est de savoir si l'Antécédent est vrai, ce qui revient à demander "si l'être et l'un signifient une même nature". Ce problème est traité à la question 2 des *Questions sur la Métaphysique*, livre IV. Certaines autorités d'Aristote semblent aller dans le sens d'une réponse affirmative. Par exemple « être homme, homme et un homme » signifient la même chose, dit-il, et la raison en est qu'aucun des trois n'est séparé d'un autre, ni dans la génération ni dans la destruction (*Oph.* III, 322). Ou encore : « L'être et l'un sont identiques et une seule nature du fait que le second suit toujours du premier, comme le principe et la cause » (*ibid.*, 326). Mais une difficulté provient de ce que, si seul ce qui est un est un être, alors le multiple ne sera pas un être.

Il est impossible de sortir de cette difficulté en distinguant, comme le veut Henri de Gand, l'un convertible avec l'être et l'un comme principe des nombres (selon la conception grecque, tranmise par Aristote, l'un n'est pas un nombre mais le principe des nombres), qui seraient des concepts équivoques. L'un transcendant serait convertible avec l'être, l'un numérique ne le serait pas. Cette solution ne peut convenir à Duns Scot. En effet, l'un est impliqué par soi dans le multiple, puisque toute multitude est mesurée par l'un, ou encore l'unité est une partie aliquote d'une multitude. En outre, toutes les choses qui diffèrent soit par le genre soit par l'espèce diffèrent aussi par l'un. Un individu n'est pas une espèce, ni une espèce n'est un genre, mais on ne voit pas comment le terme "un" pourrait avoir des sens différents selon qu'il se dit de l'individu, de l'espèce ou du genre. En réalité, l'unité veut toujours dire la même chose, qui est l'indivision. Un autre argument est que l'un transcendant s'entend par transposition à partir de l'un numérique. Or la transposition ne change pas le sens d'un concept, mais se limite à l'appliquer à autre chose. En refusant un concept équivoque de l'un, Duns Scot accepte un concept univoque, ce qui d'ailleurs est cohérent avec l'idée qu'un transcendant est nécessairement univoque. En d'autres termes, l'un est commun. Il se dit de l'être avant que celui-ci descende dans les dix genres.

Au terme de la discussion, Duns Scot adopte la position bien connue d'Avicenne, qu'il résume en ces termes : « L'opinion d'Avicenne, au livre VII de la Métaphysique, est que "être" et "un" se prédiquent de toutes choses ; cependant, ils ne sont pas identiques selon leur nature, mais selon le sujet dont ils se disent, et leur rapport est comparable à celui d'un sujet et d'une passion de celui-ci ; la raison en est que si l'un était la même chose par essence que l'être, alors la multiplicité serait un non-être » (*ibid.*, 323). Cette position permet de répondre aux autorités d'Aristote. En effet, lorsque le Philosophe dit que l'être et l'un signifient une même nature, il ajoute que le premier précède le second « comme le principe et la cause ». Une cause n'est pas la même chose qu'un principe, mais la notion de principe donne à connaître ce qu'est la cause, selon un ordre. De même ici, ce qui est signifié par soi par "être" donne à connaître l'un, non point cependant en tant que signifié principal, mais comme un conséquent. Et un conséquent immédiat, doit-on ajouter, car l'un suit immédiatement de l'être, et non pas médiatement, c'est-à-dire par autre chose, comme on vient de le voir. En d'autres termes, nous reconnaissons que l'un suit immédiatement de l'être, mais nous ne savons pas pourquoi ou par quoi. L'on peut répondre également à la seconde autorité d'Aristote que "homme, être homme (*ens homo*), un homme" ne sont pas identiques par soi, mais seulement parce qu'ils se disent d'un même sujet. A l'argument par la génération, il est possible de répondre que l'unité de l'engendré est nécessairement concomitante à son engendrement, mais l'unité n'est pas engendrée comme l'être est engendré, puisqu'elle ne termine pas par soi l'engendrement. Quand un homme est engendré, ce qui est engendré est un homme, et non un un.

En conclusion, l'on peut admettre l'inférence de départ "seul ce qui est un est un être; donc tout être est un", à condition de poser l'un comme transcendant. Mais il est impossible d'accepter la convertibilité "essentielle" de l'un avec l'être, selon laquelle l'un et l'être signifieraient une même nature, c'est-à-dire la même chose. Ils ne sont pas identiques entre eux, mais identiques avec le sujet dont ils se prédiquent. Cela est nécessaire, parce que, dans le cas contraire, une multitude ne serait pas un être, puisqu'une multitude en tant que multitude n'est pas une (sinon elle serait indivisible). Une multitude est de soi une multitude, et elle n'est dite "une" que parce que l'unité lui advient, comme lorsque l'on dit "une multitude" ou "un ensemble". Cette position semble préférable à celle d'un Leibniz, qui paraît admettre la convertibilité essentielle, exprimée sous forme négative dans son principe fameux : « Tout ce qui n'est pas véritablement *un* être n'est pas non plus véritablement un *être* ». Comprise à la façon d'Avicenne et Duns Scot, la convertibilité de l'un et de l'être est compatible non seulement avec la multiplicité, mais encore avec le fait qu'il existe plusieurs sortes d'unité, bien que le concept de l'un soit univoque : l'unité aggrégative (un tas de sable), l'unité accidentelle (un homme blanc), l'unité d'ordre (un effet ordonné à sa cause), l'unité organique, qui est connue de Duns Scot sous le nom d'unité complétive (un corps), l'unité substantielle (un homme, composé d'une âme et d'un corps), l'unité de simplicité (celle d'un être dont les parties ne se distinguent que formellement, par exemple l'âme).

Le vrai

La question 3 des *Questions sur la Métaphysique*, livre VI, demande « si l'être vrai doit être exclu des choses que le métaphysicien considère » (*Oph.* IV, 57), c'est-à-dire si l'être vrai est du ressort du métaphysicien. Cela revient à chercher si le vrai est convertible avec l'être, au sens donné plus haut à la convertibilité. La réponse semble devoir être positive car, selon un principe bien connu "chaque chose, de même qu'elle a rapport à l'être, a rapport à la vérité" (*unumquodque sicut se habet ad esse, sic ad veritatem*). Mais le problème est plus compliqué que pour l'un, car on distingue deux sortes de "vrai", à savoir le vrai dans la réalité (*verum in re*, *verum reale*) et le vrai dans l'intellect (*verum in intellectu*). L'on peut dire par anticipation, et pour simplifier, que le premier est convertible, tandis que le second ne l'est pas. Mais cette distinction appelle des précisions.

Le vrai dans la réalité

Le vrai dans la réalité se dit en deux sens. Premièrement en rapportant ce qui est produit à ce qui le produit ; deuxièmement, en rapportant ce qui est connu à ce qui le connaît. Pris au premier sens, le vrai est la « conformité du produit avec le producteur » (*ibid.*, 65), par quoi l'on peut entendre soit les productions divines, ou productions *ad intra* (les trois Personnes sont semblables et égales), soit la plus haute similitude avec le premier principe (c'est le cas du Fils, qui est la vérité, comme Augustin nous le rappelle), soit l'imitation par la créature de l'idée exemplaire qu'elle a en Dieu. Dans les trois cas qui viennent d'être mentionnés, est dit vrai tout effet qui est conforme à la cause dont il dépend pour exister. L'on pourrait dire qu'ici est vrai ce qui est authentique ou fidèle, comme une image à son modèle.

Pris au second sens, c'est-à-dire en la rapportant à l'intellect en général, une chose est dite vraie pour trois raisons. Premièrement, parce qu'elle est d'elle-même "manifestative de soi" pour tout intellect capable de connaître sa manifestation. Deuxièmement, parce qu'elle est "assimilative" pour un intellect assimilable, lequel est l'intellect créé. Troisièmement, parce que, une fois faites cette manifestation et assimilation, la chose est dans l'intellect "comme le connu dans le connaissant". Duns Scot souligne la première raison en ces termes : « S'il n'existait aucun intellect, une chose, quelle qu'elle soit, serait encore apte par nature à se manifester, selon son degré d'entité » (*ibid.*, 66).

En réponse à la question posée, il faut affirmer que le “vrai réel” est du ressort du métaphysicien pris au premier sens, cela intégralement, c’est-à-dire selon chacune des divisions du premier sens. En effet, pris en ce sens, le vrai réel est convertible avec l’être. Il est encore du ressort du métaphysicien, pris au second sens, mais non point intégralement. Ici, en effet, seule la première division est à retenir. Les deux suivantes ne le sont pas, car la seconde concerne l’intellect en tant qu’il est assimilable par un assimilatif. Or, dans ce qui est assimilatif, c’est-à-dire capable d’assimiler autre chose à soi, l’être est contracté au mouvement, puisqu’il cause une mutation dans un intellect assimilable. Il n’est donc pas convertible avec l’*esse simpliciter*. La troisième division n’est pas à retenir non plus, car l’être qu’une chose a dans l’intellect, ou *esse diminutum*, n’est pas un *esse simpliciter*, bien que tout être simple puisse recevoir un être diminué, c’est-à-dire l’être qu’il a dans l’âme. En résumé, la première division concerne le métaphysicien, la seconde et la troisième le logicien, qui a pour tâche d’examiner la vérité des termes et des propositions.

Une remarque s’impose ici, concernant l’être vrai comme manifestatif de soi. En effet, la manifestation scotiste n’a rien à voir avec une quelconque phénoménalité. Elle signifie en réalité l’identité de la chose avec elle-même en tant qu’elle est rendue manifeste par elle-même (le latin *manifestum*, dont l’étymologie est inconnue, semble signifier quelque chose de ferme). Voici pourquoi. Le faux *in re* signifie pour une chose la privation ou carence du vrai, c’est-à-dire l’absence dans cette chose de la “talité” par quoi elle paraît “telle”. De sorte que ce qui est principalement signifié par “faux” n’est pas, pour une chose, “ne pas paraître telle qu’elle est”. Dans ce cas, en effet, si une chose était sans paraître aucunément, elle serait fausse. Ce n’est pas non plus “paraître telle qu’elle n’est pas”. Dans ce cas, en effet, la fausseté serait formellement une position, et non pas une privation. En réalité, pour quelque chose, “faux” signifie apparaître *materialiter*, et *formaliter* être privé de la talité par quoi cette chose paraît “telle”. En outre, il ne faut pas entendre par “talité” une similitude, puisque rien n’est semblable à soi. Ainsi, si Socrate paraissait être Platon, Socrate serait faux, et pourtant il paraît tel qu’il est, c’est-à-dire semblable à Platon, puisque Socrate ressemble à Platon. En résumé, est faux ce qui est privé d’identité avec ce qu’il paraît être. Le vrai dans les choses est donc « l’identité d’un être, en tant qu’il est manifesté, avec lui-même en tant qu’il se fait connaître ou se manifeste ou apparaît ». La vérité n’est donc pas dans la manifestation, mais dans l’identité de la chose avec elle-même, en tant qu’elle est manifestée par cette chose ou peut l’être. Pris en ce sens, le *verum in re* est bien du ressort du métaphysicien, puisqu’il est convertible avec l’être, sans être identique avec l’être.

Le vrai dans l'intellect

Bien que cela ne concerne pas le présent propos, consacré aux passions convertibles de l'être, il est nécessaire de dire quelques mots du "vrai dans l'intellect", car ce dernier n'est évidemment pas sans rapport avec le "vrai dans les choses". Tout d'abord, il faut savoir qu'il existe trois opérations ordonnées de l'intellect, qui sont respectivement l'appréhension des quiddités ou natures des choses, prises séparément ; ensuite, la composition et la division, c'est-à-dire la formation de propositions affirmatives ou négatives ; enfin, le syllogisme ou raisonnement syllogistique. L'intellect appréhende immédiatement (c'est-à-dire sans l'intermédiaire d'un raisonnement) les quiddités des choses et en forme le concept. La relation de l'intellect – du moins l'intellect créé - aux choses est réelle, car il est "mesuré" par les choses comme le mesurable par sa mesure (inversement, l'intellect divin est la mesure des choses). La question se posera donc de savoir si, dans le cas de propositions non-contingentes, par exemple les définitions et les principes nécessaires, l'intellect est immédiatement mesuré par les choses en tant qu'elles existent ou sont, ce qui est douteux, ainsi qu'il apparaîtra.

Dans sa première opération, l'intellect ne peut être dans l'erreur, mais seulement dans l'ignorance. A cet enseignement d'Aristote, Duns Scot apporte quelques précisions. L'intellect peut se tromper, par exemple lorsqu'il appréhende quelque chose sous un concept qui ne correspond pas à cette chose mais à une autre. Un terme peut donc être faux, mais accidentellement. Il peut aussi y avoir des concepts entièrement vides de sens, comme celui d'un cercle carré. Ces concepts sont intelligibles (plus exactement, les parties de l'expression sont intelligibles prises séparément mais non point prises ensemble dans l'exemple considéré). Cependant aucune quiddité ne leur correspond dans la réalité, ni même dans l'intellect. La raison de ces possibles errements, c'est que la plupart des concepts sont simples mais non pas simplement simples, c'est-à-dire indécomposables, comme le sont les concepts transcendants. Ces réserves une fois faites, il reste que, dans sa première opération, l'intellect ne peut pas être "formellement faux", car seule la seconde opération peut être fausse formellement, c'est-à-dire en tant que telle.

Une autre différence entre ces deux opérations est la suivante : c'est seulement dans la seconde opération que la vérité peut être présente "objectivement" (*obiectivè*). Une vérité est dite objective lorsque, faisant retour sur son acte de composition ou de division (affirmation ou négation), l'intellect compare cet acte à l'objet, c'est-à-dire la chose conçue, pour vérifier s'il est conforme ou non à cet objet. Cette réflexion ne peut intervenir que dans la seconde opération, car seule cette opération est collative.

Comme toute innovation, cette doctrine, que l'on peut appeler doctrine de la vérité objective, soulève des objections, dont l'une est celle-ci : prenons un principe premier, par exemple que le tout est plus grand que la partie. On le reconnaît immédiatement comme vrai, mais l'expérience ne montre pas la présence d'un acte réflexif quand ce principe est conçu. Ce à quoi Duns Scot répond que cet acte est présent, mais n'est pas perçu, parce qu'il est simultané à la compréhension du principe lui-même. C'est la différence entre un acte de composition et un syllogisme car, dans un syllogisme, la conclusion est reconnue vraie ou fausse après que les prémisses sont connues.

Ainsi que le montre cette comparaison, ce que le docteur a en vue quand il parle d'un acte réflexif, est en réalité, comme il le déclare lui-même, un acte d'assentiment (*assensus*). Or s'il est vrai qu'un acte réflexif ne saurait passer inaperçu, il est possible qu'un acte par lequel l'intellect donne son assentiment à une proposition nécessaire ne soit pas perçu de lui, parce que l'intellect assentit aussitôt à cette proposition dès lors qu'il saisit le sens des termes composés. Ainsi, il suffit que je sache ce que veut dire un tout et ce que veut dire une partie pour que j'assentisse aussitôt à la proposition que le tout est plus grand que la partie.

La doctrine de la vérité objective est un développement d'une autorité d'Aristote dans les *Seconds Analytiques* I, c 3 (72b 23-25), selon laquelle « nous connaissons un principe de science en tant que nous connaissons les termes qui le composent ». *Principia cognoscimus in quantum terminos cognoscimus*. Duns Scot perfectionne cette idée par divers compléments. Tout d'abord l'assentiment. L'intellect assentit à une proposition nécessaire lorsqu'il aperçoit la "conformité" ou l'accord de la composition avec les termes composés. Il s'y refuse lorsqu'il constate la "difformité" ou le désaccord de la composition avec les termes composés. C'est la conformité qui est immédiatement perçue, et non l'assentiment. C'est évident car, si l'acte était réflexif, il faudrait poser un second acte par lequel le premier serait connu, et ainsi de suite. Deuxièmement, la conformité de la composition avec les termes composés a sa raison dans ces termes, plus précisément dans les signifiés de ces termes. En effet, pris séparément, un terme contient "virtuellement" un rapport avec l'autre, ce qui veut dire qu'il a le pouvoir de faire connaître ce rapport. Par exemple, le tout contient virtuellement un rapport avec la partie, et réciproquement. Par conséquent, lorsque quelqu'un forme la proposition "le tout est plus grand que la partie", il ne fait pas autre chose que concevoir en acte le rapport virtuellement contenu dans les termes. C'est pourquoi il voit immédiatement la conformité de la composition avec les termes composés.

Ce qui est remarquable dans les propositions nécessaires, c'est-à-dire toujours vraies, c'est que leur vérité dépend de la *res ut concepta*, et non pas de la *res ut extra*. En effet, comme Duns Scot l'explique à la question 3, livre VI, des *Questions sur la Métaphysique*, « … l'on ne sait pas que le composition est vraie en la comparant à la chose en tant qu'elle est extérieure, mais à la chose qui est l'un des extrêmes de la composition, de sorte que cet extrême, dans l'intellect, fait connaître par priorité naturelle son rapport [à l'autre extrême], soit de lui-même, soit grâce à un autre terme que l'intellect compose avec lui » (*Oph.* IV, 75-76). Il en va de même dans le syllogisme : « La connaissance des deux prémisses prises ensemble produit la connaissance de la conclusion dans la mesure où la connaissance des rapports des termes entre eux dans les prémisses cause la connaissance du rapport des termes dans la conclusion, et la connaissance de la vérité des prémisses produit celle de la vérité de la conclusion » (*ibid.*, 76). L'on ne va donc pas de la vérité des prémisses à la vérité de la conclusion, mais de la connaissance ou plutôt de la reconnaissance de la vérité des prémisses à la reconnaissance de la vérité de la conclusion. Cela est évidemment nécessaire car, si l'on pose que la vérité des prémisses fait que la conclusion est vraie, l'on pourra toujours demander d'où vient la vérité des prémisses. Or, puisque l'on a posé qu'une composition ou proposition n'est pas comparée à la *res extra* mais à la *res intra*, ou *res concepta*, il suit que la vérité de l'une et l'autre prémisses vient de la reconnaissance par l'intellect de la conformité de l'une et l'autre prémisses avec les termes composés, en tant qu'elles sont des compositions. C'est pourquoi l'on est en droit de dire que la vérité est dans l'intellect, non seulement formellement, mais encore objectivement. Cette notion de vérité objective semble bien être un apport original de Duns Scot, sous réserve d'inventaire. Il ne faut pas la confondre avec la *veritas in re*, ni non plus, sous prétexte qu'elle est dans l'intellect, avec une vérité dite subjective. Car l'évidence n'est pas causée par l'intellect dans l'intellect mais, dans l'intellect qui les compare, par les termes et propositions comparés. En outre, comme on l'a vu plus haut, l'intellect n'assentit pas à son assentiment, ce qui serait un acte réflexif, par conséquent subjectif. Il assentit à la conformité de la proposition avec les termes, puis, dans le syllogisme, à la conformité de la conclusion avec les prémisses, lesquelles, prises séparément ont été reconnues vraies de la même façon que les propositions isolées.

A partir de ce moment, mais pas avant, une proposition peut être comparée avec la *res extra*. Ce qui montre bien que tel est le sentiment de Duns Scot, c'est qu'il appelle "seconde vérité" la correspondance entre la proposition et la *res extra*. Ce n'est pas qu'il juge secondaire, entendant par là accessoire, la comparaison avec la réalité. Au contraire, il estime que de fréquentes comparaisons avec la réalité extérieure sont éminemment utiles pour raffermir l'adhésion à une proposition nécessaire. Mais il faut d'abord que la vérité de la proposition soit présente objectivement dans l'intellect.

Qu'en est-il d'une proposition contingente, demandera-t-on, comme lorsqu'on dit que Socrate est assis ? Il y a ici une différence manifeste car, « lorsque [l'intellect] compose les termes d'une proposition contingente, il ne voit pas que son acte est conforme, sinon en voyant le rapport des termes dans la réalité ». Or, la cause extérieure fait que les termes sont unis ou non dans la réalité, mais non pas dans l'intellect. « Il faut donc voir intellectuellement que les termes sont conjugués ou séparés dans la réalité » (*ibid.*, 75). Comme cette "vision intellectuelle" n'est pas autre chose que l'intuition scotiste (entièrement différente de la *theoria* platonicienne), par laquelle une chose existante et présente est connue des sens et de l'intellect en tant qu'existante et présente, cette conclusion revient à dire que la vérité d'une proposition contingente ne peut être établie qu'au moyen de l'intuition, bien que la proposition ne soit pas causée par la "vision intellectuelle", mais par l'intellect qui compose ou divise, c'est-à-dire affirme ou nie.

Le concept de vérité objective constitue certainement un progrès par rapport à l'idée traditionnelle de la vérité comme adéquation de l'intellect et de la chose (*adaequatio rei et intellectus*). Pour Aristote, une proposition est vraie si elle déclare uni ce qui, dans la réalité, est uni, ou déclare non-uni ce qui, dans la réalité, n'est pas uni. Elle est fausse si elle déclare non-uni ce qui, dans la réalité, est uni, ou déclare uni ce qui, dans la réalité, n'est pas uni. Ainsi, "Socrate est blanc", "Socrate n'est pas noir" sont V. "Socrate n'est pas blanc", "Socrate est noir" sont F. Or, comme Duns Scot est persuadé, à juste titre, de la dissimilude essentielle de la proposition, *a fortiori* du raisonnement syllogistique, par rapport à la réalité, il ne peut pas se satisfaire d'une adéquation de l'intellect et de la chose, comprise à la façon traditionnelle, c'est-à-dire comme une homothétie, laquelle implique une similitude entre la réalité et la proposition. Il y a d'ailleurs une difficulté objective à comprendre comment "Socrate est blanc" peut signifier l'union de "Socrate" avec "blanc", et de même pour les autres exemples. La dissimilitude de la proposition attributive par rapport à la réalité signifiée est manifeste, pour peu que l'on réfléchisse à la copule. Le rapport de Socrate avec "blanc" est signifié par le verbe "est", qui est le signe de la composition quand il est pris comme *tertium adiacens*, c'est-à-dire sans affirmation d'existence. C'est pourquoi Aristote eut raison de dire que « être signifie une composition que l'on ne peut pas comprendre sans les composés ». D'où il suit que ce qui est appelé "composition" est proprement un acte de l'intellect.

La conformité de la composition avec la *res extra* ne nécessite pas qu'il y ait dans la chose une autre relation entre les extrêmes, en tant qu'ils sont dans la réalité, similaire ou parallèle à la relation qui est entre les extrêmes en tant qu'ils sont conçus et rapportés l'un à l'autre par l'intellect. Dans le cas contraire, il serait faux de dire "un homme est un homme", car ici il y a composition dans la proposition, et cette proposition est la plus sûre qui soit, comme toutes les fois où le même se dit du même. Mais il n'existe pas une composition analogue dans la chose signifiée. Il ne faut pas non plus invoquer, avec tel autre docteur (Thomas d'Aquin), une "composition de la forme avec la matière". D'une part, une proposition est une composition d'un genre tout différent de celui de la forme avec la matière. D'autre part, il serait faux de dire "Dieu est Dieu". Pour expliquer la conformité de la composition avec la *res extra*, Duns Scot pose que le rapport entre les termes dans la composition « correspond à la chose quand il est tel que la chose le contient virtuellement », ce que l'on peut comprendre de deux façons : soit que le rapport est tel que la chose serait par nature apte à le causer dans l'intellect « si elle était la cause de ce rapport » ; soit que la composition est un signe, non pas similaire à la chose, mais dissimilaire, bien qu'il exprime pourtant ce qui est dans la réalité, de même qu'un cercle à l'enseigne d'une taverne, bien qu'il ne soit pas similaire au vin, est cependant un signe vrai du vin, et faux du lait et autres choses semblables (*ibid.*, 80). Toutefois, cette analogie n'est pas parfaite, car un signe tel que le cercle est *ad placitum*, tandis qu'un signe mental, telle une proposition, n'est pas un signe arbitraire de la chose signifiée, puisqu'un signe arbitraire dépend du choix et de la volonté. L'on peut donc tirer de cette précision apportée par Duns Scot qu'un signe mental est un signe naturel. L'idée qui semble prévaloir chez lui est celle d'expression, plutôt que celle d'adéquation. La proposition peut exprimer ce qui est dans les choses, sans qu'il soit nécessaire de poser une similitude de la proposition avec la réalité.

Que dire, pour finir, de cette autorité d'Aristote : *verum est in rebus componi*, que Duns Scot lui-même utilise à l'occasion ? L'on peut répondre que partout où le même n'est pas affirmé de lui-même, il y a dans la chose une certaine composition, c'est-à-dire une relation du même avec quelque chose d'autre ou de différent. Dans ce cas, la vérité est moins certaine que dans celui de l'identité. Le modèle de vérité des propositions est donc la proposition identique, comme lorsqu'on dit *homo est homo*, *Deus est Deus*.

Le bon

L'on distingue le bon essentiel ou naturel d'un côté et le bon moral, de l'autre. Le bon essentiel ou naturel se prend en deux sens. Pris au premier sens, il est convertible avec l'être. Toute chose est bonne d'une bonté proportionnelle à son degré d'être, c'est-à-dire à sa place dans la hiérarchie des êtres. C'est pourquoi, dit Augustin, en tant que nous sommes, nous sommes bons ; et en tant que nous sommes, nous sommes par Dieu. Pris en ce sens, le bon n'a pas pour contraire le mal, mais le non-être. Pris au second sens, le bon est identique au parfait, c'est-à-dire ce qui ne contient en lui-même aucun défaut, cela soit réellement soit seulement en apparence, parce que la volonté s'est fixée sur un objet qui lui paraît bon et le meilleur qui soit. Pris en ce sens, le bon est objet de fruition (*bonum fruibile*), et cause de satisfaction (*quietatio*). Outre le bon essentiel ou naturel, il existe aussi le bon moral. Il n'appartient pas à un être mais à un acte, à savoir l'acte de la volonté, également appelé "acte pratique". La bonté morale, ou valeur morale d'un acte pratique, dépend de sa conformité avec une règle. Examiner ce sujet serait passer de la métaphysique à l'éthique. Afin de rester dans la métaphysique, nous choisissons d'examiner un autre problème, celui du beau. En effet, selon certains, le beau est transcendant. Selon Duns Scot, il ne l'est pas.

Le problème du beau

Si le beau n'est pas transcendant, c'est évidemment parce que l'on ne peut pas poser que "seul ce qui est beau est un être, donc tout être est beau". Cela paraît évident d'après l'expérience, mais on peut prouver que le beau n'est pas transcendant, cela à partir de la notion de convenance (*convenientia*). En effet, la convenance se prend en deux sens. Ce qui convient à une chose est bon pour cette chose. Par exemple, la santé convient à l'homme parce qu'elle est bonne pour lui, cela dans tous les cas. Mais la beauté n'est pas ce qui convient à autre chose. En réalité, une chose est dite belle parce qu'autre chose lui convient. Pour qu'un corps soit beau, il faut qu'il ait toutes choses qui lui conviennent, et qu'il y ait en lui une certaine harmonie, ce qui n'est pas toujours le cas. Il suit de là que la beauté est en quelque façon accidentelle pour un corps, parce qu'elle advient ou survient à ce corps. Pour cette raison, le beau n'est pas convertible. Ni l'un, ni le vrai ni le bon n'adviennent à l'être de cette facon quasi-accidentelle.

Il existe néanmoins une certaine analogie entre beauté et bonté. Non point la bonté du bon transcendant, mais la bonté de l'acte moral. Nous suivons ici l'exposé de l'*Ordinatio* II, d. 7, question unique, qui concorde avec d'autres exposés sur le sujet, en dépit de certaines différences dans les divisions et le vocabulaire (par exemple *Ordinatio* II, d. 40, question unique). Un acte de la volonté, ou volition, possède tout d'abord une bonté "naturelle" qui lui appartient en tant que cet acte est un acte positif, de même qu'elle convient à tout être positif, selon son degré d'entité, plus grand ou moins grand. Au-delà de cette bonté naturelle, un acte peut avoir une bonté morale, cela en trois sens ordonnés. La première est la bonté *ex genere*, parce que cet acte entre dans le genre des actes bons. La seconde peut être appelée bonté vertueuse ou bonté *ex circumstantiis*. La troisième est la bonté méritoire, ou bonté gratuite, c'est-à-dire celle qui advient à un acte en tant qu'il est accepté par Dieu comme digne de récompense.

La première bonté revient à un acte parce qu'il porte sur un objet qui convient à cet acte "selon le dictamen de la droite raison", et non pas seulement parce qu'il convient à cet acte naturellement, comme la lumière à la vision. Mais un acte est toujours particulier. Il s'accomplit toujours dans des circonstances particulières, qui sont divers paramètres tels que l'intention, le lieu ou le moment où il est effectué. En outre, un acte est intrinsèquement qualifié par son mode d'exécution (sincère ou insincère, réticent et mou ou non-réticent et ferme). Il reçoit donc une seconde bonté morale des circonstances, ou plutôt du fait qu'il est conforme à ce que la droite raison dit qu'il faut faire dans telles ou telles circonstances. Enfin, l'acte déjà revêtu de ces deux bontés reçoit la troisième du fait qu'il est inspiré par la charité. Exemple de la première bonté : faire l'aumône. Exemple de la seconde : donner à celui qui en a besoin, au moment voulu, et sans arrière-pensée. Exemple de la troisième : faire l'aumône par amour de Dieu.

L'analogie avec la beauté concerne la bonté de l'acte moral *ex circumstantiis*. Cela n'est pas surprenant, puisque la bonté d'un acte est faite d'un certain nombre d'éléments et de l'accord mutuel de ces éléments entre eux, pour former une cause intégrale de la bonté de l'acte. De même, la beauté (*pulchritudo*) n'est pas une "forme absolue" dans un beau corps, comme le serait une qualité simple. Elle est formée d'abord de l'ensemble (*aggregatio*) de toutes les choses qui conviennent à ce corps, par exemple la taille, la forme extérieure, la couleur, ensuite l'ensemble des rapports des précédents avec le corps et entre eux. De même, la bonté morale d'un acte est pour ainsi dire une certaine parure (*decor*) de cet acte, qui provient de ce qu'il est proportionné comme il se doit à tout ce à quoi il doit être proportionné, par exemple la faculté qui l'exerce, l'objet sur quoi il porte, le moment, la fin, le lieu et le mode. En formulant cette théorie de la bonté morale d'un acte, prise au second sens, Duns Scot prolonge Augustin, qu'il cite lui-même (« Bon, le visage de l'homme, harmonieux, enjoué, avec de belles couleurs » – *La Trinité* VIII, c. 3 ; *BA.*, XVI, 32). La note scotiste provient de l'accent mis sur la singularité. La beauté est harmonie, et Duns Scot ne se départit pas de cette idée, qui est d'ailleurs inévitable. Mais un corps est nécessairement singulier, et tout ce qui est dans un corps singulier est singularisé. Cela est toujours vrai, que ce corps soit beau ou non, plus beau ou moins beau. La beauté advient donc à un corps du fait de l'harmonie des parties singularisées entre elles et avec le tout, donc "après" la singularisation. Par conséquent, ce n'est pas une harmonie générale, comme celle d'une statue typique. Ce n'est pas non plus une harmonie singulière ou singularisée, car l'harmonie n'est pas une partie du corps singulier harmonieux. Ce que Duns Scot appelle *decor* s'apparente plutôt à la grâce. L'on ne voit pas bien comment un acte moral pourrait être beau au sens de la plastique. Par contre, l'on éprouve quelquefois qu'un acte moral, c'est-à-dire un choix délibéré, a de la grâce ou de l'élégance, de même qu'un corps vivant dans ses mouvements.

LES PASSIONS DISJOINTES

L'une des originalités de la métaphysique scotiste est de poser comme transcendantes non seulement les passions convertibles, mais encore les passions disjointes. La convertibilité de l'un, du vrai et du bon avec l'être était connue depuis longtemps quand Duns Scot commence sa carrière de métaphysicien. Mais lorsqu'il introduit les passions disjointes de l'être – telles que "nécessaire" par opposition à "possible", "infini" par opposition à "fini", etc. –, Duns Scot doit d'abord expliquer en quel sens ces passions peuvent être regardées comme transcendantes. A certains égards, en effet, est transcendant ce qui convertible avec l'être, et cela seulement. D'où la question de savoir comment une disjonction peut être considérée comme convertible avec l'être, du moins à certains égards. La réponse de Duns Scot est que les passions disjointes sont conçues et exprimées à partir des convertibles par "circonlocution" ou périphrase. Nous suivons ici le texte de la distinction 8, partie 1, question 3, de l'*Ordinatio* I. « De même que les passions convertibles sont transcendantes, parce qu'elles sont consécutives à l'être en tant qu'il n'est pas déterminé à un genre, de même les passions disjointes sont transcendantes, et chacun des membres d'une disjonction de ce type est transcendant, parce qu'aucun ne détermine le déterminable [c'est-à-dire l'être] à entrer dans un genre donné ». Ainsi, de même que l'un ou l'unité suit immédiatement de l'être, avant que celui-ci ne soit substance, ou quantité ou qualité, etc, de même "infini ou fini", "incréé ou créé", etc. suivent immédiatement de l'être, avant que celui-ci ne soit substance, quantité ou qualité. Voilà pour la ressemblance entre passions convertibles et disjointes. Le texte de la distinction 39 du même livre I précise que l'on parle ici de celles-ci par périphrase à partir de celles-là (*circumloquens passionem convertibilem cum ente*) : comme les convertibles, les passions disjointes ne déterminent pas le déterminable à entrer dans un genre. Voici pour la différence : « Néanmoins, l'un des membres d'une disjonction de ce type est formellement spécial, parce qu'il convient à un être et un seul. C'est le cas de "être-nécessaire" dans la disjonction "être-nécessaire ou être-possible", et pareillement de "infini" dans la disjonction "fini ou infini", et de même dans les autres cas » (*Vat.* IV, 207).

Dire que l'un des membres de la disjonction est "formellement spécial", c'est dire qu'il convient uniquement à un *ens speciale*, à savoir Dieu, car lui seul est un être nécessaire, incréé et infini, tandis que le second membre convient à *l'ens commune* ou *ens in communi*. La disjonction, peut-on demander, ne met-elle pas en péril l'unité du concept de l'être ? Ce serait le cas en effet si l'être était un genre, que la disjonction diviserait en espèces. Or, l'on a vu plus haut que l'être n'est pas un genre. Donc, l'*ens commune* et l'*ens speciale* ne sont pas des espèces. Mais, peut-on demander encore, quelle sorte de distinction faut-il alors poser ? La réponse de Duns Scot est qu'il faut poser ici une "distinction modale". "Infini et fini", "nécessaire et contingent" sont des modes de ce dont ils se prédiquent, et des modes "intrinsèques" ou inséparables, quand on dit "quelque être est infini", "quelque être est fini". La notion de mode intrinsèque sera examinée plus bas dans le détail. Pour le moment, il suffit de noter que la distinction modale appliquée à l'être ne remet pas en cause l'unité de son concept : un être infini est un être, mais infini ; un être fini est un être, quoique fini. Que l'*ens speciale* soit unique, tandis que l'*ens commune* est multiple, ne remet pas non plus en cause l'unité du concept de l'être, lequel est identique dans le premier comme dans le second.

De même que les passions convertibles ne sont pas démontrables de l'être, de même les passions disjointes. Duns Scot le reconnaît sans détour. « Dans les passions disjointes, bien que la disjonction totale ne puisse être démontrée de l'être, dit-il, ... ». Il n'en donne pas la raison, mais on peut supposer qu'elle est la même que précédemment pour les passions convertibles, à savoir l'impossibilité de trouver un moyen terme permettant de démontrer que la disjonction totale appartient à l'être. Et il poursuit immédiatement : « ... néanmoins, l'un des extrêmes [de la disjonction], qui est le moins noble [à savoir "fini"], étant pris comme convenant à quelque être de façon commune, l'on peut conclure que l'autre extrême aussi, qui est le plus noble [à savoir "infini"], convient à quelque autre être, de même que l'on a l'inférence suivante : si quelque être est fini, alors quelque être est infini, et si quelque être est contingent, alors quelque être est nécessaire ». Il est manifeste que, dans cette inférence, Duns Scot prend "quelque être" (*aliquod ens*) au sens de "non tout être", et n'entend pas par là "non aucun être", comme le veut L. Couturat dans son livre sur *La logique de Leibniz* (p. 445), afin de sauver la règle des contradictoires dans le carré logique. "Quelque être est fini" et "quelque être est infini" ne sont pas des contradictoires, mais des disjoints. Le sens est donc le suivant : si tout être est soit fini soit infini, et si quelque être (non tout être) est fini, alors quelque être est infini.

Possible et nécessaire

L'on oppose communément le possible à l'impossible. Pris en ce sens, le possible est "le premier corrélat d'une puissance active ou productive", c'est-à-dire ce qui peut être fait ou produit par cette puissance, tandis que l'impossible est ce qu'aucune puissance ne peut faire ou produire. Si l'on applique cette définition du possible en métaphysique, il suit qu'il est faux que "Dieu est possible" ou qu'"il est possible que Dieu soit". En effet, Dieu n'a pas de cause. Il ne peut donc pas être le premier corrélat d'une puissance active, quelle qu'elle soit. Par suite, il n'est pas possible, c'est-à-dire productible. Il faut donc, poursuit Duns Scot, prendre le terme "possible" en un sens plus déterminé. C'est ce que fait Avicenne, au livre VI de la *Métaphysique* et en bien d'autres lieux, quand il oppose le possible à ce qui est "nécessaire de soi". Et Duns Scot de conclure : « Puisque donc tout ce qui est intrinsèque à Dieu est nécessaire en soi formellement (ou bien par identité avec l'essence, laquelle est formellement nécessaire de soi), rien de ce qui est intrinsèque à Dieu ne sera le terme d'une puissance active proprement dite » (*Ordinatio* I, d. 20, question unique ; *Vat.* V, 313). Si donc Dieu n'est pas possible, ce n'est pas parce qu'il est impossible. C'est parce qu'il est "nécessaire de soi". En logique, le possible s'oppose à l'impossible. Ce qui, en métaphysique, s'oppose à "nécessaire", c'est "contingent". "Contingent" signifie ici "ce qui n'est pas de soi ou par soi" ou encore "ce qui est par autre chose que soi". Puisque la disjonction est exhaustive, l'on peut donc écrire : "l'être est nécessaire ou contingent". Et, comme précédemment, "si quelque être (non tout être) est contingent, quelque être est nécessaire".

Créé et incréé

L'on entend communément par "création" soit une chose qui est créée, soit le fait pour une chose d'être créée. De même, une production signifie soit une chose produite, soit le fait pour une chose d'être produite. Et l'on pourrait énumérer, pris dans le langage commun, un grand nombre de termes qui contiennent une semblable équivocité : une réalisation, une institution, etc. Ici, un même terme signifie à la fois un acte et le résultat de cet acte. Ce qui permet de distinguer l'acte et le résultat de cet acte, c'est que, dans des cas semblables, le résultat subsiste quand l'acte a passé. Considérons maintenant le cas d'une intellection ou celui d'une imagination. L'on ne peut pas distinguer aussi facilement le résultat de l'acte et l'acte lui-même. Lorsqu'une chose est imaginée, il faut nécessairement qu'elle soit distincte de l'acte d'imaginer, mais aussitôt que cet acte cesse la chose cesse d'être imaginée, et de même dans le cas d'une intellection. A partir de ces deux exemples, mais non des précédents, l'on peut concevoir en quels termes se pose pour Duns Scot le problème de la création et du créé. La Création est une action continue, car le monde est créé et conservé par un seul et même acte, de sorte que s'il cessait d'être conservé, le monde retournerait aussitôt au néant. Par suite, il est nécessaire, d'une part, que le créé soit quelque chose indépendamment de l'acte de le créer – sinon rien n'est créé, ou ce qui est créé n'est rien. D'autre part, il est nécessaire qu'il ne subsiste pas s'il n'est pas créé continûment – faute de quoi la création serait une production, c'est-à-dire une *poièsis* au sens aristotélicien (cette conception serait plutôt celle de saint Thomas, que Duns Scot puis Descartes rejettent, pour des raisons que nous n'avons pas la place d'exposer ici).

Un cas particulier d'équivocité peut s'avérer utile dans le présent propos. C'est celui, en mathématiques, du terme “fonction”, ou relation fonctionnelle, qui, avec la relation d'équivalence et la relation d'ordre, est l'un des trois types de relation. Dans l'expression $y = f(x)$, il ne faut pas confondre, comme on sait, y image de x par f avec la fonction $y = f(x)$, distincte de la fonction $y = g(x)$. L'image n'est pas identique à la fonction, bien que y soit fonction de x. La distinction entre l'image et la fonction n'est pas sans analogie avec celle que fait Duns Scot entre le fondement d'une relation réelle, d'un côté, cette relation elle-même, de l'autre. A la distinction 1, question 4, de l'*Ordinatio* II, il est demandé « si la création d'un ange est identique à cet ange » (*Vat.* VII, 91). Si la création était une production, la réponse serait évidemment négative. Comme la création est continue et s'apparente à une “action” (ou *praxis* au sens d'Aristote), la réponse ne peut être que nuancée. « Je réponds à la question, dit Duns Scot, que la relation à Dieu, qui est commune à toutes les créatures, est identique réellement au fondement de cette relation ». Qu'est-ce en effet qu'une créature, sinon une création ? « Cependant, poursuit-il, la relation n'est pas identique formellement à son fondement, ni ne lui est identique exactement (c'est-à-dire en prenant l'identité au sens d'une adéquation), de sorte que le fondement de la relation ne serait pas autre chose formellement que la relation elle-même ». Si une créature n'est pas autre chose qu'une création, elle est cependant autre chose que l'acte par lequel elle est créée et conservée en même temps, faute de quoi cet acte n'aurait pas de terme.

Fini et infini

Il semble qu'au début de sa carrière intellectuelle Duns Scot ait regardé le concept de l'infini comme un concept transcendant parmi les autres, sans lui attribuer un privilège qui le mette à part. Par la suite, il reconnaîtra de plus en plus clairement que la disjonction fini/infini doit jouer un rôle privilégié chez le théologien, dans la mesure où, davantage que les autres passions disjointes, cette disjonction fournit la meilleure description possible pour l'intellect humain de la nature divine dans sa différence avec toute nature finie (pour le dire en employant le langage commun, car en réalité l'infinité n'est pas une différence mais un mode intrinsèque). De même, afin d'établir la positivité du concept de l'infini, qui semble à première vue négatif si l'on considère le préfixe du terme qui l'exprime, Duns Scot observera d'abord que ce qui, dans ce terme, est négatif, c'est en réalité le radical. *Finitum*, dit-il, implique une limite, donc une négation ou une privation. Par suite, *infinitum*, qui est la négation de cette négation ou privation, est un concept positif (chose que la logique admet généralement, à l'exception de ceux qui demandent une ostension au lieu d'une conclusion, ce qui est trop demander). Mais cette preuve, qui est simplement sémantique et logique, est évidemment insuffisante comme toutes les preuves de même genre, puisqu'elle repose sur la signification des mots, et non sur la réalité des choses. Or, c'est l'existence même d'un être infini ou d'une nature infinie qu'il s'agit de démontrer, ce qui ne peut se faire que par les moyens de la métaphysique, et non par la sémantique ou la logique. C'est dans cette voie que Duns Scot s'engagera toujours plus par la suite. Si quelque être est fini, quelque être est infini. Telle est, ou paraît être, l'idée fondamentale du métaphysicien (remarquons que cette proposition est plus convaincante que celle-là, "s'il y a du fini, il y a de l'infini"). Dans cette voie, Duns Scot a certes été précédé par Guillaume d'Auvergne, l'un des premiers, semble-t-il, à avoir utilisé la méthode des passions disjointes. Mais, en perfectionnant cette méthode, Duns Scot parviendra à une conception plus riche et plus précise de l'infini, comparée à celle qui avait cours de son temps. Et l'on peut dire sans risque d'erreur que le concept de l'infini, ou plutôt celui de l'*ens infinitum*, occupe une place centrale dans sa pensée. Voyons tout d'abord comment l'infini peut être défini, ou plutôt décrit, selon Duns Scot. Ensuite pourquoi ce concept est le plus recommandé ou le plus fertile en conséquences dans une métaphysique dont le but principal, comme on le verra au chapitre trois, est de faire la preuve du Premier Principe de toutes choses.

Deux descriptions de l'infini

Comme on le voit déjà chez Aristote, l'infini se laisse malaisément définir. Ce n'est pas que, comme on le dit quelquefois, l'infini ne pourrait être appréhendé, sinon de façon seulement négative aux yeux du Philosophe. C'est plutôt à cause de l'abondance des expressions qui servent à le signifier, par exemple celle-ci, qui est l'une des meilleures à notre avis : l'infini est ce qui est tel qu'il ne peut pas être traversé (de sorte que, serait-ce seulement par la pensée, ou bien l'on n'est pas dans l'infini, ou bien, si l'on est dans l'infini, il ne peut être traversé). Mais si les expressions abondent, il suit qu'aucune d'entre elles, prise séparément, n'est une définition adéquate et suffisante, puisque, pour être suffisante, la définition doit être unique. Disons par conséquent qu'à défaut d'une définition unique nous disposons de descriptions multiples de l'infini, qui diffèrent selon la façon dont il est considéré, soit que l'on considère l'infini comme une quantité ou bien une qualité, soit que l'on ait en vue un infini extensif (le seul qu'Aristote reconnaisse) ou bien un infini intensif (celui que la théologie chrétienne impose au métaphysicien de considérer, en même temps que le précédent).

Dans la cinquième question du *Quodlibet*, Duns Scot déclare qu'un être infini peut être "décrit" de la façon suivante : « Un être infini est tel qu'il excède quelque être fini que ce soit, non point selon une proportion déterminée, mais au-delà de toute proportion déterminée ou déterminable » (*Olms* XII, 118). Le texte des *Reportata Parisiensia* I, d. 2, est très similaire : « L'infini est ce qui excède tout fini donné, au-delà de toute proportion ». Celui, parallèle, de l'*Ordinatio* I, d. 2, montre que l'auteur a ici en vue un infini quantitatif : « Nous concevons l'infini par le fini (ce que j'explique de la façon suivante, conformément à la conception commune : l'infini est ce qui non seulement excède tout fini donné selon tout rapport fini déterminé, mais l'excède encore au-delà de tout rapport assignable) ». Cette conception n'est pas si commune, à bien y réfléchir. L'important ici, c'est l'idée d'excès et d'improportionalité. L'infini de grandeur n'est pas une grandeur infinie, mais ce qui est au-delà de toute grandeur finie, si grande soit-elle. Bien que l'intellect humain conçoive l'infini à partir du fini, il ne parvient pas à l'infini véritable par extension du fini, mais plutôt par réduction de la grandeur, si grande soit-elle, au fini comparé à l'infini.

Quoique Duns Scot n'ait pas développé son intuition de l'infini par excès, sa description contient une indication précieuse pour les infinitistes du XIVe siècle, qui voudront construire le concept d'une grandeur infinie actuelle. C'est le cas de scotistes tels que Jean de Bassols ou François de Meyronnes. C'est surtout celui de Grégoire de Rimini, de l'Ordre des Ermites de Saint Augustin (ordre prestigieux, auquel appartinrent Martin

Luther et Gregory Mendel, fondateur de la théorie de l'hérédité). Au sujet d'un quantum catégoriquement infini (c'est-à-dire intrinsèquement infini), Grégoire dit qu'un tel quantum est *majus quantocunque finito*, plus grand que tout quantum fini, si grand soit-il. Commentant cette formule, Pierre Duhem écrit : « On peut donc dire très exactement que, pour Grégoire de Rimini, la grandeur catégoriquement infinie, c'est *la grandeur transfinie* » (*Le système du monde* VII, 131). Cette caractérisation de l'infini en excès par rapport à tout fini, si grand soit-il, constitue en effet un changement décisif par rapport à l'idée classique de l'infini par addition ou division. En effet, comme le dira plus tard Bernard Bolzano, « une grandeur susceptible d'être toujours plus grande qu'on l'a d'abord supposée, et de devenir plus grande que toute grandeur (finie) donnée, peut malgré tout rester constamment finie, comme c'est le cas, en particulier, de toute grandeur numérique 1, 2, 3, 4... ». Il faut donc pouvoir envisager, poursuit-il, des grandeurs véritablement infinies, c'est-à-dire « plus grandes qu'un nombre quelconque d'unités », ou « si petites que tout multiple d'elles-mêmes reste inférieur à l'unité » (*Les paradoxes de l'infini*, p. 64-66). Ce rapprochement n'est évidemment destiné à faire de Duns Scot un précurseur dans la théorie des nombres. La raison en est qu'au sujet de l'infini, la quantité qu'il envisage est la quantité continue et non pas la quantité discrète, comme c'est aussi le cas d'Aristote. Et la raison de cette raison, c'est que pour lui, comme pour Aristote, la quantité continue est indéfiniment divisible, mais non point divisible en indivisibles. Une ligne n'est pas composée d'une infinité de points, car le point n'est pas dans la ligne, sinon en puissance. Reste malgré tout que le “changement de paradigme”, par lequel l'on passe de l'infini par extension à l'infini par excès semble bien avoir été effectué, sinon par Duns Scot, du moins en milieu scotiste. Dans le progrès des sciences, le *shift* mental et conceptuel vient en premier, et les démonstrations viennent après.

Dans le cinquième *Quodlibet*, Duns Scot propose une autre description de l'infini, qualitative cette fois. *Ex hoc possumus ens infinitum in entitate, sic describere, quod ipsum est cui nihil entitatis deest, eo modo quo possibile est illud haberi in aliquo uno, et hoc pro tanto additur, quia non potest in se realiter et formaliter per identitatem omnem entitatem habere* (*Olms* XII, 118). C'est-à-dire : « A partir de là, nous pouvons décrire un être infini en entité [c'est-à-dire en perfection] comme suit : il est ce à quoi nulle entité ne fait défaut de la façon dont il est possible que cette entité soit possédée par un seul autre être, et si cette précision est ajoutée, c'est seulement parce qu'il ne peut pas avoir en soi toute entité, que ce soit réellement ou formellement par identité ». Le texte latin est un peu difficile (c'est pourquoi nous l'avons reproduit en entier), mais le rendre correctement (ce qui n'est pas toujours le cas dans les traductions disponibles, soit en anglais soit en allemand) est important pour bien comprendre l'idée scotiste de l'*ens infinitum intensivè*. Il s'agit ici d'un infini en entité ou perfection. Or il est clair qu'un être infini en perfection possède nécessairement toute perfection qui peut se rencontrer chez un seul autre différent de lui – et cela à un degré infini, peut-on ajouter –, car si une perfection présente chez un être différent de lui, serait-il unique, lui faisait défaut, il ne serait pas parfait. La théologie scotiste est donc justement appelée "théologie de l'être parfait" (*Perfect Being Theology*). Mais il ne suit pas de là que cet être infini possède en lui toute entité, soit réellement (parce qu'il la contiendrait en lui-même, comme l'homme contient l'animal), soit formellement par identité (comme lorsqu'on dit que l'homme est un animal, d'où il suit que, formellement, l'homme est identique à l'animal). Il suit qu'un être infini n'est évidemment pas identique à un être fini (Dieu n'est pas le monde), mais encore qu'un être fini n'est pas contenu dans un être infini (le monde n'est pas contenu en Dieu). Ce que Duns Scot veut dire, c'est que, chez un être infini, une perfection est infinie, et finie chez un être fini. Dans ces conditions, un être infini est certes un tout (comme on verra plus bas), mais il n'est pas le Tout. Par là, la conception romantique de l'infini est écartée par avance, selon laquelle le fini s'annule devant l'infini. Est écartée également la naïve objection spinoziste, selon laquelle Dieu plus le monde formeraient quelque chose de plus grand que l'un et l'autre pris séparément. En effet, le fini et l'infini ne s'additionnent pas selon la conception véritable, qui veut que l'infini est toujours en excès par rapport au fini, si grand soit-il.

En conclusion de ce point, il faut insister sur le fait que, dans son analyse de l'infini, Duns Scot fait droit au fini, en respectant l'entité qui est la sienne. Quoi de plus normal, au demeurant, puisque la créature est de Dieu ? Quelle que soit la différence entre l'un et l'autre, dès lors que le fini est créé, il coexiste avec l'infini, mais sans s'y ajouter. L'existence du monde n'ajoute donc rien à Dieu, et son inexistence, s'il n'existait pas, ne lui retrancherait rien. Aristote observait déjà qu'il est inutile d'objecter aux Eléates que « s'il n'y a rien hors de l'être en soi, tout est un ». « En effet, qu'entendre par être en soi sinon un être en tant qu'être ? Et s'il en est ainsi, rien n'empêche que, pour autant, les êtres soient multiples, comme on l'a dit » (*Physique* I, c. 3, 187a 8-10).

Supériorité du concept d'un être infini au plan spéculatif

D'un point de vue spéculatif, la supériorité du concept d'un être infini par rapport à d'autres concepts également possibles – être suprême, être incréé, être nécessaire, etc. –, se voit en de multiples occasions (notons que le concept de l'être suprême n'est pas accueilli avec faveur par Duns Scot, et cela à juste titre nous semble-t-il, car si l'on pose un être suprême, l'on peut encore demander par quoi ou en quoi il est suprême, ce qui fait appel à des concepts antérieurs; ce concept n'est donc pas ultime; de plus, il n'est pas disjonctif; il est donc vague parce qu'il n'offre qu'une faible prise à la pensée). Tout d'abord, il est possible de déduire la simplicité de l'essence divine à partir de son infinité, tandis que l'inverse ne paraît pas possible. Ensuite, des qualités infinies sont mutuellement compatibles à l'intérieur de cette essence, pourvu que l'infinité soit conçue comme un "mode intrinsèque" de celle-ci. Enfin, le concept de l'infini ne bouleverse pas la structure de l'être, puisque l'infini ne détruit pas la notion formelle de ce qu'il qualifie.

De l'infinité à la simplicité

Certains docteurs, Thomas d'Aquin notamment, voyaient dans le concept de simplicité le concept le plus adéquat à la nature divine. Non seulement il ne saurait être question ici d'une composition de matière et de forme – c'est évident –, mais encore l'essence et l'existence ne se distinguent pas en Dieu. Qu'il est et qui il est sont identiques. Il est donc simple. Tel est aussi le jugement de Duns Scot et c'est là, du reste, l'opinion commune. La divergence entre les deux docteurs tient à ceci, que Thomas tire de l'idée de la simplicité divine la conclusion que, par opposition, chez la créature, qui n'est pas simple mais composée, essence et existence se composent entre elles, ce que Duns Scot refuse. Certes, à l'exception de l'ange, toute créature est composée, mais sa composition est celle d'une matière et d'une forme, non point d'une essence et d'une existence.

La simplicité de l'essence divine étant admise comme un bien commun, il reste que l'on ne peut pas en déduire l'infinité, car un être simple n'est pas nécessairement infini, puisque l'on peut concevoir qu'un être simple est fini, par exemple l'ange. Au contraire, il est possible, selon Duns Scot, de tirer la simplicité de l'infinité, ce qu'il prouve comme suit : « Premièrement, Dieu n'est pas composable : <On le prouve> par ceci, que tout ce qui est composable peut être une partie d'un tout composé, qui est formé de lui-même et, d'autre part, de ce composable ; or toute partie peut être excédée ; mais il est contraire à la raison de l'infini de pouvoir être excédé ; donc, etc. ». Ce raisonnement est confirmé par le suivant, lequel, bien que semblable au précédent, roule sur le concept de parties qualitatives et non pas quantitatives : « Tout ce qui est composable avec autre chose est privé de la perfection de ce avec quoi il est composé, de sorte que ce composable n'a pas en lui-même une identité totale et omnimodale avec ce avec quoi il est composé, car alors il ne pourrait être composé avec lui ; or nul infini n'est privé de ce avec quoi il peut être identique d'une façon ou d'une autre; loin de là, il a en lui-même tout ce à quoi il peut être identique, cela selon une identité parfaite, car autrement il pourrait être pensé comme plus parfait, par exemple si l'on posait en lui quelque chose que le "composé" possède, et que cet "infini" ne possède pas; or il est absolument contraire à la notion de l'infini qu'il puisse être pensé comme plus parfait, ou que quelque chose soit plus parfait que lui». En somme, puisque l'infini est en soi parfait, il n'est pas composable avec autre chose. S'il n'est pas composable, il n'est pas composé. S'il n'est pas composé, il est simple. Dernier argument: «Il suit encore de là, que [Dieu] est tout à fait incomposé – puisque s'il est composé, il l'est ou bien de finis ou bien d'infinis: si c'est d'infinis, rien d'infini n'est composable, comme on vient de le prouver; si c'est de finis, il ne sera pas infini, car des finis ne peuvent rendre quelque chose infini en perfection» (*Ordinatio* I, d. 8, p. 1, q. 1; *Vat.* IV, 160-61).

Le problème de l'infini extensif actuel

Le problème de l'infini extensif actuel n'est pas traité par Duns Scot comme un problème en soi. Pourtant, le docteur ne pouvait manquer de rencontrer ce problème, soit de façon occasionnelle, soit pour une raison plus essentielle. Par exemple, il le rencontre occasionnellement dans l'une des questions les plus difficiles du livre II de l'*Ordinatio*, distinction 1, question 3, qui demande *Utrum sit possibile Deum producere aliquid "aliud a se" sine principio* – Est-il possible que Dieu produise quelque chose d'autre que soi sans que cette production ait un commencement? (*Vat.* VII, 50). En d'autres termes, la création peut-elle être *ab aeterno sine principio* ou bien est-elle nécessairement *cum principio?* Bien que, pour sa part, Duns Scot tienne pour la seconde réponse, comme on le voit ailleurs, il se limite dans le texte qui nous occupe à examiner deux positions contraires, l'une pour l'affirmative, l'autre pour la négative.

Une objection que l'on peut adresser à la première position est la suivante, en simplifiant: si la création est *ab aeterno sine principio*, le temps infini qui s'est écoulé jusqu'à hier est égal à celui qui s'est écoulé jusqu'à aujourd'hui, ce qui va contre le principe selon lequel la partie est plus petite que le tout. La réponse de Duns Scot, qu'il emprunte au thomiste Thomas de Sutton, est que les notions de tout et de partie s'appliquent aux grandeurs finies, mais non pas aux grandeurs infinies: «L'on peut dire que "égal", "plus grand" et "plus petit" ne peuvent s'appliquer à la quantité d'une masse à moins que celle-ci ne soit finie, car le quantum se divise en fini et infini avant que "égal" et "inégal" s'y appliquent; en effet, "excéder" entre dans la notion d'une quantité plus grande, "être excédé" dans celle d'une quantité moindre, et "avoir même mesure" dans celle d'une quantité égale à une autre – toutes choses qui impliquent la finité ; et c'est pourquoi l'on devra nier que l'infini est égal à l'infini, puisque "égal et inégal", "plus grand et plus petit" sont des différences de la quantité finie, et non de la quantité infinie » (*Vat.* VII, 87). Cette réponse n'est pas très satisfaisante, car elle repose sur une simple fin de non-recevoir. A notre avis, elle sert uniquement à mettre en garde contre les raisonnements sophistiques que peut engendrer, et engendre de fait, comme l'observe Duns Scot, l'application du principe tout/partie aux grandeurs infinies.

Cependant, une autre objection contraint Duns Scot à regarder en face les paradoxes de l'infini. Si, dit l'objecteur, le monde avait pu être fait *ab aeterno*, pour la même raison Dieu aurait pu créer des hommes *ab aeterno*, ainsi que leurs successeurs jusqu'à aujourd'hui. Par suite, il existerait une infinité d'âmes raisonnables en acte, puisqu'elles sont incorruptibles [c'est-à-dire indestructibles, selon lui]. Or – c'est sous-entendu –, une infinité d'âmes existant en acte ne se conçoit pas, puisque, selon le Philosophe, seul est possible l'infini potentiel. A ce raisonnement, repris de Richard de Mediavilla, Duns Scot répond comme suit : « Tout ce qui ne peut pas être fait par Dieu en un seul jour, parce que "cela implique [soi-disant] contradiction" ne pourrait, pour la même raison, être fait par lui au cours d'un temps passé d'une durée infinie (si celui-ci existait). En effet, il y a dans ce jour unique une infinité d'instants (bien plus, il y a une infinité d'instants dans une seule heure de ce jour), et dans n'importe lequel de ces instants Dieu pourrait créer une âme, comme il le pourrait en un seul jour de la totalité d'un temps infini, si celui-ci existait (…) ». Par suite, « s'il ne peut créer une infinité d'âmes au cours des instants infinis de ce jour (parce que ce n'est pas faisable [soi-disant]), il n'a pu créer une infinité d'âmes dans les jours infinis de la totalité du temps passé » (*Vat.* VII, 86). En somme, puisqu'en raison de sa toute-puissance rien ne s'oppose à ce que Dieu puisse créer en un seul jour une infinité d'âmes existant en acte, rien ne s'oppose à ce qu'il puisse faire la même chose en une infinité de jours. L'objection de Richard n'est donc pas concluante contre la thèse de la création *sine principio*.

Pour le présent propos, l'important est la conclusion que Duns Scot tire de sa comparaison entre la création en un jour et la création en une infinité de jours : « Il apparaît donc, dit-il, que les instants de ce jour – voire de cette heure – ont une infinité égale à celle des instants infinis de ces jours infinis » (*ibid.*). Cette conclusion est-elle contradictoire par rapport à ce qui a été dit plus haut concernant l'application des notions "égal et inégal", "plus grand et plus petit" aux grandeurs infinies ? Il est difficile d'en juger. L'on peut penser à tout le moins que Duns Scot admet la possibilité réelle qu'il existe un infini extensif actuel, et même une infinité d'infinis actuels, auxquels cependant les notions “égal et inégal”, “plus petit et plus grand” ne s’appliquent pas proprement, parce qu’elles ne s’appliquent proprement qu’aux seules quantités finies. Peu de temps après Duns Scot, Grégoire de Rimini aboutira aux mêmes résultats. Bien plus tard, Bernard Bolzano constatera à son tour que poser un infini actuel, c’est poser une infinité d’infinis actuels. Il appartiendra à Georges Cantor d’unifier la théorie grâce aux notions d’ensemble et de cardinal d’un ensemble. Le point de départ de cette longue histoire mathématique est théologique, ainsi qu’on le soupçonne depuis longtemps. Il réside dans le refus de Duns Scot d’affirmer qu’il est impossible à Dieu de créer en une seule fois une multitude infinie en acte. Refus justifié car, s’il est difficile pour l’intellect humain de concevoir une quantité infinie autrement qu’en puissance, c’est-à-dire en prenant une partie après l’autre, il ne suit pas de là qu’une quantité infinie ne puisse exister en acte, faute de quoi il faudrait voir dans l’intellect humain la mesure des choses, quand en réalité il est mesuré par les choses. Refus autorisé également, si l’on se rappelle le texte de l’Ecclésiastique (reçu dans le canon catholique), chap. 1, v. 2-3 : *Arenam maris, et pluviae guttas, et dies seculi quis denumeravit ? Altitudinem coeli, et latitudinem terrae, et profundum abyssi quis dimensus est ? Sapientiam Dei praecedentem omnia quis investigavit ?* Cette citation est ajoutée à l’intention de ceux qui pensent que l’infini n’a pas de bases scripturaires (chose que, dans son livre sur Duns Scot, Etienne Gilson semble quelquefois suggérer, sans toutefois l’affirmer péremptoirement). Reste toutefois un problème : qu’est-ce qui, dans le concept de l’infini, nous autorise à lui appliquer, quoique en un sens impropre, les notions du tout et de la partie ? L’on ne peut répondre à cette question immédiatement, mais seulement après avoir vu que l’infini, comme le fini, n’est pas un être, mais un mode intrinsèque de ce qu’il qualifie ou de ce dont il se dit proprement.

Quant à la raison essentielle, annoncée plus haut, pour laquelle Duns Scot est conduit à s’interroger sur la possibilité de l’infini extensif actuel, c’est qu’afin de parvenir à son but, qui est l’infini intensif actuel, il pense que l’on ne peut atteindre au second si ce n’est en passant par le premier, parce que la quantité et la qualité sont ordonnées entre elles, de sorte que le fameux “saut qualitatif” est une chimère, et son objet terminal le néant de pensée. Telle était aussi d’ailleurs, on le remarquera, la conviction de Bernard Bolzano, quand il s’insurge contre Hegel : « Ce que je n’admets pas, écrit Bolzano, c’est simplement que le philosophe connaisse un objet auquel il puisse légitimement attribuer le prédicat d’infinitude sans avoir auparavant montré que cet objet est, par un de ses aspects, une grandeur ou, tout au moins, une pluralité infinie » (*Les paradoxes de l’infini,* p. 66). Ce jugement ne peut pas ne pas évoquer Duns Scot, surtout quand Bolzano ajoute : « Je dirai donc : nous appelons Dieu infini parce que nous devons lui reconnaître des forces de plusieurs espèces, dont chacune a une grandeur infinie » (*ibid.*). Pour retrouver Duns Scot sous ces mots, il suffirait de dire : “des forces de plusieurs espèces, dont l’infini est, pour chacune, un mode intrinsèque”.

La quantité intensive ou magnitude

Selon Aristote, au chapitre 2 du livre I de la *Physique*, “infini” se dit de la quantité, mais non point de la substance ou de la qualité, si ce n’est par accident : « Car l’infini est dans la quantité; mais la substance ne peut être infinie, ni la qualité, ni l’affection, si ce n’est par accident, existant à titre de telle ou telle quantité; car, dans la définition de l’infini, la quantité intervient; mais non la substance ni la qualité » (185a 34-185b 3). Toutefois, le chapitre 13 du livre V de la *Métaphysique* admet la possibilité d’user de notions quantitatives en un sens transposé : « Le grand et le petit, le plus et le moins, considérés tant en eux-mêmes que dans leurs relations mutuelles, sont aussi des modes essentiels de la quantité; mais, par extension, on applique aussi ces noms à d’autres objets » (Δ, c. 13, 1020a 23-26). Quels objets ? A la question 6 du *Quodlibet*, où il commente ce texte, Duns Scot montre que ces termes peuvent être prédiqués par extension de tout être, de quelque genre qu’il soit, et donc transposés de la physique à la métaphysique. « Le Philosophe ne nierait pas, dit-il, que les individus d’une même espèce, dans quelque genre que ce soit, sont égaux, et les espèces inégales. Par conséquent, comme, pour lui, “égal” et “inégal” ne s’entendent pas autrement que de la quantité, la quantité convient d’une certaine manière à tout être, quel que soit le genre auquel il appartient. Par suite, bien que, selon lui, “grand” et “petit” soient proprement des passions de la quantité, ils se prennent par transposition comme des concepts transcendants, et des passions de l’être tout entier » (*Olms* XII, 144). Comme le montre ce raisonnement, Duns Scot n’entend pas se borner à transposer les notions métriques en les transférant de la quantité à la qualité, si l’on entend par “qualité” un accident d’un être. Cette transposition est déjà acceptée par Aristote, qui pose que certaines qualités sont susceptibles de plus et de moins. On la trouve aussi chez Augustin, qui, dans le traité de *La Trinité*, VI, 8, déclare que « dans les choses qui ne sont pas grandes par la masse, être plus grand, c’est être meilleur » (*BA*. XV, 490), et il appelle “magnitude” cette sorte de grandeur. En posant que “grand” et “petit” peuvent être pris, par transposition, comme des concepts transcendants, Duns Scot envisage une quantité qui serait, en quelque sorte, une quantité d’être ou d’essence. Ou alors, si l’on préfère parler, avec Augustin, d’une quantité de perfection, il ne faudra pas prendre ce terme au sens d'un attribut ou d'une qualité.

L'infinité comme mode d'être intrinsèque

La transposition de la quantité de masse à la quantité d'être s'appuie sur une autorité de Jean de Damas, selon lequel l'essence divine est comme un océan d'être infini et illimité (*pelagus substantiae infinitum et interminatum*) (*Olms* XII, 119). Cette expression du théologien, on le remarquera, n'est pas une simple métaphore (comme s'il se limitait à comparer l'essence divine à un océan), car la transposition de la quantité de masse à la quantité d'être est déjà présente chez lui, quand il parle d'un "océan d'être" (le grec dit *ousias*). L'apport de Duns Scot, agissant en tant que métaphysicien, est de tirer de cette expression du Damascène le concept de l'infinité comme mode d'être intrinsèque d'une nature infinie. Il raisonne comme suit : de même que l'océan ne serait pas l'océan sans l'immensité de sa masse, de même l'essence divine ne serait pas l'essence qu'elle est sans la magnitude qui est la sienne car, « de même que l'infinité quantitative signifie proprement la magnitude et, plus encore, l'illimitation, prise au sens extensif, d'une quantité prise au sens propre, de même l'infinité intensive ou de perfection signifie la plus haute perfection ou la magnitude d'une perfection ». Et Duns Scot ajoute un second argument : si l'on considère une nature ou un être infini, l'on peut faire abstraction de ses autres propriétés ou de ses autres attributs, mais non point en retrancher l'infinité, puisque ces propriétés ou attributs appartiennent à cette nature sous la raison de l'infini.

Ainsi, l'infinité, de même que la finité, sont des modes ou des degrés intrinsèques, la première de la nature divine, la seconde de toute nature créée. Il est aisé de voir sur un exemple en quoi un mode intrinsèque diffère d'un mode extrinsèque. Si un rayon de lumière passe au travers d'un vitrail il en prend la couleur, mais il peut perdre ensuite la couleur qu'il a prise. Considérant cette couleur comme un mode du rayon, l'on voit aussitôt que ce mode est extrinsèque, c'est-à-dire séparable du rayon qu'il colore et modifie de l'extérieur. Par contre, l'intensité lumineuse que possède le rayon ne peut en être séparée, car elle est contenue en lui intrinsèquement, sans lui être toutefois identique. De même dans le cas présent. L'infinité est inséparable de la nature divine, ou encore cette nature est infinie de soi. Néanmoins, l'infinité ne lui est pas identique, cela parce que, d'une façon générale, un mode ne peut être identifié à ce dont il est le mode, et aussi parce que, en particulier, s'il est vrai que la nature divine est infinie, l'infini n'est pas la nature divine. Cette nature est aussi "de soi celle-ci", ou encore celle qu'elle est. Dans cette seconde caractérisation, ce n'est pas l'infinité, mais la singularité qui vient au premier plan. L'une et l'autre vont de pair, bien que, du moins pour l'intellect humain, il existe un ordre entre elles car, s'il est capable de concevoir dès cette vie un être infini ou une nature infinie, dans une certaine mesure du moins, il lui est impossible *pro statu isto* d'appréhender cette nature *ut haec*. La raison en est simple. C'est que la conception d'une nature infinie est abstractive et ne nécessite donc pas la présence de l'objet, tandis que l'appréhension de cette même nature en tant qu'elle est "celle-ci" est intuitive, et ne peut avoir lieu ici-bas, mais seulement dans la *visio facialis*.

Une objection que l'on peut adresser au concept d'un être infini, serait-il infini intrinsèquement, est que ce concept n'est pas simple mais composé, comme on le voit immédiatement à l'expression. Or cela va contre la simplicité de l'essence divine. Cette objection est prise en compte par Duns Scot à la distinction 8, partie 1, question 4, de l'*Ordinatio* I (*De simplicitate Dei*). Le docteur propose deux réponses. La première, que l'essence et son mode propre ou intrinsèque ne forment pas un tout composé de parties. Le cas présent est donc tout différent de celui d'une espèce, qui se compose d'un genre et d'une différence spécifique. Lorsque l'intellect conçoit une espèce, il considère deux objets formels différents, dont l'un (la différence spécifique) se rapporte à l'autre (le genre) comme une chose (*res*) à une autre chose, la première étant déterminante et la deuxième, déterminée. Ainsi, lorsque l'on conçoit la couleur rouge, par exemple. Mais la distinction entre une réalité et le mode intrinsèque de cette réalité est telle que « l'intellect ne peut avoir un concept propre de cette réalité sans avoir un concept du mode intrinsèque de cette chose » (*Vat.* IV, 223) ou réalité. En d'autres termes, l'on ne peut pas concevoir l'essence divine sans la concevoir infinie, ou plutôt sans concevoir qu'elle est infinie, tandis que l'on peut concevoir la couleur sans la concevoir rouge, ou jaune ou bleue.

Dans sa seconde réponse, Duns Scot concède que lorsqu'il conçoit une nature infinie ou un être infini, l'intellect compose des concepts différents. Le premier, celui d'une nature ou un être, est un concept commun, le second, celui de l'infini, est propre à cette nature. Cependant, les signes sont mis pour leurs signifiés (*signa accipiuntur pro significatis*). « Et de même que plusieurs concepts différents peuvent être les signes d'une même chose (bien que l'un soit commun, et le second propre), de même la composition de ces concepts est le signe de l'identité des choses signifiées par ces concepts » (*ibid.*, 225). Par "identité", il faut entendre ici l'"identité formelle", c'est-à-dire l'unité la plus étroite qu'il est possible de concevoir, sans que, pour autant, toute distinction soit supprimée entre la chose et son mode intrinsèque. D'une façon générale, en effet, un mode, même intrinsèque, ne saurait être la même chose que ce dont il est le mode.

D'autre part, et plus particulièrement, « l'infini ne détruit pas la notion formelle de ce à quoi il est ajouté » (*ibid.*, 261). Le terme *additur* n'est sans doute pas le meilleur en l'occurrence, pour les raisons qui précèdent. Mais l'idée exprimée est de première importance.

En effet, une sagesse infinie n'est pas autre chose qu'une sagesse, quoique portée à un degré infini. De même, une puissance infinie ne devient pas autre chose qu'une puissance du fait qu'elle est infinie. Et il en va de même de tous les autres attributs de l'essence, car le concept formel de chacun d'eux reste identique. Il suit de là que les attributs ou perfections ne se confondent pas entre eux, ni avec l'essence qui les contient, mais peuvent coexister à l'intérieur de celle-ci comme en un tout car, même si l'on suppose qu'il y a un ordre entre ces perfections, « de telle sorte que l'une d'elles, en raison de sa nature, est plus parfaite qu'une autre prise séparément », néanmoins, « lorsque n'importe laquelle est à son sommet, toutes sont également parfaites, parce qu'elles sont infinies, et n'importe laquelle est infinie ». Ainsi, la supériorité du concept de l'infini en tant qu'instrument spéculatif se manifeste une nouvelle fois. Car ce concept ne détruit pas la structure intelligible des réalités auxquelles il s'applique, mais la conserve et la préserve, parce qu'il est un mode et non pas un *quid* ou un être. C'est là ce qui rend possible la conception de réalités infinies. Il ne sert donc à rien d'objecter qu'une pensée finie, comme la nôtre, ne peut comprendre ce qui est infini, au sens de l'embrasser. Sans doute ne le peut-elle pas, mais il n'en demeure pas moins que le concept d'une sagesse infinie ou celui d'une bonté infinie possède un contenu intelligible, parce qu'il n'est pas contradictoire, et cela est suffisant pour considérer qu'une pensée finie peut comprendre une réalité infinie, car comprendre ne nécessite pas d'embrasser ce qui est compris, si cela signifie le contenir dans et par la pensée.

Que l'infini ne détruise pas la notion formelle de ce qu'il qualifie, on le voit déjà, pourrait-on ajouter, sur le cas des grandeurs infinies extensives. Car si l'on dit qu'une partie infinie d'un ensemble infini est égale ou équipotente à cet ensemble, alors de deux choses l'une. Ou bien il faudra considérer que cette proposition est contradictoire, ce qui devrait naturellement décourager les mathématiciens d'étudier les ensembles infinis (tel est d'ailleurs le parti que certains d'entre eux ont pris dans le passé, et prennent encore aujourd'hui). Ou bien, il faudra poser que les notions de partie, d'ensemble et de tout conservent leur signification même lorsqu'il s'agit de parties ou d'ensemble infinis. En tant qu'elle est infinie, une partie d'un ensemble infini est égale ou équipotente à cet ensemble. En tant qu'elle est une partie, une partie demeure une partie, même infinie, d'un tout, même infini et, par suite, elle n'est pas identique à ce tout, puisque le concept de la partie n'est pas le concept du tout. Ce qui rend possible cette distinction, c'est que l'infini ne détruit pas la notion formelle de ce à quoi il est attribué. Peut-être est-il permis de voir dans cette idée la principale contribution apportée par Duns Scot au problème de l'infini. Elle serait, nous semble-t-il, utile et recommandée dans la pédagogie de la mathématique des ensembles infinis. Pour le philosophe, l'analyse scotiste confirme le fait, déjà vérifié plus haut au sujet de l'analyse d'un tout en parties quantitatives et subjectives, que la pensée doit toujours combiner le point de vue intentionnel et le point de vue extensionnel. L'infini ne fait pas exception, car ce n'est pas seulement une quantité, mais aussi et d'abord une qualité.

De l'infini extensif à l'infini intensif

Dans ses *Gesammelte Abhandlungen*, publiées en 1932, Georges Cantor évoque la méthode qu'il a suivie pour définir les grandeurs numériques irrationnelles. Lorsque, écrit ce mathématicien, nous n'avons pas d'une chose un *conceptus rei ex propriis*, nous sommes obligés de partir d'un *conceptus proprius ex communibus*. Puis, à l'aide de comparaisons, de distinctions et d'exemples, nous nous efforçons de déterminer cette chose de façon qu'elle se distingue nettement d'une autre (p. 402-403). Voyons, pour terminer, comment, utilisant un procédé similaire, Duns Scot construit le concept d'un infini intensif en acte dans la cinquième question de son *Quodlibet* parisien.

Il commence par un commentaire de la définition aristotélicienne de l'infini quantitatif, suivi de la justification de cette définition au livre III, chapitre 6, de la *Physique*. « Infini est ce qui est tel que lorsqu'on en prend une quantité, c'est-à-dire quelque grande que soit la quantité que l'on prend, il reste toujours quelque chose à prendre » (207a 7-8). En effet, voulant se démarquer des anciens Physiciens, le Philosophe tient que l'infini « n'est pas ce en dehors de quoi il n'y a rien, mais ce en dehors de quoi il y a toujours quelque chose » (206b 34-207a 2). Comme Aristote l'a précisé un peu plus haut, il ne s'agit pas ici de savoir si l'infini existe dans les choses mathématiques ou les intelligibles, mais de savoir s'il y a ou non un corps infini en acte dans la nature. Sa réponse est négative, et Duns Scot commente comme suit : « La raison est que l'infini dans la quantité, dont parle le Philosophe, ne peut avoir l'être si ce n'est en puissance, en prenant à chaque fois une quantité après une autre, et c'est pourquoi si grande que soit la quantité qu'on prend, cette quantité est toujours finie et constitue une partie d'un tout infini potentiel. Par suite, il reste autre chose à prendre de cet infini. [Le Philosophe] conclut que, puisque l'infini en quantité a l'être *in fieri* [c'est-à-dire en devenir] et en puissance, il ne constitue pas un tout, puisqu'un tout est ce qui n'a rien au dehors». Et Duns Scot ajoute que cet infini potentiel n'est pas non plus parfait, puisqu'est parfait ce à quoi rien ne fait défaut. Or, «à cet infini quelque chose fait toujours défaut» (*Olms*, XII, 118).

Le pas suivant consiste à imaginer, à partir de l'infini extensif potentiel, ce que serait un infini extensif actuel, s'il est possible qu'il existe en acte. Pour notre propos, dit Duns Scot, «transformons la notion de l'infini potentiel dans la quantité en la notion de l'infini en acte dans la quantité, en supposant qu'il puisse être en acte dans la quantité». Nécessairement, la quantité croîtrait toujours, en prenant une partie après l'autre, mais si nous imaginons que toutes les parties qui peuvent être prises successivement le sont simultanément, alors nous aurons une quantité infinie en acte, puisqu'elle sera aussi grande en acte qu'elle l'est en puissance. Si donc toutes les parties étaient conçues comme présentes en acte simultanément, l'infini ainsi imaginé serait véritablement un tout et serait véritablement parfait, car il n'aurait rien au dehors. Bien plus, nulle quantité ne pourrait lui être ajoutée, car alors il pourrait être excédé.

Le troisième pas consiste à passer de l'infini quantitatif actuel à l'infini intensif actuel – si c'est possible, précise Duns Scot. «Si nous concevons parmi les êtres un être infini actuel en entité, il doit être pensé sur le modèle de la quantité infinie actuelle qui a été imaginée, de telle sorte que cet être sera dit infini parce qu'il ne peut être excédé par un autre en entité; et ce sera véritablement un tout, et un tout parfait» (*ibid*).

Concevant un être intensivement infini, nous lui attribuons toutes les "perfections pures", telles que la sagesse, la science ou la bonté, c'est-à-dire chacune des perfections qui peut être conçue sans aucun degré intrinsèque de limitation, et portons à un degré infini ces perfections qui existent à un degré fini chez la créature. Or ici apparaît la différence entre l'infini extensif actuel, que nous avons imaginé, et l'infini intensif actuel, que nous tentons de concevoir. En effet, le premier est un tout, mais dans quelque quantum que ce soit, même infini en acte, toute partie est en dehors d'une autre, ou encore toute partie est privée de la quantité qu'une autre possède, ce qui constitue une imperfection pour ce tout. Au contraire, dans un infini intensif, aucune perfection n'est exclusive d'une autre. Ceci se vérifie déjà chez la créature, à un moindre degré. En effet, si nul homme ne peut mesurer en même temps 1, 70 m et 1, 80 m, il est tout à fait possible qu'un même homme soit à la fois bon, juste et sage. En second lieu, pour la raison que l'on a vue plus haut, il n'est pas à redouter que, portées à un degré infini, ces perfections perdent leur identité, en se fondant dans un Tout semblable à celui des Romantiques. Selon Duns Scot, les limites qui obèrent l'infini extensif n'affectent plus l'infini intensif ainsi conçu. Au contraire, le concept d'une nature infinie est simple, puisqu'il n'est pas composé d'un genre et d'une différence. En outre, l'esprit humain, dont l'objet naturel et adéquat est l'être, ne découvre aucune disconvenance dans l'idée d'un être infini. Loin de là, cette idée lui paraît la plus intelligible qui soit, ce que le docteur montre par une analogie tirée de l'expérience. Une dysharmonie dans les sons musicaux offense immédiatement le sens auditif, ainsi que nous le constatons. « Puisque donc ce qui disconvient offense aussitôt qu'il est perçu, comment se fait-il que nul intellect ne se détourne naturellement d'un intelligible infini comme de quelque chose qui lui disconvient, détruisant ainsi l'objet premier de l'intellect ? » (*Vat.* II, 208). Peu avant Duns Scot, Pierre Olivi avait déjà utilisé un argument semblable.

LES DIFFÉRENCES ULTIMES

Avec les différences ultimes – acte et puissance, différences spécifiques ultimes, différences individuelles –, nous abordons un dernier aspect de la métaphysique scotiste, ou plutôt de la métaphysique nouvelle proposée par Duns Scot. Par cet aspect, davantage peut-être que par les autres, sa métaphysique paraît consonante avec la sensibilité contemporaine, notamment pour ce qui est des différences ultimes. Bien que la sensibilité contemporaine soit peu encline à la métaphysique, dont elle n'a presque plus la moindre idée, il se peut qu'elle entende et reconnaisse ici des accents familiers. Les vivants piliers de ce temple laissent parfois sortir de confuses paroles. L'homme y passe à travers des forêts de symboles, qui l'observent avec des regards familiers, dit le poète.

Acte et puissance

Il faut observer pour commencer que le terme d'acte est équivoque. Pris en un premier sens, c'est une "différence de l'être", par opposition à la puissance, et l'un et l'autre divisent l'être en entier ou le divisent sans reste, car tout être est soit en acte soit en puissance, quoique selon des degrés divers. Pris en ce sens, est en acte "ce qui est en dehors de sa cause et de l'esprit qui le conçoit". C'est un "*ens* complet dans son être hors de sa cause, quelle que soit cette cause". Pris au second sens, l'acte est un rapport, celui d'une forme déterminante à une matière déterminable (soit une matière matérielle, soit une matière logique). En ce sens, la matière, par exemple, est dite "puissance", et la forme "acte". A la distinction 11 du livre IV de l'*Ordinatio*, question 3, Duns Scot explique cette distinction à partir de diverses autorités d'Aristote, tirées du livre IX de la *Métaphysique* : *Est autem actus existere rem, non ita sicut dicimus potentia*. Ici, l'acte est pris au premier sens. Ensuite, le Philosophe donne plusieurs exemples d'opposition, l'homme qui veille et qui dort, l'homme qui regarde et qui ferme les yeux. Là, l'acte est pris au second sens.

De même que l'acte se prend en deux sens, de même la puissance. L'on distingue, en effet, la puissance objective (*potentia obiectiva*) et la puissance subjective (*potentia subiectiva*). Est en puissance objective ce qui n'existe pas en acte. Est en puissance subjective ce qui est déjà, mais n'a pas encore telle ou telle forme, telle ou telle qualité qu'il est par nature apte à recevoir. Il est donc en puissance par rapport à cette détermination, et "potentiel" pour cette raison. Donc, la puissance objective est le concept d'un absolu, la puissance subjective celui d'un être en relation. Un exemple simple fait ressortir cette distinction. La blancheur est en puissance avant qu'elle n'existe, c'est-à-dire avant que le blanc ne soit : puissance objective. Une surface est en puissance par rapport à la blancheur avant qu'elle ne recoive cette couleur ou ne devienne blanche : puissance subjective. D'où proviennent ces expressions ? De ce que ce qui n'existe pas, mais peut exister, est *l'objet* ou le terme de ce qui peut lui donner l'existence ; et de ce que ce qui n'a pas encore une détermination qu'il peut recevoir est *le sujet* qui recevra cette détermination. Cette distinction une fois posée, il faut observer que la puissance objective et la puissance subjective peuvent être soit conjuguées soit non conjuguées, car « par rapport à un agent naturel, rien n'est en puissance objective si ce n'est fondée dans la puissance subjective, parce que rien ne peut être produit par un agent naturel, si ce n'est à partir de sa puissance subjective. Mais il est possible que la puissance objective soit sans la subjective, comme il apparaît dans la création (...) » (*Rep. Par.* II, d. 12, q. 1 ; *Olms* XI-1, 317). En d'autres termes, la nature connaît la transformation, laquelle est en un sens une création puisqu'elle engendre du nouveau, mais en un sens restreint seulement, car la transformation n'est pas une création *de nihilo*. Au contraire, la création n'est pas, pour le Créateur, quelque chose qu'il peut devenir, et la séparation entre puissance objective et puissance subjective a déjà ce mérite de repousser l'hypothèse panthéiste. La création est divine, elle est de Dieu – cela est vrai si le génitif est "objectif", mais faux si le génitif est "subjectif", comme disent les grammairiens.

A partir de ces distinctions, il est possible de donner un aperçu sur la position de Duns Scot concernant deux problèmes difficiles. Le premier concerne le statut exact de ce qui est en puissance objective. Le second est relatif à la matière : prise séparément, la matière est-elle quelque chose de positif indépendamment des formes qu'elle peut recevoir ? Autrement dit, faut-il attribuer à la matière, indépendamment de toute forme, la puissance subjective, ou bien doit-on poser qu'avant de recevoir une forme, la matière est seulement en puissance objective ?

La puissance objective

La transformation naturelle s'explique assez facilement en posant qu'il y a dans toute chose sensible une matière, une forme et une privation, c'est-à-dire l'absence d'une autre forme que cette matière peut recevoir. Mais une difficulté se présente quand il s'agit de comprendre comment une chose peut être en puissance objective sans que cette puissance objective soit fondée dans la puissance subjective de l'agent donnant naissance à cette chose. Ce problème relève bien de la métaphysique, puisqu'il concerne l'être, mais il s'impose seulement dans une métaphysique où l'être se divise en être créé et être incréé.

C'est ce problème qu'affrontent les questions 1 et 2 du livre IX des *Questiones sur la Métaphysique*. Il s'agit ici de savoir si ce qui est en puissance objective est un être ou non. Duns Scot explore successivement deux voies, dont la seconde lui paraît préférable. La première, plus traditionnelle, consiste à poser que la puissance objective d'une chose qui n'est pas, mais peut être, est "fondée dans l'essence de cette chose". L'essence est dite un "être possible", et il existe un ordre de cette essence à l'existence en tant que l'existence est le terme de la puissance, ou possibilité, de cette essence à exister, de sorte que l'essence est le "fondement" de sa puissance à exister. Ainsi, par exemple, la puissance à exister est fondée dans l'essence de l'âme de l'Antéchrist, qui n'existe pas, puisqu'il viendra à la fin des temps (pour proclamer une doctrine contraire à celle du Christ, d'où son nom). Ce à quoi l'on peut évidemment objecter que l'âme de l'Antéchrist, comme l'Antéchrist lui-même, « n'est rien avant qu'elle ne soit créée ». Ou alors elle serait créée deux fois, une première fois en tant qu'essence, une seconde fois en tant qu'essence réalisée dans l'existence. En effet, il est clair que si cette essence est créée une première fois, elle possède déjà une existence, puisqu'elle n'est pas rien. Donc, ou bien ce qui est en puissance objective n'est rien. Ou bien l'essence est déjà une réalité. De fait, il y a une difficulté presque insurmontable à comprendre quelle sorte d'être est l'être-possible. L'on pourrait tenter de sortir de la difficulté en s'exprimant autrement. Au lieu de dire "ceci est possible" (*hoc est possibile*), l'on dira "il est possible que ceci soit" (*possibile est hoc esse*). De cette façon, si "ceci" vient à être créé, il recevra en même temps une essence et une existence, lesquelles, dès lors, ne différeront pas réellement, mais seulement pour la raison.

La seconde voie opte pour le possible *de dicto*, non *de re*, et l'on dira que « … l'être en puissance est simplement un non-être » (*Oph.* IV, 522). Par conséquent, la relation à l'existence fondée dans l'être en puissance n'est rien de plus qu'une "relation de raison". Ainsi, l'expression "un être en puissance" « ne signifie formellement rien de plus qu'un non-être », auquel peut succéder en quelque sorte un être existant. La difficulté ici est évidemment que si la puissance objective est un simple non-être, alors rien n'existera qui ne soit en acte. L'on peut dire aussi que dans ce cas la puissance objective sera convertible avec l'impossible, puisque l'impossible est un non-être, purement et simplement. Duns Scot propose deux solutions. La première consiste à dire que la puissance objective n'est pas une négation mais une privation. La privation ne contient pas plus de réalité que la négation, cela est vrai, mais c'est une négation "contractée à un sujet", de sorte qu'il est possible de concevoir comment ce qui n'est pas est d'abord comme privé de l'existence qu'il pourra recevoir, et en attente d'exister. La seconde solution consiste à dire qu'il suffit, pour penser que ce qui n'est pas vient à exister, de poser son identité à lui-même. Car c'est là tout ce qui est signifié lorsque l'on dit qu'un être qui d'abord n'est pas se succède en quelque façon à lui-même en venant à exister. Non pas en ce sens, évidemment, qu'il se donnerait à lui-même l'existence (puisque rien n'est cause de soi), mais en ce sens seulement que ce qui, d'abord, n'était pas, est le même qu'il sera s'il vient à exister. Ainsi, Dieu ne prévoit pas seulement l'essence de l'Antéchrist, à laquelle viendrait s'ajouter l'existence quand il existera. En réalité, il prévoit éternellement et l'essence et l'existence de l'Antéchrist.

Cette deuxième voie a été explorée par d'autres chercheurs avant Duns Scot, notamment Pierre Olivi, qui a affirmé qu'« une essence n'a absolument aucune espèce de réalité avant qu'elle n'existe en acte » (*ibid.*, 523). La raison pour laquelle Duns Scot lui donne la préférence sur la première solution est claire. C'est que, pour lui aussi, « l'essence et l'être ne diffèrent pas, si ce n'est pour la raison ». C'est pourquoi, dit-il, il apparaît nécessaire d'admettre que le rapport de l'essence, en tant que fondement de la puissance d'exister, à l'existence, en tant que terme de cette puissance, n'est pas autre chose qu'une relation de raison, car ce rapport n'est pas entre des choses distinctes autrement que pour la raison – de même que l'identité. En effet, l'identité d'une chose avec elle-même est une relation de raison, car si toute chose est identique avec elle-même, nulle chose n'est distincte d'elle-même et autre qu'elle-même. C'est pourquoi, lorsqu'on pose que Jean est Jean, ce qui est posé n'est pas l'identité de Jean avec Jean, mais l'identité de ce qui est signifié par le sujet et de ce qui est signifié par le prédicat. C'est cette notion d'identité qui semble guider Duns Scot dans le présent problème. C'est "le même" qui, d'abord en puissance, vient ensuite à l'existence. Pour l'intellect humain, il y a deux impossibilités. La première, à concevoir que ce qui vient à exister n'ait pas d'abord été en puissance d'exister. La seconde, à concevoir qu'il ne soit pas le même mais un autre, selon qu'il est en puissance ou en acte. Aussi cette seconde solution paraît-elle meilleure que la première, reposant sur la distinction entre négation et privation, car "être privé d'existence" ne semble pas différer de "ne pas exister", sauf en ceci que le premier se dit d'un être déterminé, par exemple l'Antéchrist, tandis que le second se dit de tout ce qui n'existe pas et représente donc un non-être absolu, sans aucune identité. L'absence de distinction réelle entre essence et existence dans l'être réalisé est passée dans la philosophie commune par l'intermédiaire de Descartes, qui l'a popularisée.

Le statut de la matière première

L'on sait depuis Aristote qu'il est nécessaire de poser l'existence de la matière pour expliquer le changement dans le monde. Quand une chose devient une autre, par exemple l'eau de la vapeur, quand elle change, et même quand elle cesse d'être absolument ce qu'elle est, quelque chose se conserve, que l'on appelle la matière. *Transmutatio fecit scire materiam*. La matière ne se rencontre que sous telle ou telle forme, et non pas séparément des diverses formes qu'elle peut recevoir. Tout le monde a en mémoire le fameux morceau de cire de Descartes. Mais une question se pose, qui est de savoir si, prise séparément des formes qu'elle peut recevoir, la matière possède une entité ou une réalité propre, grâce à laquelle elle possède une intelligibilité en tant que matière, puisque l'intelligibilité suit toujours de l'entité. Ou bien si la matière doit son intelligibilité à la forme qui l'informe. Ce problème est traité à la question 5 du livre VII des *Questione sur la Métaphysique*, qui demande « si la matière est un être » (*Oph.* IV, 131). Puisqu'elle est considérée ici séparément de toute forme, la matière est la matière première ou le premier principe matériel. Duns Scot commence par rappeler la distinction entre la puissance objective et la puissance subjective. Selon certains, poursuit-il, la matière prise séparément d'une forme quelconque « est simplement un non-être ». Par conséquent, les partisans de cette thèse semblent réduire la puissance subjective à la puissance objective, ce qui est impossible. Cette position, observe Duns Scot, est en effet inconciliable avec de nombreuses autorités d'Aristote. Au livre I de la *Physique*, le Philosophe enseigne que la matière est "un principe par soi". Au livre II, qu'elle est une "cause par soi" des êtres. Au livre VII de la *Métaphysique*, il dit que la matière est une partie par soi du composé. Si donc la matière n'avait aucune entité ou réalité par soi, le composé serait constitué d'une forme et de rien. Au livre X, Aristote déclare encore que la matière est une sous des formes contraires. De son côté, au livre II de la *Métaphysique*, chapitre 4, Avicenne pose que, bien que la matière et la forme soient en relation, la quiddité de l'une et celle de l'autre peuvent être conçues indépendamment l'une de l'autre. Par ailleurs, la raison montre que l'aptitude à recevoir une forme peut seulement convenir à quelque chose qui, avant de recevoir cette forme, possède en soi une entité positive. Comment se pourrait-il en outre que le "fondement de toute réalité positive" ne soit rien ? Des arguments théologiques et scripturaires pourraient aussi être invoqués. Il est clair, en effet, que la matière est le terme d'un acte créateur, et qu'elle a une idée exemplaire dans l'intellect du Créateur. Enfin, Dieu a tiré Adam de l'argile. Il faut donc que la matière soit le terme positif d'un premier acte, suivi d'un second, par lequel le Créateur insuffle la vie à sa créature. Concluons que la matière est un être en puissance, prise au sens de la puissance subjective, et qu'elle est davantage en puissance par rapport à la forme que l'est un sujet par rapport à un accident, « parce qu'elle contient en soi une actualité moindre et qu'elle est capable d'une plus grande actualité » (*Oph.* IV, 136). Un exposé similaire se trouve dans la *Lectura* II, d. 12, question unique (*Vat.* XIX, 69-101).

La différence individuelle

Comme la puissance et l'acte, la différence individuelle est une différence ultime, bien qu'elle n'entre pas dans une disjonction. Le problème ici sous-jacent est celui dit de l'individuation. Ce problème, ainsi que la solution que lui apporte Duns Scot, ne peuvent être compris à fond que dans le cadre d'une analyse métaphysique, ayant l'être pour objet. Le résultat auquel le docteur parvient va bien au-delà de la thèse vulgaire, selon laquelle tout être est individuel. Car, à supposer que cette thèse soit vraie, ce qui est douteux, elle n'est aucunement prouvée. C'est plutôt un slogan, un cheval de bataille régulièrement enfourché à travers les siècles par des générations de nominalistes. Pour Duns Scot, l'ultimité de la différence individuelle – non pas de l'individu, comme il apparaîtra – peut être prouvée.

L'on peut tout d'abord montrer que la différence individuelle n'est pas la seule différence ultime. En effet, certaines différences spécifiques sont également ultimes. Tout le monde connaît le schéma aristotélicien "espèce = genre + différence spécifique" ("homme = animal + rationnel"), qui est au fondement de toutes nos classifications zoologiques. Certes, les notions de genre et d'espèce sont relatives car, à l'égard de ses sous-espèces, une espèce peut être considérée comme un genre. Mais, lorsque l'on descend du genre le plus général, au-delà duquel il est impossible de monter, à savoir l'être (lequel est d'ailleurs tellement général qu'il n'est pas un genre), en parcourant la hiérarchie des genres et des espèces, l'on aboutit nécessairement à des espèces dites "spécialissimes" ou encore "infimes", en deçà desquelles il est impossible de descendre, de sorte que la chaîne est fermée aux deux extrémités. Une espèce spécialissime est donc indivisible en sous-espèces ; elle se divise seulement en individus. Comme le passage d'un genre à une espèce, ou d'une espèce à une sous-espèce, se fait toujours au moyen d'une différence spécifique, il suit que la différence qui détermine une espèce commune pour donner une espèce spécialissime ou infime est une différence ultime. Ainsi, l'espèce humaine est spécialissime, puisqu'il n'existe pas de sous-espèces de l'homme, et la différence spécifique de cette espèce, à savoir la rationalité, est une différence ultime. Naturellement, la rationalité peut être analysée, c'est-à-dire décomposée, car ce n'est pas un concept "simplement simple". Il reste néanmoins que l'on ne trouve pas une différence spécifique ultérieure, par laquelle l'humanité, pour reprendre le même exemple, serait contractée à "cette humanité-ci". En effet, à partir de la proposition "l'homme est un animal rationnel", il est licite de descendre sous le sujet, mais non point sous le prédicat. Il est vrai que "cet homme est un animal rationnel", mais il est faux que "l'homme est cet animal rationnel". L'on a donc établi qu'au niveau de l'espèce il existe des différences spécifiques ultimes.

Si l'on passe ensuite au cas de l'individu, le schéma est le même, et l'on peut écrire : "individu = espèce infime + différence individuelle". En utilisant les termes de tout et de partie pris en un sens transposé, l'on peut dire également qu'un individu est un tout essentiel, dont les "quasi-parties" sont l'espèce commune et la différence individuelle. Que les termes de tout et de partie doivent être pris en un sens transposé, on le voit à ceci que l'espèce commune et la différence individuelle ne sont pas sur le même plan, car la première est déterminable par la seconde, laquelle est déterminante par soi. Or, la différence individuelle est une différence ultime, car si un individu peut être divisé en parties objectives, c'est-à-dire matérielles, il ne peut pas être divisé en parties subjectives, c'est-à-dire en parties telles qu'elles seraient identiques à cet individu. L'on peut découper le corps de Wallace en morceaux (comme le firent les Anglais de cet Ecossais insurgé, contemporain de Duns Scot, dont les membres furent exposés dans les principales villes d'Ecosse), mais avec un Wallace l'on ne peut en faire deux, ni avec un héros deux héros.

Cependant, outre cette constatation d'évidence, il existe une raison plus profonde à l'ultimité de la différence individuelle. C'est qu'il ne saurait exister une espèce des différences individuelles (mais seulement un ensemble, posé qu'un ensemble n'est pas une espèce, comme on l'a vu plus haut). Admettons que cette espèce existe. Il faudra alors de nouvelles différences afin de distinguer ces différences individuelles à l'intérieur de l'espèce qu'elles formeraient. L'on irait donc à l'infini, puisque le même raisonnement s'applique aux différences qui distingueraient les différences individuelles. Par conséquent, il faut s'arrêter aux différences individuelles, lesquelles sont donc des différences ultimes.

Puisque les différences individuelles ne forment pas une espèce, il suit qu'elles ne sont pas quidditatives. Une différence individuelle n'exprime pas le *quid* de l'individu dont elle est la différence, car ce qui exprime le *quid* de l'individu, c'est sa nature. En réalité, la différence individuelle est un *quale*, c'est-à-dire, sous réserve de précisions ultérieures, une qualité. Allons plus loin. Bien qu'elle soit quelque chose (puisqu'elle a un concept distinct), une différence individuelle n'est pas un être, parce que l'être ne se prédique pas de la différence individuelle. En effet, l'on ne peut pas dire "la différence individuelle est un être", mais seulement "un individu diffère d'un autre être de même espèce par la différence individuelle". Dira-t-on alors que la différence individuelle est "au-delà de l'être" ? Verra-t-on en elle cette sortie hors de l'être, que tant de philosophes ont désespérément cherchée, poussés par leur désir légitime d'aborder enfin à quelque au-delà de l'être, à ce rivage inespéré ? Non, parce que si la différence individuelle n'est pas un être, elle est toujours fondée dans un être. Il est bien évident, en effet, qu'elle ne peut exister ou subsister séparément de l'individu dont elle la différence (de même qu'une nature ne peut subsister séparément des individus dont elle est la nature). Et l'on arrive par là à la doctrine authentique de Duns Scot, si souvent déformée : *a* et *b* diffèrent *primo*, c'est-à-dire au principe, s'ils n'ont rien en commun. Ils n'ont rien en commun s'ils n'appartiennent pas à une même espèce. C'est le cas des différences individuelles, pour la raison que l'on a vue. Donc, les différences individuelles sont distinctes *primo*. Les individus dont elles sont les différences ne diffèrent pas *primo*, puisqu'ils ont en commun l'espèce. Cependant, ils diffèrent *per se*, c'est-à-dire non par accident, puisque les différences individuelles ne sont pas des accidents. En effet, *accidens adest et abest*. Or il est clair que la différence individuelle ne s'ajoute pas à l'individu, ni ne peut en être retranchée.

A partir de là, plusieurs points importants apparaissent clairement. Tout d'abord, la différence individuelle n'est pas *entre* deux individus, mais d'un individu *à* un autre. Ce n'est pas une relation au sens mathématique du terme, c'est-à-dire une troisième chose entre deux choses. Les individus sont des relatifs au sens aristotélicien. *A* diffère de *b* par la différence individuelle de *a*, *b* diffère de *a* par la différence individuelle de *b*, parce que la différence individuelle de *a* est dans *a*, celle de *b* dans *b*. Ainsi, "différer" est un acte. L'on remarquera que cette conception n'est pas si éloignée – à l'analyse près – de celle qui a largement cours aujourd'hui.

Jean et Jacques ne diffèrent pas l'un de l'autre comme deux individus distincts par une différence qui existerait entre eux, voire plusieurs différences. Ils diffèrent parce que l'un est "cet homme-ci", l'autre "cet homme-là". Et l'un est "cet homme-ci" par sa différence individuelle, l'autre "cet homme-là" par sa différence individuelle. En ce sens, différer est un acte, non une simple relation.

Telle que Duns Scot la conçoit, la différence individuelle est immanente à l'individu. De plus, c'est une entité positive, puisqu'elle contracte ou réduit à la singularité la nature commune des individus de même espèce, ce qui revient à dire, métaphysiquement parlant, que la différence individuelle est "acte" et la nature commune, "puissance". Par ces deux caractères – immanence et positivité –, la différence individuelle selon Duns Scot correspond à la conception actuelle en anthropologie notamment ; elle en fournit par avance l'analyse (il est significatif à cet égard que dans son ouvrage *Différence et répétition* (1969), un penseur très actuel, Gilles Deleuze, s'efforce de fonder son concept de la différence sur la doctrine scotiste, qu'il analyse dans cet ouvrage).

Il suit de là aussi que le concept de la différence individuelle, en tant que différence ultime, est un concept-limite. Ce n'est ni un concept ayant pour objet un seul élément (puisqu'il y a autant de différences individuelles qu'il y a d'individus), ni un concept dont l'objet serait commun (puisque la différence individuelle ne saurait être commune). C'est pourquoi l'on hésite à parler soit d'*une* différence individuelle (quand on pense à l'individu dont elle est la différence), soit de *la* différence individuelle (quand on pense à l'ensemble des individus d'une même espèce). L'on est certes en droit d'écrire "la différence individuelle est commune", à condition de bien distinguer la *res significata* et le *modus significandi*. La différence individuelle est toujours une, mais elle est ici signifiée sous le mode commun, et ne peut l'être autrement. De même si l'on dit "tous les hommes ont une âme". Cela ne veut pas dire qu'ils ont une âme commune, mais qu'ils ont en commun d'avoir une âme. La *res significata* est individuelle, le *modus significandi* est commun.

L'on comprend aussi, à partir de ce qui précède, pourquoi une nature commune, telle que l'humanité, peut être connue distinctement, c'est-à-dire en tant que nature, et recevoir une définition, tant au plan réel qu'au plan logique (au plan réel, c'est l'animalité contractée par la rationalité ; au plan logique, c'est une espèce), tandis que l'individu ou le singulier ne peut pas être connu distinctement, c'est-à-dire en tant que singulier, et reçoit seulement une définition logique (un individu est toute partie subjective d'une espèce). Pour que le singulier soit connu distinctement, c'est-à-dire en tant que tel, il faudrait qu'il soit connu séparément de sa nature. Or cela est impossible pour un intellect fini tel que le nôtre, ainsi que nous le constatons. En revanche, un intellect infini est à même de connaître l'infinité des singuliers, et connaît chacun d'eux en tant que chacun est "celui-ci" ou "celui qu'il est". Cet intellect n'a pas besoin, comme nous, de descendre l'arbre de Porphyre en direction du singulier. Au contraire, il atteint le singulier directement. Ce n'est donc pas un intellect métaphysicien, à la différence du nôtre.

En conclusion de ce point, Duns Scot ne nous accorde qu'une connaissance confuse, c'est-à-dire indistincte du singulier. Comparant deux singuliers de même espèce, nous voyons en quoi ils sont semblables, en quoi ils sont dissemblables. Ils sont dissemblables pour nous par diverses marques extérieures (ainsi que par des caractères intérieurs que nous déduisons de leurs comportements – qui sont des marques extérieures –, au risque de nous tromper). Ces marques les individualisent, ou plutôt elles individualisent ce que ces individus ont en commun. Mais l'individualisation n'est pas encore l'individuation, car la première n'est qu'un effet dont la seconde est la cause véritable. Cette cause est ce par quoi tout ce qui peut être commun à deux individus est individué, c'est-à-dire rendu incommunicable ou non-commun. Si nous avions accès à cette cause, nous n'aurions pas besoin de comparer un individu à un autre afin de savoir pourquoi ou par quoi il est "celui-ci" ou "celui qu'il est". Ainsi, la différence entre une connaissance distincte et une connaissance non-distincte du singulier, pour parler le langage de Duns Scot, peut être rendue par la distinction entre une nature individualisée et une nature individuée. Un caractère commun individualisé peut encore être commun (avoir les yeux bleus). Un caractère commun individué ne le peut pas, s'il est individué en dernière instance (avoir les yeux de ce bleu-ci, incommunicable, c'est-à-dire impossiblement commun). Ainsi qu'Etienne Gilson l'a bien expliqué, la différence individuelle n'est pas la détermination d'une forme déterminable *par* une forme déterminante (laquelle, en tant que forme, serait encore commune et donc déterminable par une forme ultérieure). C'est la détermination ultime *de* la forme, par suite de tout ce qui, dans le singulier, est commun. Aussi doit-on se méfier de termes tels que "singularité" ou "heccéité", car ils suggèrent une forme commune, ce qui ne convient pas.

Quelle que soit sa valeur intrinsèque – il paraît difficile de contester sa pertinence et son originalité –, l'analyse des structures de l'être (passions convertibles et disjointes, différences ultimes) n'est pas pour Duns Scot une fin en soi. Car, pour ce théologien la fin est évidemment théologique, et la métaphysique un moyen en vue de cette fin. Il faut donc voir maintenant comment métaphysique et théologie s'articulent l'une à l'autre.

CHAPITRE III

DE LA MÉTAPHYSIQUE À LA THÉOLOGIE

L'on distingue traditionnellement théologie naturelle et théologie révélée. La première est accessible à la raison par ses seules forces naturelles. La seconde dépend de la Révélation, qui dépend elle-même de ce que Dieu a consenti à révéler aux hommes sur lui-même et ses desseins, car Dieu est "objet volontairement" (*obiectum volontarie*), ce qui veut dire qu'il se fait connaître des hommes par une libre décision. L'on peut opposer à cette distinction, il est vrai, que ces deux théologies ne sont pas indépendantes, en ce sens du moins que la première dépend manifestement de la seconde dans une mesure plus ou moins grande, comme le montre une étude historique. La preuve en est que la théologie naturelle d'un philosophe païen tel Aristote diffère de celle d'un philosophe comme Avicenne, musulman en quelque manière, ou bien chrétien comme Duns Scot. Ce docteur lui-même était conscient d'une semblable dépendance, quand il observe au sujet du précédent, que lorsqu'il pose un concept de l'être "indifférent au sensible et à l'intelligible", Avicenne témoigne de l'influence sur lui de la "secte dont il était membre en quelque façon", c'est-à-dire la religion musulmane. En effet, selon cet enseignement religieux, tel du moins qu'Avicenne l'interprète librement, l'homme est destiné à connaître Dieu et les Intelligences séparées, chose qu'Aristote n'a jamais promise pour sa part. De son côté, Duns Scot lui-même est un bon témoin de l'influence de la théologie révélée sur la théologie naturelle, en milieu chrétien cette fois. En effet, son concept de Dieu comme un être infini lui vient de Jean Damascène (et, en deçà, des Cappadociens), qui nomme Dieu "un océan infini d'être" (*aoriston pelagos ousias*). Par ailleurs, l'idée de la liberté divine dans les œuvres *ad extra* (Création, Incarnation, interventions dans le monde), idée que Duns Scot s'attache à souligner davantage que tout autre docteur de son temps, est évidemment une idée chrétienne et, probablement, la plus chrétienne des idées. Que la théologie dite naturelle soit influencée par la théologie révélée est donc un fait incontestable pour l'historien, mais la différence entre les deux théologies n'est pas supprimée pour autant, car c'est une différence de principe. En effet, l'une procède par preuve et démonstration, tandis que l'autre se fonde sur la *doctrina tradita*, c'est-à-dire les enseignements transmis par l'Ecriture. Une autre différence tient à ceci, que la première est une science "spéculative", c'est-à-dire une science ayant pour but le savoir pour le savoir, tandis que la seconde est une science "pratique", du moins principalement pratique, puisque son contenu principal est formé de règles et préceptes à observer en vue du salut – du moins dans l'optique scotiste, plus généralement franciscaine. Une troisième différence tient au fait que la théologie naturelle considère Dieu en tant qu'il est un, tandis que la théologie révélée nous apprend qu'il est un et trine. Cela explique d'ailleurs pourquoi les philosophes, qui n'ont pas connu la Révélation, ont conclu qu'il y a un Dieu un à l'origine du monde, ce qui est exact, sans pouvoir découvrir qu'il est trine. Ces différences une fois posées, l'on peut considérer la théologie naturelle prise séparément.

THÉOLOGIE NATURELLE ET MÉTAPHYSIQUE

Lorsqu'il entreprend de faire la preuve d'un Premier Principe de toutes choses, Duns Scot se place sur le terrain de la théologie naturelle. Or, afin d'atteindre son but, il avait le choix entre les deux voies possibles qui s'offraient de son temps. Soit il suivrait l'exemple d'Averroès, lequel, fidèle à Aristote, veut prouver Dieu par le mouvement (ce sera aussi l'une des voies de Thomas d'Aquin) ; soit il s'engagerait dans la voie ouverte par Avicenne, visant à prouver le Premier Principe par la métaphysique. C'est cette seconde possibilité qu'il adopte. La raison en est qu'à ses yeux prouver Dieu par le mouvement, c'est le faire par la physique, puisque la physique considère l'être sous l'angle du mouvement. Or, une science inférieure n'est pas à même de prouver l'objet d'une science supérieure, telle que la théologie, qui est "la plus noble des sciences". En outre, bien qu'elle ne soit pas de valeur négligeable, la preuve par le Premier Moteur atteint seulement une cause première du mouvement, et non pas la cause première de l'être, qui est la cause recherchée. Duns Scot s'écarte donc d'Averroès pour suivre Avicenne. « Ce que dit le Commentateur [Averroès] est faux, à savoir que le sujet de la métaphysique est la substance séparée, que son existence est prouvée par la physique (*scientia naturalis*), et qu'elle ne peut être prouvée par une autre science parce qu'elle ne peut être prouvée que par le mouvement (...), car il est possible de prouver autrement que par le mouvement, et de meilleure façon, que Dieu est, qu'il est nécessaire, qu'il est un; en effet, cela peut être prouvé par l'acte et la puissance, qui relèvent de la compétence du métaphysicien» (*P. Lect.*, 180).

Cependant, un point fort de la position d'Averroès doit être considéré avec sérieux. C'est qu'une science ne prouve jamais son objet, mais le reçoit toujours d'une science antérieure. Le Commentateur est en règle avec ce principe communément admis. Avicenne ne l'est pas, puisqu'il semble faire de Dieu l'objet de la métaphysique et le prouver en même temps par les moyens de cette science, ce qui ne convient pas. En s'engageant malgré tout dans la voie d'Avicenne, Duns Scot prend une initiative qui aura d'importantes conséquences pour l'histoire ultérieure de la métaphysique. Dans sa réponse à l'objection tirée d'Averroès, il accepte que l'être est l'objet de la métaphysique, Dieu celui de la théologie, mais il affirme en même temps, à la suite d'Avicenne, que Dieu peut être la fin ou le but de la métaphysique, ou plutôt celui du métaphysicien (cette précision est ajoutée parce que, comme déjà Aristote, Duns Scot distingue moins des sciences entre elles, qu'il ne distingue entre des points de vue différents sous lesquels une même chose, qui est l'être, peut être diversement considérée, par le physicien, le mathématicien, le métaphysicien). Le but de cette science n'est pas uniquement de spéculer sur l'être en tant qu'être, mais d'établir par la preuve l'existence d'un être premier. Par là, une finalité unique peut être attribuée à la métaphysique, laquelle, chez Aristote encore, présentait une dualité qui a souvent été relevée par les commentateurs, car on peut y voir soit une théorie de l'*ens commune* (c'est l'interprétation de Farabi, acceptée par Avicenne, puis reprise d'Avicenne par Duns Scot), soit une théologie, dans une mesure bien moindre il est vrai. Mais si Dieu est le but, non un objet pour la métaphysique, il suit de cette différence que la métaphysique ne saurait être une soi-disant "onto-théologie" (comme on le dit souvent aujourd'hui à la suite de Martin Heidegger, lequel se réclame d'une note de Kant), c'est-à-dire une science ayant un double objet, l'être commun et l'être divin. Car, à supposer que cette conception soit attribuable à Aristote, elle ne peut être attribuée à Duns Scot, ni avant lui à Avicenne. Pour l'un et l'autre, la métaphysique est un moyen en vue d'une fin, et cette fin est de faire la preuve du Dieu unique. Cette science reçoit donc une orientation ou une destination nouvelle, et l'on peut remarquer qu'une telle orientation persistera dans la métaphysique occidentale ultérieure, par exemple dans les *Méditations métaphysiques* de Descartes. La métaphysique a un seul objet (de même que toute autre science a un objet et un seul). Cet objet est l'être en tant qu'être, à partir duquel il s'agit d'atteindre la fin proposée.

LA PREUVE DU PREMIER DANS LE TRAITÉ *DU PREMIER PRINCIPE*

Caractéristique de la pensée de Duns Scot est son effort pour fournir une preuve unique et suffisante du Premier au lieu de les multiplier, car la multiplication des preuves affaiblit les preuves prises séparément, puisque chacune apparaît incomplète. Cette caractéristique est tout particulièrement manifeste dans le traité *Du Premier Principe*, et c'est pourquoi nous choisirons ce texte pour le présent exposé. Les citations renvoient à la traduction française sous la direction de R. Imbach, publiée en 1983.

Quelque être peut être dit premier en trois sens différents. Selon l'éminence, si rien ne l'excède en perfection. Selon la finalité, s'il n'est assujetti à aucune fin ultérieure, et n'a donc pas d'autre fin que lui-même (ou plutôt le bien qu'il est lui-même à lui-même). Selon la causalité, s'il n'est pas causé, c'est-à-dire est incausé. C'est à la troisième voie, par la causalité, que Duns Scot attache le plus d'importance et consacre le plus de soin (c'est la seule que nous retiendrons ici). Cela s'explique par le fait qu'il veut une preuve concrète, tirée de l'existence du monde; par le fait également que la métaphysique humaine (différente en cela de l'angélique) est une science inductive, qui s'efforce de remonter des effets à leurs causes, et non pas une science déductive, laquelle descend des principes aux conséquences. Cependant, une remarque est ici nécessaire, qui rejoint ce qui a été dit plus haut de la différence entre preuve physique et preuve métaphysique. Les causes et effets que le métaphysicien prend en considération ne sont pas des causes et des effets physiques. La causalité dont il s'agit n'est pas selon le mouvement, plus généralement le changement. C'est une causalité "dans l'être" (*in esse*). En d'autres termes, les termes de cause et d'effet sont transposés du plan physique au plan métaphysique. Cela est nécessaire et inévitable, puisqu'on ne saurait évidemment concevoir ni réclamer une preuve physique de la Création. Cela explique aussi pourquoi le temps est ici absent (au demeurant, rien n'empêche de mettre le temps entre parenthèses, puisque la dépendance de la créature par rapport au temps est seulement accidentelle chez Duns Scot, tandis que sa dépendance par rapport au Créateur est essentielle). La cause dont on parle ici est une *causa dans esse*, c'est-à-dire une cause qui donne l'être, et l'effet est ce qui reçoit de la cause son être, qui est en lui "ce qu'il y a de plus intime" (le concept de "puissance objective", exposé plus haut, permet d'analyser cette définition de l'effet). Soulignons pour finir sur ce point que la preuve du Premier par la causalité métaphysique (non physique) semble bien être une innovation de Duns Scot, précédé sur ce point par Avicenne. On le voit bien par comparaison : la preuve, plus connue, d'Anselme (par le concept de ce qui est tel que rien ne plus grand ne peut être pensé) procède manifestement selon la voie de l'éminence; celle d'Augustin (par la transcendance de la Vérité), selon la voie de l'éminence et de la finalité. Que la voie de l'efficience soit préférable aux yeux de Duns Scot, on le voit à ceci que lorsqu'il "colore" *la ratio Anselmi* afin de la renforcer, Duns Scot assoit en quelque sorte la voie de l'éminence sur celle de l'efficience, sinon au plan de l'être, du moins au plan de l'être-connu (en résumé : ce qui est dans la réalité est plus grand que ce qui est seulement dans la pensée – c'est évident; ce qui, dans la réalité, est tel que rien de plus grand ne peut être pensé est cause que rien de plus grand ne peut être pensé).

La preuve scotiste procède comme suit. Si quelque chose est causé, il faut qu'il ait une cause. Cette cause, à son tour, peut ne pas avoir de cause ou bien avoir une cause. Dans le premier cas, le but est atteint, puisque l'on a une cause incausée. Si ce n'est pas le cas, il semble que la régression dans l'ordre des causes puisse se poursuivre à l'infini. Cependant, Duns Scot fait ici une distinction entre deux ordres de causes différents. Ou bien les causes sont ordonnées "accidentellement", ou bien "essentiellement" (à noter qu'il ne faut pas confondre un ordre de causes accidentel avec une cause accidentelle, car une cause accidentelle est une cause fortuite, tandis que les causes accidentellement ordonnées sont des causes par soi). Un exemple d'ordre accidentel est celui de la succession des individus dans l'espèce. Le fils succède au père, mais s'il dépend de son père pour exister, il ne dépend pas de lui pour engendrer à son tour. Ici, dit Avicenne, la succession des générations peut être infinie, c'est-à-dire indéfinie. Duns Scot ne donne malheureusement pas d'exemple pour illustrer par contraste un ordre de causes essentiellement ordonnées, mais la description qu'il fournit des différences entre les deux ordres peut mettre sur la voie d'un exemple, et même d'un grand nombre d'exemples, qui sont ailleurs dans ses écrits.

Trois différences distinguent un ordre essentiel (OE) d'un ordre accidentel (OA). Premièrement, dans OE, une cause postérieure dépend d'une cause antérieure non seulement pour exister mais aussi pour causer, tandis que dans OA une cause postérieure ne dépend pas d'une cause antérieure pour causer quelque chose à son tour, bien qu'elle en dépende pour exister ou d'une autre manière. Deuxièmement, dans OA, toutes les causes sont à parité ou égalité, tandis que dans OE une cause est non seulement plus élevée et plus parfaite, mais encore sa causalité est d'une autre nature et d'un ordre supérieur, ce qui n'est pas le cas dans OA. Cette seconde différence découle de la première, « car, quand elle cause, aucune cause ne dépend essentiellement d'une cause de même raison». Au contraire, des causes accidentellement ordonnées sont de même raison ou de même nature. La troisième différence, consécutive aux deux précédentes, est que, dans OE, toutes les causes sont requises ensemble pour causer, tandis qu'elles ne le sont pas dans OA. L'exemple de la génération des individus dans l'espèce illustre bien ces trois différences.

A l'aide de ces distinctions, l'auteur du traité entreprend de prouver trois propositions, dont nous ne retenons, pour faire bref, que les deux premières: (A) «une infinité de causes essentiellement ordonnées est impossible»; (B) «une infinité de causes accidentellement ordonnées est impossible, sauf si on les fait reposer sur des causes essentiellement ordonnées» (*PP*., c. 3, 61). Donc, une infinité de causes ordonnées est impossible de toutes les façons.

(A) est prouvé par une série de cinq arguments, dont les deux principaux sont les suivants: dans OE, la totalité des effets est causée en une seule fois; elle est donc causée par une cause qui n'est pas un élément de la totalité. Dans le cas contraire, la totalité des effets serait cause de soi, ce qui est impossible, puisque rien ne peut être cause de soi. En effet, ainsi que le déclare Augustin au début du traité de *La Trinité*, «absolument aucune chose ne produit elle-même son être» (*PP*., c. 2, 47; *BA*. XV, 89). Cela est clair aussi pour la raison, car si une chose produisait sa propre existence, il faudrait, pour qu'elle puisse la produire, qu'elle possède déjà l'existence, ce qui est évidemment contradictoire. Par suite, «l'entière totalité des dépendants est dépendante, et de rien qui soit un élément de la totalité» (*PP*., c. 3, 61). En outre, ce qui est supérieur est plus parfait quand il cause (d'après la deuxième distinction); donc une cause supérieure à l'infini est plus parfaite à l'infini et, par conséquent, infiniment parfaite quand elle cause; donc, elle ne cause pas en vertu d'autre chose, car tout ce qui est tel cause imparfaitement, du fait qu'il est dépendant dans son action causale.

(B) est prouvé à son tour, par un argument unique cette fois. Si l'on pose que OA est une suite infinie, elle ne peut être infinie simultanément, mais seulement de façon successive et linéaire, en posant une cause après l'autre. Ainsi, le fils engendre ou peut engendrer, que son père soit mort ou vivant. Or une telle infinité de succession est impossible, «sauf par une nature de durée infinie, dont dépendent toute la succession et chacun de ses éléments» (*PP*., c. 3, 62). En d'autres termes, dans l'exemple considéré, la succession, supposée infinie, des différentes générations n'est possible qu'à la condition de poser quelque chose de permanent, à savoir l'espèce humaine et son identité, qui n'appartient pas à la succession mais se situe en dehors, puisque tous les éléments de la succession, pris un à un, sont "de même raison", c'est-à-dire sont des hommes à parité. Donc, chaque élément de la succession dépend de quelque chose qui est permanent, et n'est pas antérieur accidentellement, mais antérieur essentiellement. L'on ne saurait mieux expliquer comment le fils dépend de son père en tant qu'il est son fils, et comment tant le fils que le père dépendent de l'espèce pour être des hommes. Ainsi, bien qu'il diffère de OE, OA comporte au moins une condition similaire à celles de OE. C'est la deuxième. L'on peut certes objecter à cette comparaison que l'espèce n'est pas cause des générations humaines au même sens où Dieu est cause du monde. C'est incontestable en effet, puisque dans le premier cas la cause est formelle, et dans le second efficiente. Reste néanmoins que (B) suffit à établir qu'une succession de causes qui seraient ordonnées de façon purement accidentelle est impossible et inconcevable. En admettant avec Avicenne que c'est possible, puis en montrant que ce ne l'est pas, Duns Scot a concédé mais il n'a pas donné, comme il le fait assez souvent.

Il est clair qu'une régression à l'infini est impossible dans une série de type OE, puisque dans une semblable série la cause qui est hors de la série est co-présente à chacune des causes de la série. Ici, chacune des causes successives, sauf la première, dépend de la première à la fois pour exister (toute cause postérieure à la première est donc un effet) et pour causer à son tour (ce n'est pas une cause indépendante, sinon elle serait première). Mais on peut se demander pourquoi, s'écartant d'Avicenne, Duns Scot veut qu'un ordre de causes qui seraient ordonnées de façon entièrement ou purement accidentelle est impossible. La raison en est, nous semble-t-il, qu'à ses yeux un tel ordre n'existe pas dans la nature, tandis que l'ordre essentiel est abondamment représenté dans la nature, non seulement la nature physique mais encore la nature intellectuelle. Un autre exemple scotiste, plus simple encore que celui de la succession des générations, peut servir à illustrer le premier point. Si un homme frappe une balle avec un bâton, il est clair que ni la balle ni le bâton ne dépendent pour exister de l'homme qui les met en mouvement. La première condition d'un ordre accidentel est donc vérifiée. Mais, du mouvement de l'homme à celui de la balle en passant par le bâton, quelque chose se maintient, à savoir l'impulsion ou la force communiquée. En outre, cette impulsion a son origine dans une cause première, à savoir l'homme qui manie le bâton, cause en-deçà de laquelle il n'est pas nécessaire de remonter pour expliquer la séquence en totalité. Par ces deux caractères, l'ordre dit accidentel participe d'un ordre essentiel. « Tout être est ordonné », dit Duns Scot, et il est manifeste qu'un ordre purement accidentel n'est pas un ordre véritable. C'est pourquoi d'ailleurs la connaissance scientifique des phénomènes naturels nécessite de déceler l'ordre véritable sous l'ordre apparent, et l'ordre essentiel sous l'ordre accidentel (remarquons en passant que ceux qui nient la réalité de l'ordre cause/effet, pour le ramener à une fréquente succession, raisonnent sur le cas d'une ordre accidentel uniquement, d'où la faiblesse de leurs preuves).

Pour Duns Scot, l'ordre essentiel des causes, tel qu'il a été défini plus haut, est abondamment représenté dans la nature. C'est même l'ordre véritable. Il ne faut donc pas imaginer que le concept de l'ordre causal essentiel a été inventé par Duns Scot pour les besoins de sa preuve du Premier, à la façon d'un argument *ad hoc*. Puisque la métaphysique est inductive, il faut nécessairement que le métaphysicien prenne son départ dans des créations dans la nature pour remonter à la création de la nature et que, quelles que soient les différences entre les deux cas, une structure causale analogue soit à l'œuvre dans l'un et l'autre. De fait, quand on parcourt les écrits de Duns Scot, l'on rencontre une multiplicité de cas où l'ordre causal essentiel est vérifié : la diffusion de la lumière, le rapport entre la quantité et la qualité dans la substance, la relation de la privation et de la forme dans la matière, la compréhension humaine des signes, la connaissance divine des vérités incluses dans les notions des choses, enfin la théorie de l'appétit ou désir naturel chez l'homme – tous phénomènes, on le remarquera qui sont a-temporels et non-linéaires (cela est vrai aussi de la diffusion de la lumière, car Duns Scot semble suivre Aristote, qui pose qu'elle est instantanée). Développons quelques-uns de ces exemples.

Quand le soleil illumine le milieu aérien, il ne peut illuminer une partie lointaine s'il n'a pas d'abord illuminé une partie proche. Pourtant, ce n'est pas la partie proche qui illumine la partie éloignée, mais le soleil. Ces deux illuminations sont donc les effets communs d'une même cause, bien qu'elles soient produites selon un ordre, de sorte que le premier effet peut être regardé comme une cause du second, mais cette cause n'est pas "de même raison" que la principale, puisque le soleil est cause de la première illumination et en même temps cause de la causalité de la première illumination par rapport à la seconde. En effet, si le soleil cessait tout à coup de briller, l'illumination de la partie éloignée cesserait en même temps que celle de la partie proche (dans l'hypothèse d'une diffusion instantanée de la lumière). L'on voit que les trois conditions d'un ordre causal essentiel sont vérifiées dans cet exemple solaire. D'abord, la première illumination dépend du soleil pour exister et causer à son tour. Ensuite, le soleil est extérieur et supérieur à la suite des illuminations du milieu. Enfin, il est co-présent à chacune d'entre elles. Comme le dit Augustin, *aer non est factus lucidus, sed fit lucidus*. D'où l'on voit à l'évidence que la diffusion de la lumière à partir de sa source ne saurait être un ordre causal accidentel.

Dans l'une des *Questions sur le Perihermeneias d'Aristote*, Duns Scot cherche à savoir si un signe signifie un concept ou une chose, comme on l'a vu plus haut au sujet de la théorie de la signification. Question difficile assurément, qui suscite une *magna altercatio*. Après avoir examiné les deux possibilités, le docteur conclut que ce qui est signifié par un signe, c'est la chose conçue et non le concept de la chose, ainsi que le montre l'expérience (cette conclusion est reprise dans l'*Ordinatio*). Pourtant, le concept de la chose est nécessaire afin que le signe puisse signifier la chose conçue. L'une des raisons en est que la chose signifiée n'est pas dans le signe comme dans son sujet, mais dans l'esprit. C'est là encore un exemple d'ordre essentiel. Non point en ce sens, évidemment, que le signe serait cause du concept de la chose et de la chose conçue, mais en ce sens du moins qu'il ne peut signifier la chose conçue si ce n'est en activant le concept de la chose présent dans l'esprit.

Troisième exemple, dans le Prologue de l'*Ordinatio*, Duns Scot distingue trois "instants de nature" (instants logiques et non chronologiques) dans la connaissance que Dieu a de toutes choses. Au premier instant, l'essence divine est immédiatement connue de lui; au second, sont connus les "objets seconds" contenus dans l'objet premier, c'est-à-dire les quiddités ou natures des choses créables, qui contiennent les vérités propres à ces quiddités; au troisième, les vérités contenues dans les quiddités sont connues à leur tour. Mais les quiddités ne peuvent être la cause de la connaissance de ces vérités incluses, car cela vilifierait l'intellect divin (puisqu'il serait mû par autre chose que lui-même). Et Duns Scot conclut: « Il y a simplement ici un ordre entre des effets ordonnés à une même cause, en ce sens que, par nature, l'essence cause les quiddités connues quasi avant que les vérités qui s'y rapportent soient connues » (*P. Ord.*, 257). Dans le domaine théologique encore, l'on trouve une application de l'ordre essentiel à propos des rapports entre Dieu, les productions *ad intra* et les productions *ad extra*: les productions *ad extra* présupposent les productions *ad intra*, c'est-à-dire la production de la deuxième et de la troisième personne de la Trinité. Mais cet ordre n'est pas transitif, puisque Dieu crée le monde en tant qu'il est un. Dernier exemple, tiré de l'anthropologie: pour qu'un objet puisse être désiré et voulu, il faut qu'il soit d'abord connu, puisque rien n'est voulu qui ne soit connu (*nihil est volitum nisi cognitum*). Pourtant, c'est l'objet lui-même qui est voulu, et non point la connaissance qu'on en a. Il apparaît donc que l'objet est la cause unique de l'intellection et de la volition (prise au sens d'un acte du désir naturel, non d'un acte libre), selon un ordre cependant. Tous ces exemples sont conformes à la description précise que, dans la distinction 1, question 1, de l'*Ordinatio* II, Duns Scot d'un ordre essentiel: « Il faut savoir que, chez les créatures, si l'on rapporte une cause à deux effets ordonnés, le rapport de cette cause à l'un et l'autre effet est plus essentiel que celui d'un effet à l'autre: en effet, c'est en raison de leur dépendance commune envers la même cause que l'un dépend de l'autre selon un ordre, et ce n'est pas, inversement, en raison de la dépendance de l'un envers l'autre qu'ils dépendent selon un ordre de la même cause » (*Vat.* VII, 25-26). Ce qui est vrai de la créature l'est aussi de la création.

De tous les exemples qui précèdent, celui qui est ici le plus à propos est l'exemple du soleil. En effet, non seulement le soleil engendre l'illumination des parties successives du milieu aérien, mais encore il la conserve. De même, la création et la conservation signifient une seule et même relation de dépendance de la créature par rapport au créateur, bien que les termes "créer" et "conserver" aient des connotations différentes, comme Duns Scot l'explique à la question 12 du *Quodlibet*. L'étude physique de la diffusion de la lumière conduit, grâce au concept de l'ordre essentiel, à une cause première mais non pas absolument première, à savoir le Soleil. L'étude métaphysique de l'être créé conduit, grâce au même concept de l'ordre essentiel, à une cause première de l'être. Il y a donc dans la démarche de Duns Scot, telle du moins que nous la comprenons, un procédé analogique. Mais l'analogie repose sur un concept univoque, celui de l'ordre essentiel. La priorité d'un concept univoque par rapport à la comparaison des analogues est une règle constante pour Duns Scot. C'est cette règle qui colore la preuve scotiste du Premier. Grâce aux observations qui précèdent sur l'universalité de l'ordre essentiel, le lecteur du *Traité* pourra se défaire de l'impression trompeuse que Duns Scot aurait conçu sa preuve sur un cas unique, et que cette preuve reposerait sur un argument *ad hoc*. Si l'on prend la mesure de l'ordre essentiel, non seulement en compréhension mais aussi en extension, l'on hésitera peut-être à reprocher à la preuve scotiste de reposer sur une simple pétition de principe, comme s'il tenait pour acquis ce qu'il entend démontrer. De même, si un homme veut démontrer que le Soleil illumine le ciel, on ne lui fera pas grief de prendre le départ de sa preuve dans le fait qu'il fait jour.

Après avoir prouvé que l'ordre essentiel conduit à poser une cause ou nature première incausée, Duns Scot conclut que cette nature existe en acte. En effet, elle est incausable de toutes les manières, c'est-à-dire soit par une cause extrinsèque soit par une cause intrinsèque. Par une cause extrinsèque car, si cette cause existait, elle serait antérieure; or l'ordre causal essentiel l'interdit. Par une cause intrinsèque, puisque rien ne peut être cause de soi. Si donc cette cause n'est ni par autre chose, ni par elle-même, elle est ou existe de soi (*a se*). Sur cette conclusion s'achève la démonstration scotiste de la cause première incausée. Tout ce qui est requis de cette démonstration, telle que nous venons de la présenter sous une forme simplifiée, c'est de transposer le concept de l'ordre essentiel du plan physique au plan métaphysique. Les causes qui sont à l'œuvre au plan physique sont des causes qui donnent le mouvement. Au plan métaphysique, la cause que le docteur a cherchée est une cause qui donne l'être et le conserve en même temps. Naturellement, l'on peut toujours refuser la transposition. Mais, d'un point de vue scotiste, cela revient à rejeter la métaphysique.

Le troisième chapitre du Traité s'achève sur diverses preuves portant sur l'unicité de la nature première ou être premier. La sixième conclusion, selon laquelle être de soi (c'est-à-dire l'aséité, comme on dit quelquefois) convient à un être et un seul, est particulièrement intéressante, car elle permet de voir que cette unicité n'est pas l'unicité numérique, ou selon le nombre, mais l'unicité transcendante, celle d'une *natura ut haec*. Non pas l'unicité de ce qui n'est pas plusieurs, mais celle de qui n'a pas d'autre. Pour comprendre l'argument, il faut se rappeler l'enseignement de Duns Scot sur la structure du singulier en général. Le singulier est constitué d'une nature commune et d'une différence individuelle. C'est le premier point. Le second est que, chez le singulier, la différence individuelle est plus actuelle que la nature, ou de plus grande actualité que la nature, car c'est elle qui réduit la nature à la singularité, et non pas inversement – c'est évident. Supposons maintenant qu'il existe deux êtres nécessaires de soi. Il existe donc une nature commune à ces deux êtres nécessaires, lesquels, par ailleurs, se distinguent l'un de l'autre par les différences individuelles. Or cela entraîne une impossibilité. En effet, ces deux êtres seraient fondamentalement des êtres nécessaires par la nature commune et non par les différences qui les distinguent. Or celle-là est de moindre actualité, puisqu'une nature est en soi déterminable, c'est-à-dire en puissance d'être déterminée ; celles-ci sont de plus grande actualité, puisque les différences individuelles sont de soi déterminantes et, par suite, déterminent en acte le déterminable. « Mais il semble impossible qu'une moindre actualité soit ce par quoi une chose est fondamentalement nécessaire, et que par une actualité plus grande une chose ne soit nécessaire ni fondamentalement, ni par soi » (*PP*., c. 3, 65). En outre, si l'on pose que ces deux êtres sont nécessaires tant par la nature commune que par les différences, alors il suit qu'ils sont nécessaires deux fois, ce qui est impossible. En conclusion, il ne peut exister une nature commune à deux êtres nécessaires de soi. Il existe donc un être nécessaire et un seul, et il n'y a pas d'autre être nécessaire.

CHAPITTRE IV

THÉOLOGIE

Qu'entend-on par théologie? Selon Augustin, c'est «un discours ou une connaissance ayant Dieu pour objet (*sermo vel ratio de Deo*)» (*Rep. Par.* I, q. 1; *Olms* XI-1, 1). Selon Duns Scot, c'est une science, et même "la plus noble des sciences". Et la question rebondit: qu'est-ce qu'une science? Une science est un *habitus*, c'est-à-dire la connaissance acquise d'un objet, qui est présente dans un intellect comme une qualité stable et relativement permanente. Naturellement, pour que cet habitus soit scientifique (c'est-à-dire apte à faire savoir le vrai), certaines conditions sont requises, afin qu'une science ne se confonde pas avec une simple opinion. Nous y reviendrons. Néanmoins, il est important de s'arrêter sur le point de départ de l'analyse scotiste. Une science est un acquis intellectuel. Avant que les idéologues des sciences dites "expérimentales" n'enferment la science dans un carcan asphyxiant, c'est cette idée générale de la science qui prévalut longtemps. Quand Descartes déclare que la science n'est pas autre chose que "la connaissance que l'esprit a d'un objet", il répète le credo commun. Comme toutes les idées qui ont vécu longtemps, cette idée ne disparaîtra pas.

En second lieu, une science a un objet. A un objet qui est un correspond une science qui est une. Or, pour prendre cet exemple, l'on ne peut pas dire que la science géométrique a pour objet la géométrie, mais seulement que la science de la ligne ou celle du triangle sont des sciences géométriques, parce qu'elles relèvent d'un même genre ou genre commun. L'inclusion de la science de la ligne et celle du triangle dans un genre commun s'explique par le fait évident que le géomètre n'étudie pas "cette ligne-ci", ni "ce triangle-ci", mais l'espèce et les sous-espèces de la ligne et du triangle. Les espèces, dont l'unité est réelle, s'inscrivent dans le genre, lequel n'a pas d'unité réelle, mais seulement l'unité d'une intention logique. De même, l'objet de la science du nombre n'est pas l'arithmétique mais le nombre, puisque l'arithmétique n'a pas de propriétés que l'on pourrait démontrer, comme on démontre les propriétés du nombre pair et impair, premier ou non-premier. L'arithmétique est seulement un regroupement des connaissances sur les nombres, cela selon un ordre, du plus simple au plus composé. De même, pour Duns Scot, l'objet d'une science n'est pas un domaine d'objets, ni un ensemble commun à plusieurs objets. Ainsi, la théologie se définira par son objet propre et premier, qui est Dieu.

En troisième lieu, bien qu'une fois acquis un habitus soit présent dans l'esprit, qui dès lors en dispose et peut en user à sa guise, c'est-à-dire penser ou non à l'objet dont il a acquis la connaissance, l'habitus est contenu dans l'objet de l'habitus, par antériorité naturelle et non pas seulement chronologique. C'est ce que veut dire Duns Scot quand il pose qu'un habitus scientifique est contenu virtuellement (*virtualiter*) dans son objet propre. Cela ne signifie pas seulement qu'avant d'être connu en acte, un objet est en puissance d'être connu, ou encore qu'il est connu potentiellement (*potentialiter*), ce qui ne vaut que pour l'antériorité chronologique. Cela signifie avant tout que l'objet considéré a le pouvoir (*virtus*) d'engendrer dans l'esprit une connaissance de lui-même, complète ou partielle, parfaite ou imparfaite selon la perfection de l'esprit qui le connaît, et que cet objet est logiquement antérieur, par voie de conséquence. Cette idée, on le remarquera, est solidaire d'une autre, selon laquelle les substances et les qualités (non les quantités) sont des "formes actives", parce qu'elles ont le pouvoir d'engendrer dans l'esprit une similitude d'elles-mêmes (non pas une similitude prise au sens de la ressemblance, mais une *similitudo in repraesentando*, c'est-à-dire une similitude représentative).

L'on comprend à partir de ce qui précède comment la métaphysique a un objet et un seul, à savoir l'être en tant que tel, et la théologie un objet et un seul, à savoir Dieu. Comment, enfin, ces deux sciences sont distinctes par leurs objets respectifs. Il suit de là aussi une autre conséquence, qui est très impressionnante quand on en prend la mesure pleinement. Dieu se connaît, cela parfaitement, sinon il ne serait pas l'être le plus parfait que nous appelons Dieu. Mais l'homme a lui aussi une certaine connaissance de Dieu, laquelle est soit acquise par le raisonnement métaphysique, soit transmise par l'Ecriture et de meilleure façon. Et Duns Scot insiste sur le fait que, pour très imparfaite qu'elle soit, la connaissance humaine de Dieu a pour objet propre Dieu ou l'essence divine, et non pas des choses "qui sont autour" – ce qu'il est d'ailleurs possible de prouver. En effet, si l'on entend par cette expression un attribut ou un ensemble d'attributs, il est clair que connaître quelque être "sous la raison d'un attribut" n'est pas connaître cet être tel qu'il est en soi. Par exemple, si l'on sait que *x* est rationnel, et si l'on ne sait rien de plus au sujet de *x*, il est impossible de savoir si *x* est un homme ou un ange, puisque l'un et l'autre sont rationnels.

THÉOLOGIE EN SOI ET THÉOLOGIE EN NOUS

Appelons *theologia divina* ou *theologia in Deo* la connaissance parfaite que Dieu a de l'essence divine. Appelons *theologia tradita* ou *theologia in nobis* la connaissance imparfaite que nous avons de cette essence, telle qu'elle nous a été transmise par les textes sacrés. En raison de ce qui vient d'être dit de l'objet d'une science, il suit que la *theologia divina* et la *theologia tradita* ont un seul et même objet. Si cette conséquence est tellement impressionnante pour nous, c'est parce que nous avons l'habitude de voir dans la théologie une science humaine de Dieu uniquement. Au contraire, Duns Scot pose au-dessus et au-delà de la théologie en nous (c'est-à-dire la connaissance de Dieu prise au sens objectif, selon le grammairien), une théologie de Dieu prise au sens subjectif, dont l'objet est le même, bien qu'il soit connu de Dieu et de nous-mêmes selon des modes entièrement différents. Cette idée n'est d'ailleurs pas propre à Duns Scot, car elle appartient à la tradition augustinienne, ou peut en être dérivée. Ce qui lui est propre et personnel, c'est la résolution et l'esprit de conséquence avec lesquels le docteur affronte cette idée si impressionnante.

Du point de vue de l'analyse philosophique, il n'y a pas d'obstacle. En effet, puisqu'un mode de connaissance n'est pas la même chose que cette connaissance elle-même prise séparément de ses modes, un même objet peut être connu sous des modes différents, voire complètement différents. Une science infinie et une science finie, parfaite ou imparfaite, d'un même objet peuvent coexister. Posons le contraire. Il suit que notre théologie n'aura pas le même objet que la théologie divine. Quel sera alors son objet propre ? On se le demande en vain et, faute de pouvoir lui assigner un objet différent, il faudra conclure que notre théologie est sans objet. D'où l'on voit qu'un concept étriqué de la théologie, réduite à notre théologie humaine, court le risque de perdre tout objet.

Certains diront, comme bien d'autres l'ont dit auparavant, que notre théologie ne sait pas ce qu'est Dieu, ou plutôt qui est Dieu, car elle sait seulement ce que Dieu n'est pas. Cela est exact, mais en un sens limité seulement. Car, par notre théologie, nous savons que Dieu n'est pas fini, n'est pas imparfait, etc. Mais, comme le dit Aristote et en vérité, la négative présuppose toujours l'affirmative. C'est pourquoi l'infini est présupposé au fini, et le parfait à l'imparfait – cela par soi ou en soi, et non pas seulement pour la pensée. Si l'on se place au plan de la pensée uniquement, il nous semble (c'est une observation personnelle) que l'on peut hésiter sur le point de savoir si elle va du fini à l'infini ou bien de l'infini au fini, par extension dans le premier cas, par restriction dans le second (il est dommage que Descartes, qui tient pour la seconde réponse, n'ait pas donné ses raisons). En réalité, la pensée doit nécessairement se fixer non pas sur l'infini, qui est un mode seulement (et n'est donc pas compréhensible séparément de ce dont il est le mode), mais sur un être (ou, comme il est préférable de dire, une nature), qui est infini. S'il en est effectivement ainsi, alors l'on voit clairement qu'une nature infinie est présupposée à toute nature finie, parce qu'elle est infiniment plus parfaite en soi, par conséquent pour la pensée. L'idée cartésienne, selon laquelle l'idée de l'infini a été "mise en nous" peut égarer. Le philosophe Lévinas rapproche Descartes de Jean Damascène sur ce point. Mais Jean de Damas n'a pas parlé de l'infini, ni n'a posé que l'idée de l'infini est innée en nous. Il a défini Dieu comme un « océan infini d'essence », ce qui est tout différent. L'on a ici, indissolublement, et l'entité et son mode. Rien d'étonnant, par conséquent, si Duns Scot fait sienne cette quasi-définition. Pas plus que Jean de Damas, Duns Scot n'était un romantique, ni un pré-romantique. Sa vision de l'infini conduit vers la pensée baroque, à travers le scotisme espagnol notamment, partout où il a essaimé, jusqu'à Prague.

La théologie subjective (ou divine) comporte trois traits au moins, par lequels elle se contredistingue de la théologie objective (ou humaine). Premièrement, cette théologie est naturelle. Deuxièmement elle est intuitive, et son objet évident. Troisièmement, cet objet est l'essence divine en tant qu'elle est connue comme "cette essence-ci", singulière.

Dieu, dit Duns Scot, « n'est naturellement connu que de lui seul » (*P. Lect.,* 171). Ici, le terme "naturellement" s'oppose d'une part à "surnaturellement", d'autre part à "volontairement". Parce que la théologie subjective est naturelle, la théologie objective sera surnaturelle, ou plutôt sera révélée surnaturellement (nous reviendrons plus bas sur cette différence). En d'autres termes, la théologie objective dépend d'une libre décision, par laquelle Dieu se fait connaître des hommes, et leur révèle ce qu'il souhaite faire savoir de lui-même, ainsi que de ses intentions. Par ailleurs, la théologie subjective est naturelle parce qu'elle relève de l'intellect divin, et non pas de la volonté divine. Dans toute nature intellectuelle, l'acte de l'intellect précède logiquement tout acte de la volonté et, comme l'acte de la volonté, ou volition, est contingent, l'acte de l'intellect ou intellection est nécessaire ou naturel, par opposition. Non seulement il ne saurait être question d'identifier en Dieu l'intellect et la volonté (comme semble l'avoir voulu un Descartes), mais encore tout "volontarisme" est exclu de la connaissance que Dieu a de la nature divine.

Le fait que la théologie en soi est naturelle ou encore nécessaire, tout autant que son objet lui-même, soulève d'ailleurs une difficulté. En effet, l'essence est connue de l'intellect divin, mais elle est aimée aussi de la volonté divine, cela infiniment. Or, la volonté est libre en tant que telle, et son acte contingent. Comment donc la volonté divine peut-elle aimer librement un objet nécessaire, c'est-à-dire un objet qui est tel qu'il semble impossible à qui le connaît de ne pas l'aimer ? Cette difficulté n'effraie pas Duns Scot. Il y aurait contradiction à poser un acte qui, d'une part, serait libre et, d'autre part, nécessité par son objet comme par sa cause. Mais il n'y a pas de contradiction à poser un acte qui, d'une part, est libre et, d'autre part, ferme et constant. Loin de là, car la *firmitas* est une perfection d'un acte libre, et une perfection intrinsèque de cet acte. En d'autres termes, pourvu que la liberté soit posée d'abord, la *firmitas* ne fait pas d'un acte libre un acte nécessité, c'est-à-dire contraint. Elle fait de cet acte un acte plus libre ou plus parfait, de même que la *firmitas* d'un acte nécessité ferait de cet acte un acte davantage nécessité. A la question 16 du *Quodlibet*, le texte de Duns Scot (rétabli par William A. Frank dans une dissertation de 1982, à partir des manuscrits) dit ceci : « Je dis que la liberté dans la volonté est compatible avec la nécessité à vouloir (...). L'action portant sur la fin ultime est l'action la plus parfaite ; dans une semblable action, la fermeté en agissant [*firmitas in agendo* et non *libertas in agendo*] est une perfection ; donc, la nécessité dans cette action ne supprime pas mais pose davantage ce qui est une perfection, pourvu qu'il y ait la liberté » (*Olms* XII, 454). Et si l'on manque à comprendre ce point, il est recommandé de faire un rapprochement avec ce que Descartes appellera "le plus haut degré de la liberté" : je suis d'autant plus libre en agissant que j'ai davantage de raisons d'agir, dit ce philosophe. Etre libre d'agir ou de ne pas agir n'est pas la même chose qu'être libre en agissant. Or, il est clair qu'être libre en agissant vaut mieux qu'être libre d'agir ou pas (puisque l'acte est supérieur à la puissance), bien que l'acte second présuppose nécessairement l'acte premier.

En second lieu, la théologie en soi est une science, mais seulement pour ce qui, dans une science, constitue ou représente une perfection. Dans le Prologue de la *Lectura*, Duns Scot explique comme suit les conditions générales d'une science, en s'appuyant sur les *Seconds Analytiques* d'Aristote (I, c 2, 71b 8-16). « Une science est une connaissance certaine, portant sur des réalités nécessaires, qui est acquise par la cause, par l'évidence de l'objet ou par application de la cause à l'effet ». Si l'on se reporte au texte, l'on remarque que la définition scotiste est assez fidèle, à cette réserve près que le Philosophe ne dit mot de "l'évidence de l'objet", et ne dit pas non plus expressément qu'une science est une connaissance "certaine", car il oppose seulement la science vraie à une connaissance purement accidentelle, c'est-à-dire portant sur un accident et non pas sur l'essence de l'objet, à la manière de la pseudo-science des Sophistes. Il est clair aussi que, pour Aristote, la science est principalement syllogistique. Par suite, afin de pouvoir l'appliquer à la théologie en soi, Duns Scot fait subir au concept aristotélicien d'importantes modifications, grâce auxquelles il peut distinguer ce qu'il y a de perfection et ce qu'il y a d'imperfection dans une science. Il poursuit, en effet, en ces termes : « Mais le fait d'être acquise au moyen du raisonnement et de la déduction constitue pour une science une imperfection; qu'elle soit acquise causalement est aussi une imperfection, puisqu'elle dépend alors d'une connaissance antérieure. Donc, la théologie en soi est une science pour ce qui est des autres conditions, qui sont des perfections (être une connaissance certaine, être nécessaire, être la connaissance d'un objet évident par soi et non pas causée dans l'intellect par voie de cause efficiente) » (*P. Lect.*, 185-86). Il est clair que la théologie en nous ne peut satisfaire ces conditions, dont la principale est d'être la connaissance d'un "objet évident par soi", car cet objet évident par soi n'est autre que l'essence divine, telle qu'elle est présente à l'intellect divin, et infiniment béatifique. Nous n'avons pas, ni ne pouvons avoir dans cette vie la connaissance intuitive de cette essence. C'est pourquoi, bien qu'elle ait le même objet que la théologie en soi, notre théologie est imparfaite et déficiente. Le métaphysicien procède par le raisonnement et remonte *a posteriori* des effets à la cause, ou de la créature au Créateur, et ne peut rien faire de plus. De son côté, le croyant dispose de l'Ecriture mais, quelle que soit l'autorité de celle-ci, garantie par l'Eglise, les signes dont elle est composée ne peuvent pas suppléer la présence du signifié, ce qui est évident, et confirmé par la doctrine de la signification.

En troisième lieu, ce qui différencie la théologie en soi de la théologie en nous, c'est le mode selon lequel l'essence est connue. Car elle est connue de Dieu en tant qu'elle est "cette essence-ci, singulière" – ce qui est impossible pour nous. On le remarquera, ce n'est pas dans la transcendance divine que Duns Scot voit l'obstacle, c'est-à-dire dans le fait que, comme on l'entend dire aujourd'hui, Dieu est "tout autre", ou "le tout autre", par conséquent inconnaissable. Non, la difficulté réside proprement dans le fait que son essence est singulière de soi. Or, dire que cette essence est singulière de soi ne signifie pas qu'elle est particulière et différente de toute autre essence. Cela signifie plus profondément qu'il n'existe, ni ne peut exister aucun facteur qui la contracte de l'extérieur à la singularité. Pour peu que l'on y réfléchisse un instant, l'on voit qu'un tel facteur ne saurait exister, puisque Dieu "ne préexige rien" qui serait antérieur et extérieur à lui-même. Donc, son essence est singulière de soi.

Or il est très difficile, pour ne pas dire impossible à l'intellect humain de concevoir une essence qui est singulière de soi. Il y a ici une convergence remarquable entre la métaphysique de Duns Scot et sa conception de la théologie en soi. Au plan métaphysique, le docteur nie que l'intellect humain soit capable de connaître distinctement le singulier en tant que singulier, et ne lui accorde qu'une connaissance confuse ou indistincte du singulier en tant que tel. Il est donc conséquent avec lui-même quand il refuse à l'intellect humain une connaissance de l'essence divine en tant qu'elle est "cette essence-ci, singulière". On le remarquera, cette expression n'a évidemment pas un sens monstratif, en dépit de sa forme grammaticale. Elle correspond en réalité au *tode ti* aristotélicien, qui ne signifie pas une présence que l'on montre du doigt, mais seulement quelque chose – le singulier –, qui ne peut être nommé ou désigné autrement. Et, quoique l'on dise quelquefois que le singulier est "numériquement un" (par opposition à ce qui est un spécifiquement ou un génériquement), l'unité numérique n'épuise pas l'idée de singularité. Lorsque nous considérons les espèces créées, par exemple l'espèce humaine, nous parvenons sans mal à distinguer cette espèce elle-même des singuliers ou individus de cette espèce – la nature de l'homme d'un côté, de l'autre Jean ou Jacques. Cette nature est "réduite à la singularité" par un facteur qui la contracte (on l'appelle quelquefois "heccéité"). Mais comment concevoir une nature ou essence que rien ne peut contracter à la singularité ? Puisque c'est impossible, elle sera "singulière de soi". Or si l'on tente l'expérience de concevoir une nature singulière de soi, il faut bien constater que l'on n'y parvient pas, car l'on ne réussit pas à dépasser le concept de l'unité numérique de cette nature (Dieu est un), pour parvenir au concept de son unité singulière (Dieu est celui qu'il est). Il y a là une preuve expérimentale de la force que recèle la conception scotiste de la théologie en soi. L'on peut encore présenter les choses autrement. Une nature qui peut être contractée à la singularité ou réduite à la singularité ne peut évidemment pas être infinie (la nature humaine n'est pas infinie). Par conséquent, une nature non-contractée à la singularité sera nécessairement une nature infinie. Mais elle ne sera pas "celle-ci" parce qu'elle est infinie. Elle sera infinie parce qu'elle est "cette nature-ci". D'où l'on voit clairement que la conception de cette nature "sous la raison de l'infini" sera inférieure et imparfaite par rapport à la conception de cette nature comme étant "cette nature-ci".

A l'aide de cette remarque, l'on peut voir comment la théologie en soi, ou théologie divine, d'une part, la théologie en nous, d'autre part, s'articulent l'une à l'autre. Car l'infinité est le concept le plus élevé ou le plus parfait que nous pouvons avoir de la déité. « Dieu, dit Duns Scot, sera sujet dans notre théologie sous la raison que nous, nous concevons en premier de Dieu, qui est d'être un être infini (*quae est esse ens infinitum*) » (*P. Lect.*, 176). Pourquoi ce privilège accordé à l'infini, ou plutôt à l'infinité d'un être infini ? Il y a peut-être à cela des raisons qui tiennent à la psychologie humaine. En effet, l'homme ne trouve le repos de l'esprit dans rien de tout ce qui l'entoure, mais seulement dans l'idée d'une nature infinie, comme en témoigne l'expérience, quand la pensée humaine est laissée à sa liberté (ce qui est rarement le cas). Mais les raisons principales sont d'ordre métaphysique. D'une part, l'infinité permet de déduire d'autres caractères, par exemple la simplicité ou l'actualité, tandis que ces caractères ne permettent pas de conclure l'infinité. La simplicité, car une nature infinie n'est pas composée ; elle est donc simple. L'actualité, parce que l'infini intensif est nécessairement actuel (par opposition à l'infini potentiel). Ensuite, l'infinité et son contraire, la finité ou finitude, constituent par excellence des « modes intrinsèques » d'une nature. Par excellence dirons-nous, parce que "une nature est finie, donc créée ou non-nécessaire" se conçoit mieux que "une nature est créée ou non-nécessaire, donc finie". En effet, qu'une nature est finie est constatable, tandis qu'une nature est créée ne l'est pas.

La nature humaine est intrinsèquement finie, la nature divine intrinsèquement infinie. Ce qu'est un mode d'être intrinsèque a déjà été expliqué plus haut. Montrons maintenant le bénéfice qui se tire de cette idée. C'est que la distinction des modes, ou distinction modale, est ce qu'il y a de mieux compatible ou de moins incompatible avec l'univocité du concept de l'être – telle est du moins notre conviction en tant qu'interprète. Nous concevons toutes les substances, les qualités, et même les relations réelles sous une même raison, à savoir la raison de l'être, c'est-à-dire tout *habens quid*, tout ce qui a une quiddité. Par suite, Dieu lui-même est en quelque façon "compris sous la raison de l'être", du point de vue du métaphysicien, qui dirige sa pensée vers le *quid* divin. Mais la distinction modale prise au sens intrinsèque – un être de soi fini, un être de soi infini – empêche toute confusion entre Dieu et la créature. Et l'on chercherait en vain, nous semble-t-il, une autre distinction qui concilie de meilleure façon les deux exigences en présence, l'unité du concept de l'être d'un côté et, de l'autre, la différence infinie entre un être fini et un être infini. En effet, un mode extrinsèque (comme la couleur du rayon pris en exemple plus haut) ne change évidemment pas la nature de ce dont il est le mode, puisqu'il lui est extrinsèque. Mais un mode intrinsèque ne la change pas non plus, puisque c'est un mode. Qu'il soit fini ne fait pas de l'homme autre chose qu'un homme. Qu'il soit infini ne fait pas de Dieu autre chose que Dieu.

Le premier point est évident. Le second peut être prouvé. En effet, « l'infini ne détruit pas la raison formelle de ce à quoi il s'ajoute », dit Duns Scot. Il est clair, en effet, que, pour prendre cet exemple, qu'il soit infini ne fait pas d'un ensemble autre chose qu'un ensemble. Il fait seulement de cet ensemble un ensemble infini.

Quant à ceux des interprètes – ils sont nombreux – qui surestiment le rôle que le concept de l'être joue dans la pensée de Duns Scot, au point d'en faire le pivot du système (si système il y a), nous leur ferons simplement remarquer ceci, que dans la connaissance qu'il a de lui-même, Dieu ne se connaît pas comme un être, faute de quoi il faudrait voir en lui un métaphysicien professionnel. De même, il ne connaît pas Jean comme un être, mais comme Jean. Certes, la métaphysique est la première des sciences naturellement connues. Nous lui devons beaucoup, et pouvons en espérer davantage. Toutefois, cela ne va pas sans contrepartie négative. Parce qu'il est commun, l'être semble jeter un voile sur les choses qu'il recouvre sans exception. Mais ce que nous souhaiterions savoir, ce n'est pas que Dieu est un être, Jean est un être – car c'est trop évident. C'est plutôt de savoir comment Dieu est celui qu'il est, Jean celui qu'il est, et ce brin d'herbe celui qu'il est. Or la métaphysique n'y suffit pas. Cette science admirable est une ouverture et une fermeture en même temps.

La théologie en soi comme science de toutes choses

Les théologiens chrétiens sont unanimes à dire que Dieu est omniscient, ce qui signifie qu'il possède la science de toute chose et de tout événement. Mais un désaccord peut surgir aussitôt que l'on cherche à situer cette science par rapport à la théologie en soi. Faut-il dire qu'il y a en Dieu, outre la théologie en soi (c'est-à-dire la connaissance de l'essence divine), des sciences différentes, portant sur des objets différents, lesquelles subsisteraient en quelque sorte à côté de la première ? Et l'on remarquera que si cette question paraît étrange, c'est à cause de l'habitude que nous avons de limiter la théologie à la théologie en nous (puisqu'en nous la théologie ne se confond évidemment pas avec la géométrie). Au contraire, la question est tout à fait naturelle, et même inévitable, si l'on pose une théologie en soi. Posée la théologie en soi, si l'on refuse de la séparer des autres sciences que Dieu possède, comment va-t-on discerner l'objet de la première de ceux des autres sciences ? Pour parler brutalement, quelle sera la différence entre une ligne et l'essence divine au regard de l'intellect divin ? Tel est, en simplifiant, le sens de la dernière question de la seconde partie dans le Prologue de la *Lectura*. Comme on pouvait s'y attendre, Duns Scot refuse la première solution. Il lui faut donc faire face aux difficultés qu'entraîne le refus de cette solution, qui paraît plus facile et naturelle.

Que Dieu « possède de nombreuses sciences distinctes de la théologie », cette idée paraît inadmissible aux yeux de Duns Scot. Cela pour deux raisons, dont la première est explicite dans le Prologue, et l'autre plus implicite. La première est que cette proposition est en contradiction formelle avec le concept d'une science parfaite, exposé plus haut. L'on se rappelle en effet qu'une science parfaite n'est pas "causée" par son objet, ou encore n'est pas l'effet intellectuel de cet objet. La théologie en soi est une science parfaite, prise en ce sens, parce que l'essence divine ne cause pas dans l'intellect divin la connaissance qu'il a de cette essence. En réalité, la connaissance est ici identique à l'essence. Et la raison est simple. C'est que tout ce qui est en Dieu est Dieu, comme on le sait depuis Augustin au moins. Rien ne serait plus faux que de rapprocher sur ce point Duns Scot d'un Gilbert de la Porée, qui voulut introduire maladroitement une distinction, si petite soit-elle, entre Dieu et la déité. Si maintenant, à côté de la théologie en soi, l'on pose diverses sciences des choses, distinctes de cette théologie, alors le même risque se présente, comme précédemment. C'est que les objets de ces sciences – la ligne ou le triangle par exemple – seront cause de la connaissance que Dieu a de ces objets et de leurs propriétés. Or cela contredit formellement l'idée que l'intellect divin est « la mesure de toutes choses ». La proposition de départ est en réalité très curieuse. Elle suppose en effet que l'idée de la ligne ou celle du triangle préexisteraient en quelque sorte à la connaissance que Dieu en prend. Et l'on se demande alors d'où viennent ces idées, sachant que rien ne préexiste à Dieu. Pourtant, un augustinien tel que Henri de Gand tenait pour la proposition incriminée, sous une forme moins simpliste, il est vrai. Contenues dans l'essence divine et exhibées par cette essence (à laquelle, par conséquent, elles ne préexistent pas), les quiddités des choses feraient en quelque sorte connaître à Dieu leurs propriétés. Or, même sous cette forme, l'idée est jugée insoutenable par Duns Scot, car elle a pour conséquence d'« avilir » l'intellect divin, puisqu'il dépendrait, pour connaître, d'autre chose que lui et serait mû par cet objet.

La seconde raison de son refus, plus implicite et plutôt moins soulignée, est que, dans cette hypothèse, les sciences des quiddités autres que l'essence divine seraient dans le principe, sinon en fait, indépendantes de la théologie en soi. S'il est exact, en effet, que la géométrie, pour prendre cet exemple, constitue pour Dieu une science extérieure à la théologie divine, qu'est-ce qui empêchera la géométrie de se constituer en science indépendante ? Rien n'est plus important ici que de comprendre exactement la position de Duns Scot. Il ne nie évidemment pas que la géométrie puisse être une science indépendante, c'est-à-dire naturellement connue. Ce qu'il nie, c'est que l'homme pourrait savoir que le triangle a trois angles si le triangle n'avait été fait, et d'abord conçu par Dieu. S'il a d'abord été conçu par Dieu, ni le triangle, ni aucune de ses propriétés n'ont précédé en Dieu la connaissance que ce parfait géomètre a du triangle et de ses propriétés. Avec Duns Scot, nous avons à faire à un théologien conséquent. L'idée cartésienne d'un dieu "garant des vérités éternelles" (entendant par là les vérités scientifiques) l'aurait sans doute laissé sceptique s'il avait pu en prendre connaissance. Elle a, bien sûr, quelque ressemblance avec les "règles éternelles", dont a parlé Augustin. Mais cela ne suffit pas. Car l'on peut laisser tomber le "garant" et conserver les vérités géométriques. Par contre, il est impossible de conserver la créature en laissant tomber le créateur.

Quelle est donc la solution scotiste au problème présentement débattu? Elle consiste à poser dans la science divine des "instants de nature" différents, ou des "signes de nature" successifs. Des instants de nature sont ordonnés, parce que le premier est dit antérieur, le second postérieur, s'ils sont au nombre de deux au moins. Mais cet ordre n'est pas chronologique, puisque tout ici se passe dans l'éternité. C'est un ordre logique, tel que l'instant postérieur dépend de l'instant antérieur, et non pas inversement. « Au premier instant de nature, dit Duns Scot, l'intellect de Dieu voit son essence en tant que singulière (*ut "haec")*; au second instant, toutes les autres vérités sont connues en acte en vertu de l'essence divine » (*P. Lect.*, 182). Ce qu'il faut comprendre de la manière suivante : l'essence divine est "l'objet premier" de l'intellect de Dieu ; contenues dans cet objet premier, ou plutôt "exposées" dans celui-ci, les quiddités des choses créables sont appelées "objets seconds". Enfin, les vérités ou propriétés de ces quiddités, contenues dans ces quiddités elles-mêmes, sont connues à leur tour. Donc, la description complète comporte en réalité trois instants de nature : « Si, au premier signe de nature, son essence est connue d'abord par l'intellect de Dieu et, au second signe de nature, les quiddités contenant à l'état virtuellement connu les vérités qui leur sont propres, alors, au troisième signe de nature, ces vérités, contenues à l'état virtuel dans les quiddités, sont connues de lui » (*P. Ord.*, 255-57).

Cette description résout le problème, semble-t-il, puisqu'elle évite de poser en Dieu des sciences distinctes de la théologie, et permet d'affirmer que la connaissance que Dieu a de toutes choses, et non pas seulement de lui-même, est tout entière théologique. L'on peut néanmoins faire une objection concernant les objets seconds, soit la ligne par exemple. Il est clair, en effet, que l'objet premier ne meut en aucune façon l'intellect divin, c'est-à-dire n'agit pas sur lui de l'extérieur, pour les raisons indiquées plus haut, c'est-à-dire l'identité de l'acte et de l'objet. Mais qu'en est-il d'un objet second? Car la ligne n'est pas identique à l'essence, ni non plus à l'acte par lequel elle est connue. Et quand Duns Scot déclare que la ligne contient "à l'état virtuel", ou à l'état "virtuellement connu" les vérités qui s'y rapportent, il semble bien faire de la ligne quelque entité (non pas, évidemment, une entité subsistante par soi, à tout le moins une entité connue, c'est-à-dire n'ayant pas d'autre être que l'"être-connu"). Dès lors, comment est-il possible que la ligne n'agisse pas sur l'intellect divin, cela par une action qui lui est propre?

Cette objection provient en réalité d'une fausse imagination, car elle projette sur l'intellect du Permier une image tirée de l'intellect humain. L'intellect de l'homme est mû par son objet, c'est clair comme le jour. Dans le cas du Premier, au contraire, l'objet ne peut pas être moteur, pour la simple raison qu'il ne préexiste pas à la connaissance que le Premier en prend. On est loin ici d'une conception de type platonicien, avec ses Idées incréées, et tellement énigmatiques. Car le Premier scotiste est cause de ses idées, et cause totale de celles-ci.

Un doute peut subsister toutefois si l'on se demande – question pour ainsi dire fatale – où sont ces idées, ou encore ces quiddités, avant qu'elle ne soient connues du Premier. Si l'on répond qu'elles ne peuvent être ailleurs que dans l'essence, l'on peut encore demander comment elles y sont, et sous quelle forme. Il est clair qu'ici l'on ne peut guère faire mieux que de raisonner par rapport à l'esprit humain. Je puis avoir dans l'esprit l'idée de telle ou telle chose, laquelle aura nécessairement préexisté à la connaissance que j'en ai acquise. Dans ce cas, l'esprit qui possède cette idée est appelé mémoire, et mémoire proprement dite. Ensuite, l'idée peut se présenter à l'intelligence, soit parce qu'elle est suscitée volontairement, soit pour des raisons accidentelles. L'on peut dire alors que cette idée est « produite » ou « élicitée » par la mémoire dans l'intellect, ou encore « exprimée ». Il en va de même de Dieu, car l'on distingue en lui la mémoire, l'intelligence et la volonté. Par conséquent, l'on est en droit de parler ici d'une « production des idées divines ». Mais l'analogie avec l'esprit humain s'arrête là. Car, afin que l'analogie soit parfaite, il faudrait pour le moins supprimer la condition posée plus haut, à savoir la préexistence de l'objet dans la réalité extérieure, et libérer l'esprit humain de cette condition. Or elle ne peut pas être supprimée, ni l'esprit humain ne peut en être libéré. Tout au plus peut-on mettre cette condition entre parenthèses, comme lorsqu'un homme, rentrant en lui-même, s'avance pour y pénétrer profondément dans "le vaste palais de la mémoire", où, dit Augustin, il va "à la rencontre de [lui]-même". Cette dernière expression, si frappante, nous permet de comprendre comment, lorsqu'il se tourne vers la ligne dormant dans la mémoire, l'intellect de Dieu ne fait pas autre chose, sinon aller en quelque manière à la rencontre de son essence, par quoi toutes choses sont connues. C'est pourquoi il y aura dans la ligne, quand elle aura été créée, une trace (*vestigium*) de Dieu, pour s'exprimer comme Bonaventure.

LA RÉVÉLATION

La théologie naturelle (ou plutôt la théologie appelée naturelle par opposition à la théologie révélée) permet de parvenir à une certaine idée de Dieu, très imparfaite il est vrai, car ici Dieu est connu "sous des raisons communes aux choses sensibles et aux choses non-sensibles", en premier lieu sous la raison de l'être, laquelle accuse par conséquent son imperfection. En outre, cette théologie ne contient pas la vérité la plus importante pour l'homme, à savoir que Dieu est la fin de l'homme, et que cette fin sera réalisée dans la vision de Dieu face à face. Elle ne permet pas non plus de connaître les moyens en vue de cette fin. Il apparaît donc qu'une théologie révélée est indispensable à l'homme. C'est cette question, évidemment la première de toutes, du moins d'un point de vue humain, que Duns Scot examine dans la première partie du Prologue de la *Lectura* et dans la partie correspondante du Prologue de l'*Ordinatio*, quand il demande « s'il est nécessaire à l'homme viateur (*viatori*) qu'un enseignement lui soit révélé surnaturellement » (*P. Lect.*, 137 ; *P. Ord.*, 33). Ces textes, et notamment la partie où Duns Scot imagine et met en scène une "controverse entre les philosophes et les théologiens" sont très connus, et figurent parmi les plus fréquentés de tous ses écrits. C'est pourquoi nous ne reprendrons pas ici la batterie d'arguments que le docteur déploie en faveur de sa thèse.

Il est toutefois un point sur lequel il est utile de revenir. C'est l'idée d'un enseignement "surnaturellement révélé". En effet, certains interprètes ont vu dans cette idée, telle qu'elle est formulée, le point faible de la théologie scripturaire scotiste. Duns Scot ne dit-il pas ailleurs que, s'il y en nous quelque chose de surnaturel, c'est-à-dire si quelque chose de surnaturel a été mis en nous (comme la foi infuse, distincte de la foi acquise), nous ne pouvons pas en faire l'expérience (ce qui revient à dire, on le remarquera, que l'ordre du surnaturel échappe aux prises de la psychologie) ? Certes, nous savons, ou plutôt nous croyons que, comme son nom l'indique, cette foi a été "infusée" au moment du baptême. Mais c'est là un article de foi. Et si l'on accepte de suivre Duns Scot quand il dit que « par la foi infuse, je crois que j'ai la foi infuse », le même problème subsiste, puisque l'on est toujours dans le domaine de la foi, et non de l'expérience.

A partir de ces réflexions, ou bien pour d'autres raisons, d'aucuns ont vu dans l'idée d'un enseignement surnaturellement révélé une contradiction, et la raison en est que, selon eux, cette idée signifie que, lorsqu'il est instruit des vérités de la foi, l'homme connaîtrait surnaturellement. Cette erreur, qui peut paraître énorme à première vue, reçoit cependant un semblant de vraisemblance si l'on se rappelle que, peu avant Duns Scot, tel docteur de renom (Henri de Gand) enseignait encore, pour le dire en simplifiant sa pensée, qui est en réalité plus complexe, que pour tout acte intellectuel accompli par l'homme, une "illumination spéciale" est requise, sans laquelle aucune vérité sûre et certaine n'est possible pour lui, comme on l'a vu au chapitre premier. Mais ce rapprochement avec la théorie intellectuelle du Gantois est sans fondement, pour la raison que Duns Scot, ainsi que d'autres avant lui, nie explicitement qu'une illumination spéciale soit nécessaire dans la connaissance naturelle, et retient uniquement une "illumination générale" (laquelle, au demeurant, n'est pas moindre qu'une illumination spéciale, car c'est le contraire qui est vrai). Ce que Duns Scot prouve de la façon suivante : ce docteur, c'est-à-dire Henri, dit que sans une illumination spéciale nous ne pouvons connaître par les moyens naturels aucune vérité sûre et certaine. Or, « quiconque agit au moyen d'un instrument ne peut effectuer une action qui serait contraire à la nature de cet instrument. (...) Si donc, pour notre connaissance, Dieu se sert de la lumière de l'intellect agent comme d'un instrument, il ne peut effectuer, au moyen de celui-ci, une action qui excède la portée de cet instrument; donc, l'intellect agent de l'homme viateur ne pourra servir d'instrument pour la connaissance de la vérité (...) » (*P. Lect.*, 150).

L'erreur d'interprétation que nous avons en vue provient surtout de ceci, que ces interprètes semblent croire que Duns Scot aurait eu pour intention de montrer qu'un enseignement surnaturellement révélé est possible. Mais telle n'est pas son intention, car cet enseignement existe; il peut être compris de l'homme, comme nous le constatons (surtout pour ce qui est de la partie pratique ou morale). Or, si cet enseignement surnaturellement révélé existe, il n'y a rien de contradictoire dans l'idée d'un enseignement surnaturellement révélé. Il y aurait contradiction à poser qu'un intellect naturel ou créé connaît surnaturellement. Mais il n'est pas contradictoire de penser qu'il connaît naturellement, c'est-à-dire par ses forces naturelles, des choses qui lui sont communiquées par un agent surnaturel, c'est-à-dire qui sont telles que cet intellect n'aurait pu les découvrir par ses seules forces naturelles. Qui est cet agent surnaturel? C'est Dieu, inspirant les rédacteurs des textes sacrés. Et comment l'homme aurait-il pu apprendre que Dieu est trine, si cette vérité ne lui avait révélée? La preuve en est que les meilleurs philosophes ont su que Dieu est un, mais n'ont pu aller au-delà. Telle est, en substance, la doctrine constante de Duns Scot sur la nécessité d'un enseignement surnaturellement révélé.

Peut-être la difficulté à comprendre sa doctrine, pourtant claire, provient-elle du vocabulaire aristotélicien que le docteur utilise, parce que ce vocabulaire a été forgé pour rendre compte de la connaissance naturelle, et non pas pour expliquer la réception de l'Evangile, évidemment. Une connaissance, dit Duns Scot, peut être surnaturelle par l'agent qui la cause, et naturelle chez celui qui la reçoit. Prenons le cas de la géométrie. C'est une science naturelle, et acquise naturellement. Supposons maintenant que la science géométrique soit imprimée ou infusée par un agent surnaturel dans un intellect créé. Dans ce cas, cette science sera surnaturelle par sa cause, et sera néanmoins connue naturellement par le patient, c'est-à-dire le récepteur, puisque ce dernier, étant un homme, ne peut rien connaître surnaturellement. Toutefois, pour certains, cela n'est pas encore assez clair, car ils voient là un mixte obscur de surnaturel et de naturel. Il nous semble que la confusion n'est pas dans l'explication scotiste, mais plutôt dans l'esprit de ses contradicteurs. Parce que le docteur parle d'un agent et d'un patient, ils imaginent la transmission de l'Ecriture sur le modèle de la connaissance naturelle, par exemple celle d'une pierre. Ici, l'agent est la pierre, le patient l'intellect humain. L'un et l'autre concourent ensemble pour produire un effet commun, qui est la pierre en tant qu'elle est connue. Mais la transmission de l'Ecriture, ou plutôt celle de la Parole, est un cas tout à fait différent. En se faisant connaître, Dieu n'imprime pas une espèce de lui-même dans l'esprit de l'homme à la façon de la pierre. Il se fait connaître au moyen de signes. Il est clair en outre que, dans toute cette discussion, lorsque Duns Scot parle d'un "agent surnaturel", il n'a pas en vue un "agent miraculeux", c'est-à-dire agissant miraculeusement. Ce qu'il a en vue est un agent non-naturel. Ce qui le prouve bien, c'est que cet agent est appelé ailleurs *obiectum volontarie*, c'est-à-dire un objet qui se donne à connaître volontairement. Cela confirme l'idée que "surnaturel" signifie ici "non-naturel", puisqu'un objet naturel ne se donne pas à connaître volontairement, étant dépourvu de volonté. Pour conclure cette discussion, il faut souligner la différence entre la révélation "commune", d'un côté, qui est destinée à tous les hommes sans exception et transmise par l'Ecriture et, de l'autre, les révélations "spéciales" dont certains élus (par exemple Paul lors de son ravissement) ont reçu la faveur. Dans la révélation commune, ou de loi commune, Dieu agit surnaturellement parce qu'il n'est pas un agent naturel. Dans les révélations spéciales, il agit encore surnaturellement, et pour la même raison, mais aussi miraculeusement. Dans la première, il se fait connaître par des signes. Dans les secondes, par une vision.

La théologie comme science pratique

L'on oppose couramment science pratique et science spéculative. Celle-ci est appelée de ce nom parce que son but est le savoir pour le savoir. Ainsi, la métaphysique ou la géométrie sont des sciences spéculatives. Une science pratique a pour fin de guider l'action et, avant l'action, les choix qui président à l'action. Car l'acte pratique proprement dit est l'acte de la volonté, ou volition, c'est-à-dire l'acte intérieur d'élection, et non pas l'acte extérieur d'exécution. En effet, ce dernier n'est dit un acte pratique que parce qu'il suit, ou peut suivre du précédent. Cela revient à dire que l'acte extérieur d'exécution, pris séparément de la volition ou intention, n'a pas de valeur morale. Dans ces conditions, un acte pratique tend à se confondre avec un acte moral, c'est-à-dire un acte tel qu'il peut être en soi bon ou mauvais.

Au risque d'interrompre la continuité de l'exposé, il ne faut pas laisser passer l'occasion d'apporter ici quelques précisions, afin de ne pas laisser croire que la doctrine scotiste de l'acte pratique se réduit à une morale de l'intention, comme si seule comptait ici l'intention. Car, outre l'intention, c'est-à-dire l'acte intérieur, il y a aussi l'acte extérieur, c'est-à-dire l'acte exécuté. Or l'un et l'autre doivent être pris en compte pour juger de l'imputabilité de l'acte total. En termes actuels, l'imputabilité ajoute la responsabilité de l'auteur de cet acte, par laquelle celui-ci est jugé digne de blâme ou d'éloge, de punition ou récompense. Ce problème est traité dans le *Quodlibet*, à la question 18, qui demande « si l'acte extérieur ajoute quelque chose de bon ou quelque chose de mauvais à l'acte intérieur » (*Olms* XII, 474). « Un acte, dit Duns Scot, possède une valeur morale parce qu'il se conforme à une loi ou une norme comme il se doit. Il est imputable dans le mesure où il dépend du libre pouvoir de l'agent ». Après avoir distingué la valeur morale d'un acte, résultat de sa conformité à une norme, de l'imputabilité de cet acte, qui le rend digne d'éloge ou de blâme, Duns Scot déclare que l'imputabilité se prend en deux sens. « Ce qui est imputable au sens le plus propre du mot est ce qui est immédiatement au pouvoir de la volonté et, en ce sens, seul le vouloir est imputable, parce que lui seul est immédiatement au libre pouvoir de la volonté. En un autre sens, peut être dit imputable tout ce qui est de fait (*simpliciter*) au pouvoir de la volonté, mais non pas immédiatement » (*ibid.*, 482). L'acte imputable, pris au second sens, est celui que la volonté commande à une autre faculté d'exécuter ou de ne pas exécuter (par exemple, quand elle commande à la vue de regarder ou de ne pas regarder un objet). Mais la faculté en question peut être empêchée d'accomplir l'acte commandé. Ou bien d'autres facteurs contingents peuvent intervenir, qui entravent le libre pouvoir de la volonté. Ces facteurs sont contingents, parce qu'ils ne sont pas immédiatement au pouvoir de la volonté, dont l'acte est lui aussi contingent, mais en un sens différent, par opposition à “nécessaire”. Donc, de même que l'imputabilité se prend en deux sens, de même la contingence se prend en deux sens également. Prise au premier sens, est contingent un acte dont la cause est une puissance libre. Pris au second sens, qui est le plus courant, est contingent ce qui n'est pas directement sous le contrôle de la volonté. De ces deux contingences, laquelle joue le rôle le plus important dans l'imputabilité de l'acte? Duns Scot répond en ces termes: «Il suit de là que la contingence ou l'indifférence d'un acte imputable pris au premier sens est en quelque manière plus grande, puisque tout ce qui est requis ici, c'est la volonté, et que l'intellect montre ce qu'il faut faire de manière suffisamment claire (...). Mais un acte imputable au second sens nécessite une faculté différente, qui peut être empêchée d'agir par impuissance. La contingence de cet acte ne dépend pas uniquement de l'indifférence de la volonté [c'est-à-dire le libre arbitre], de la façon dont la contingence du premier acte en dépend. Comme donc la contingence de toute autre cause ou faculté est plus distante en agissant de la contingence pure que ne l'est la contingence de la volonté en causant, il s'ensuit que la contingence d'un acte imputable à la volonté, pris au premier sens, est sans réserves plus grande que celle d'un acte imputable pris au second sens. Dans la mesure cependant où un acte imputable au second sens dépend de plusieurs facteurs, et que l'un quelconque d'entre eux, ou l'absence de l'un d'entre eux, peut empêcher par accident que l'effet ne suive, l'on peut dire que cet effet est plus contingent ou, pour parler plus proprement, qu'il est contingent à plus d'un point de vue» (*ibid.*, 482). Tel est le schéma général de la doctrine. Il n'existe pas une seule contingence, mais deux, bien que la première prime dans l'imputabilité de l'acte. Et la raison en est que tout ce qui peut être fait porte à chaque fois sur des cas singuliers (*agibilia sunt circa singularia*). De plus, comme il est bien connu, la difficulté du jugement d'imputabilité, par lequel un acte est estimé digne d'éloge ou de blâme, porte le plus souvent sur les relations entre le second acte et le premier, qui sont souvent d'une extrême complexité.

Fermée cette parenthèse, la question qui se pose est de savoir si la théologie est une science spéculative ou pratique. Dans le Prologue de la *Lectura*, Duns Scot examine ce problème en se plaçant uniquement au point de vue de notre théologie, ou *theologia tradita*. Sa réponse est que cette théologie est pratique. Ses raisons, on va le voir, sont claires et facilement compréhensibles pour nous, qui sommes habitués à réduire la théologie à notre théologie. Or, comme on l'a appris plus haut, il existe aussi une théologie en soi, antérieure à la théologie en nous. Afin d'être conséquent, il faut donc chercher si la théologie en soi est une science pratique, comme la théologie en nous. C'est ce que fait Duns Scot dans la cinquième partie du Prologue de l'*Ordinatio*. Or, quand on considère la théologie en soi, ou théologie de Dieu, les choses deviennent beaucoup plus difficiles. Ici, en effet, il faut distinguer, avec les précautions et réserves que l'on a vues plus haut, d'une part la science théologique que Dieu a de lui-même, c'est-à-dire antérieurement à la création, d'autre part la science théologique qu'il a du créable et de la création. En termes techniques, la théologie en soi contient deux sortes de vérités différentes, premièrement "les vérités nécessaires", qui sont relatives à Dieu, lui-même un être nécessaire, deuxièmement "les vérités contingentes", relatives à la création, qui est elle-même contingente, c'est-à-dire provient d'un acte libre de la volonté divine. Que Dieu est trine, c'est une vérité nécessaire. Que le monde est créé, que le Verbe est incarné, ce sont là des vérités contingentes. Voyons tout d'abord ce qu'il en est de notre théologie, c'est-à-dire de nous.

Telle qu'elle est transmise ou communiquée aux hommes par les textes sacrés, la théologie est une science pratique. Sur ce point, Duns Scot est le reflet fidèle de la pensée franciscaine. Son apport personnel est double. Premièrement, d'avoir rétabli cette idée de la théologie en un temps où une conception spéculative de la théologie avait gagné du terrain. Pour fixer les idées, disons que, pour les tenants de cette conception, la fin de la théologie est la contemplation de Dieu et des substances séparées. Au contraire, pour Duns Scot et ceux qui l'ont précédé, la théologie transmise est pratique parce qu'elle vise essentiellement à fournir des normes pour les actes pratiques, entendant par là les choix de la volonté. Nous suivons ici le texte du Prologue de la *Lectura*, quatrième partie. Duns Scot constate un fait : « Quand il a reçu l'habitus de la théologie, l'intellect appréhende Dieu comme devant être aimé » (*P. Lect.*, 206). Il présente également cette idée sous une forme syllogistique. Reprenant la célèbre expression d'Anselme, Duns Scot raisonne comme suit : « "Dieu est tel que rien de plus grand ne peut être pensé" ; donc, il est par-dessus tout aimable (*summe deligibilis*) ; donc je dois l'aimer par-dessus tout » (*ibid.*, 209). Il observe enfin que si la théologie transmise par l'Ecriture était une science spéculative, elle devrait nous transmettre et communiquer bien plus de connaissances sur Dieu qu'elle ne le fait *de facto*. Or, l'on constate qu'« elle répète fréquemment les mêmes choses », cela « afin que ceux à qui elle est enseignée soient conduits plus efficacement à accomplir les actes qu'elle leur recommande », selon le texte parallèle du Prologue de l'*Ordinatio*, cinquième partie (*P. Ord.*, 407). En conséquence, « toute science qui ne communique pas, de ce qui est objet de spéculation, une connaissance plus détaillée que cela est nécessaire pour la pratique est une science pratique et non pas spéculative» (*P. Lect.*, 205; *P. Ord.*, 367). Il y a dans cette conclusion un équilibre subtil entre l'aspect spéculatif et l'aspect pratique de la science théologique. Celui-ci l'emporte certainement sur celui-là, quand Duns Scot déclare dans le Prologue de l'*Ordinatio* que la théologie «dans son entier est destinée à exposer la fin sous la raison sous laquelle elle est désirable, et les moyens qui sont en vue de cette fin sous la raison sous laquelle ils lui sont ordonnées, ainsi que toutes les choses sur lesquelles une volonté non-dirigée pourrait se tromper» (*P. Ord.*, 367). Le passage parallèle du Prologue de la *Lectura* fait entendre, il est vrai, une note un peu différente: «Toute connaissance portant sur la fin ultime et les moyens ordonnés à cette fin incite un homme favorablement disposé à aimer Dieu d'autant plus fortement qu'il sait davantage de choses de lui» (*P. Lect.*, 205-206). Toutefois, cette note remarquable (que l'on retrouve chez un Malebranche par exemple) ne change rien quant au fond, pas plus que l'accent mis sur les dispositions favorables, qui est lui aussi à noter. Car la conclusion de Duns Scot reste imperturbablement la même: «Il faut donc déclarer que la théologie est un habitus simplement et uniment pratique (*simpliciter practicus*)» (*P. Lect.*, 206).

Le problème, si problème il y a, provient sans doute de ce que, aujourd'hui, l'on a coutume d'entendre par "science pratique" une science appliquée, laquelle présuppose une science pure. Dès lors, le lecteur d'aujourd'hui peut avoir tendance à se représenter la consécution suivante: à l'essence divine succède une science spéculative de cette essence, à cette science spéculative une science pratique ou appliquée. Or ce n'est pas ainsi que Duns Scot se représente les choses, car la théologie comme science pratique n'est pas l'application d'une science pure. Ce qui la définit comme "pratique", ce n'est pas de succéder à une science spéculative, mais de précéder immédiatement l'acte pratique de la volonté, ainsi que Duns Scot le dit lui-même: «En effet, une connaissance pratique est une connaissance par nature antérieure à l'acte pratique, conformément à laquelle l'acte pratique doit être exprimé pour être droit» (*ibid.*) L'on peut enseigner la géométrie sans enseigner que le triangle est aimable, mais on ne peut pas enseigner la théologie sans enseigner que Dieu est aimable. Voilà, en forçant le trait, ce que le théologien veut dire par son concept de la théologie comme science pratique.

Dans le contexte qui est le sien, le second mérite de Duns Scot, après l'avoir clarifiée, est d'avoir défendu cette conception de la *theologia tradita* contre les objections qui se tirent d'une vision spéculative de la théologie. La première objection vient de la lecture que certains font de l'Ecriture (un Godefroid de Fontaines, par exemple). Selon eux, les textes sacrés sont un mixte où se mélangent, d'une part, des enseignements pratiques (les commandements par exemple), des révélations sur Dieu, de l'autre. Par suite, à la *theologia tradita* correspondent des habitus spéculatifs et des habitus pratiques distincts, quoique mélangés. A la lumière de ce qui précède, il est assez facile de repousser cette première objection, puisque tous les habitus sont contenus à l'état virtuellement connu dans un seul et même objet, à savoir l'essence divine. Et l'on ne peut pas dire à proprement parler que ces habitus sont contenus dans l'Ecriture en tant que telle. Donc, les conclusions que l'on peut tirer de la composition des textes sacrés ne suffisent pas à remettre en cause l'unité de la théologie.

La seconde objection, plus intéressante, s'appuie sur Aristote, lequel affirme qu'« une science spéculative est plus noble qu'une science pratique, quelle qu'elle soit» (*P. Ord.*, 295). La raison en est que cette science est recherchée pour elle-même, tandis qu'une science pratique est recherchée pour autre chose qu'elle-même. Et l'objecteur de conclure que la théologie, qui est la plus noble des sciences, n'est pas une science pratique. En réponse, Duns Scot fait observer que la science spéculative que le Philosophe a en vue est la métaphysique, qu'il appelle "sagesse". De plus, comme le montre le livre X de l'*Ethique*, les opérations spéculatives de l'intellect appliquées aux réalités immuables ne peuvent s'étendre à la pratique, car la seule chose qui en résulte pour la volonté, c'est le plaisir associé à la contemplation. Il y a donc ici une opposition, que Duns Scot ne songe pas à minimiser. La sagesse spéculative d'Aristote n'est pas la même chose que la théologie comme science pratique, ou plutôt "extensible" à l'acte pratique, qui est l'acte de la volonté. Si, poursuit Duns Scot, le Philosophe avait su qu'il existe des actes pratiques, tels que les théologiens les conçoivent, il n'aurait pas affirmé qu'une science spéculative est plus noble qu'une science pratique. S'il ne l'a pas su, c'est parce qu'il a sous-estimé la noblesse de la volonté, quand il a cru que la motion de la volonté est "simple et naturelle", alors qu'elle est libre. L'hypothèse est évidemment gratuite, car on ne peut pas savoir ce qu'Aristote aurait pensé de la théologie pratique selon Duns Scot. Toutefois, elle fait bien ressortir la différence entre deux conceptions différentes de la sagesse. Pour le premier, la sagesse est la métaphysique, science spéculative qui s'accomplit dans la contemplation intellectuelle. Pour le second, la sagesse est la théologie, science pratique qui débouche directement sur les actes de la volonté, étant bien entendu que les règles pratiques ne viennent pas de nulle part, mais sont contenues dans l'objet théologique et, par suite, dans la connaissance que nous avons de cet objet. Pour qualifier cet objet, Duns Scot forge une expression adroitement calculée. Dieu, dit-il, est un *cognoscibile operabile*. Il ne peut être l'objet d'une opération – sous-entendu de la volonté ou de l'amour – s'il n'est pas d'abord connu, mais la connaissance de Dieu n'est pas une fin en soi. La théologie en nous n'est donc pas spéculative. Elle a pour fin les actes pratiques, et par conséquent notre théologie est une science pratique.

VÉRITÉS NÉCESSAIRES ET VÉRITÉS CONTINGENTES DANS LA THÉOLOGIE EN SOI

Comme on l'a vu plus haut, il faut distinguer dans la théologie en soi ou théologie divine, d'une part les vérités nécessaires, qui concernent l'essence et, d'autre part, les vérités contingentes, qui portent sur les actions *ad extra*. Les premières sont dites nécessaires parce que leur objet est lui-même nécessaire et nécessaire de soi, puisque Dieu est de soi ou par soi. Rappelons-le, quand il se dit d'un être, "nécessaire" ne signifie pas "ce qui ne peut pas être différent de ce qu'il est", ou encore "ce qui ne peut pas ne pas être". Ce terme signifie proprement "ce qui n'a pas de cause" ou "ce qui est sans cause". Par opposition, tout ce qui a une cause peut être dit contingent. "Contingent" ne signifie pas "ce qui peut être différent de ce qu'il est", ou encore "ce qui peut ne pas être". Ce terme signifie plutôt quelque chose qui est mais de manière non-nécessaire, ou non par soi. Le sens du mot latin *contingens* (qui n'est pas reçu en latin classique, où l'on a seulement l'adverbe *contingenter*) est proche du verbe impersonnel *contingit*, qui veut dire "il arrive, il échoit à quelqu'un" et, avec un infinitif, "il échoit à quelqu'un, il arrive à quelqu'un, il est donné à quelqu'un de faire ou recevoir telle ou telle chose". L'on comprend par là comment il peut exister des "vérités contingentes". Ce ne sont pas des vérités qui pourraient être différentes, mais des vérités dont l'objet est contingent en soi, parce qu'il lui échoit, ou lui est donné d'exister. Par exemple, "que je suis" est une vérité contingente, ce qui n'empêche pas qu'elle soit certaine. C'est même "la première vérité contingente", selon Duns Scot. Je suis, mais il est clair comme le jour que la cause de mon existence n'est pas en moi-même.

La théologie des vérités contingentes est-elle pratique? Pour comprendre cette question, il faut se rappeler, d'une part, que la cause propre de la création est la volonté divine et que, d'autre part, le créable précède la création. La question revient donc à se demander si la volonté divine dépend de la connaissance que l'intellect divin a du créable, afin que sa volition soit droite. La réponse de Duns Scot est évidemment négative : « Envers les objets seconds, qu'elle veut de façon contingente, [la volonté divine] est déterminée par elle seule, et non pas par une connaissance de la rectitude de sa volition, antérieure à celle-ci » (*P. Ord.*, 397). Faut-il penser que l'acte par lequel la volonté divine veut *a* précède la connaissance que Dieu a de cet acte de sa volonté ? En un sens oui, en un autre sens non. « Bien que l'intellect divin ne sache pas que "*a* sera créé" avant que sa volonté veuille qu'il le soit, néanmoins Dieu sait que "*a* sera créé" avant qu'il ne le crée (...) » (*ibid.*, 395). Il n'y a ici ni contradiction, ni mitigation. Dans la première partie de la proposition, la volonté et l'intellect sont distingués en fonction de leurs actes, qui sont formellement différents. Dans la seconde partie, les deux puissances sont identiques à l'essence, qui est une.

CHAPITRE V

THÉORIE DU CRÉABLE

POSITION DU PROBLÈME

Pour commencer, il faut expliquer pourquoi le créable, en latin *creabile*, peut être un problème en lui-même et, par conséquent, faire l'objet d'une question particulière. En effet, il n'est pas évident de s'interroger sur la nature du créable en soi, car le créable est ce qui peut être créé ou ne pas être créé. Par suite, il n'existe pas ou pas encore. Il est pourtant quelque chose, puisque la création, c'est-à-dire ce qui aura été créé, est nécessairement créable avant d'être créée. En d'autres termes, avant d'être une réalité, la création est une possibilité. Dans le cas contraire, en effet, la création serait de soi, ce qui est contraire à la notion même de création, puisque ce qui est créé n'est pas de soi ou par soi, mais existe après n'avoir pas existé, passant ainsi du non-être à l'être. En outre, si, avant d'être une réalité, la création n'était pas une possibilité, elle serait nécessaire et donc ne pourrait pas ne pas être, ce qui contredit encore la notion de la création, puisque la création est le résultat d'un acte libre et volontaire de la part du Créateur – chose qu'il serait possible de prouver, mais que l'on peut considérer comme acquise. Enfin, il est impossible à l'homme de se faire une idée, même approximative, de la création divine, si ce n'est à partir des créations humaines, étant admis, comme le veut Duns Scot, que l'homme est lui-même capable de créér au sens propre du mot (mais non point *de nihilo*), par exemple lorsqu'il fabrique des *artificialia*, qui sont des produits de l'art humain. Or les créations humaines sont rationnelles, c'est-à-dire conformes à un modèle préexistant dans l'esprit de l'*artifex*. Il est donc nécessaire que la création divine soit elle-même rationnelle, puisqu'une perfection telle que la rationalité ne peut être présente dans une créature si elle n'est pas dans le Créateur, cela *eminenter*, c'est-à-dire de façon éminente ou précellente. Pour les raisons qui viennent d'être évoquées, le créable est donc distinct de la création (non point comme une chose est distincte d'une autre, c'est évident), et précède la création (logiquement et non pas chronologiquement, c'est évident également), bien que le créable ne puisse être connu si ce n'est à partir de la création, puisque notre métaphysique est inductive et non pas déductive, et remonte des effets à la cause, à défaut de pouvoir descendre de la cause aux effets.

Tout ce qui vient d'être dit est résumé par Duns Scot en une seule proposition : la création est *de nihilo*, mais non pas *de nihilo simpliciter*. Le monde est créé de rien, c'est-à-dire non de quelque chose ou à partir de quelque chose, mais il n'est pas créé de rien absolument, puisqu'il est précédé par le créable, qui, lui-même, n'est précédé par rien, si ce n'est par Dieu ou le Créateur. C'est ici que, cherchant à concevoir le créable, Duns Scot rencontre Augustin, car ce saint a décrit le créable comme de certaines idées ou raisons des choses présentes dans l'intelligence divine, selon lesquelles les créatures peuvent être formées hors de cette intelligence.

En effet, à la 46 ème des 83 *Questions diverses*, Augustin déclare ceci : « Les idées sont certaines formes principales, ou raisons des choses, stables et immuables, qui, n'étant pas elles-mêmes formées, sont éternelles, demeurent toujours dans le même état et sont contenues dans l'intelligence divine » (*BA*. X, 124). A la distinction 35 du livre I de l'*Ordinatio*, Duns Scot expose cette conception d'Augustin dans les termes suivants : « L'idée est, dans la pensée divine, une raison éternelle, selon laquelle quelque chose peut être formé, hors de cette pensée, selon sa raison propre » (*Vat.* VI, 260). Cette exposition est tout à fait conforme à la conception d'Augustin. Mais aussitôt après Duns Scot introduit une modification : *lapis intellectus potest dici idea*. C'est-à-dire, l'on peut appeler “idée” la pierre conçue – *lapis intellectus* étant ici le symbole du créable, et *lapis* le symbole du créé. Cette substitution paraît d'abord uniquement verbale, mais il n'en est rien car, allant plus loin, Duns Scot remplace l'*idea lapidis* par la *productio lapidis in esse intelligibili* ou encore *in esse cognito*, c'est-à-dire la production de la pierre dans l'être intelligible ou être connu. D'où une première question : quelle est la raison de ce changement ?

Si, au sujet des idées divines, l'on compare ensuite Duns Scot à Duns Scot, et non plus Augustin, l'on trouve dans le *Traité du premier principe* une déclaration à première vue déroutante. S'adressant à Dieu, l'auteur du *Traité* déclare en effet : « On dit beaucoup de choses sur les idées ; si on n'en avait jamais rien dit, et même si les idées n'avaient jamais été nommées, on n'en saurait pas moins au sujet de ta perfection. Ce qui est bien établi, car ton essence est la parfaite raison de connaître tout connaissable sous toute raison de connaissable; l'appelle "idée" qui veut; ici je n'entends pas m'attarder à ce mot grec et platonicien » (*PP*, 108). Ainsi, dans l'*Ordinatio*, Duns Scot admet que des idées divines sont nécessaires, mais dans le *Traité du premier principe*, il les juge superflues.

Guillaume d'Alnwick, de l'Ordre des Mineurs comme son maître, fut le secrétaire personnel de Duns Scot. Il avait une connaissance de première main de l'œuvre du docteur dans sa totalité inachevée, comme le montrent les *Questiones disputatae de esse intelligibili et de Quodlibet* qu'il a laissées. Comparant les mêmes textes que nous, Guillaume arrive à la conclusion que Duns Scot se serait contredit : *Unde Johannes Duns ... dicit expresse opposita* (Firenze-Quaracchi, 1937, p. 137). Dans l'*Ordinatio*, Duns Scot pose une "production de la pierre dans l'être intelligible". Dans le *Traité*, il affirme que l'essence est raison parfaite, donc cause suffisante, de connaître tout le connaissable, sans les idées. En outre, Alnwick n'est pas satisfait par le concept de la *productio lapidis in esse intelligibili.* La raison est la suivante, en résumé : ou bien cette production a un terme réel et, dans ce cas, c'est une création. Par conséquent, l'on n'est pas loin de la doctrine condamnée de la création des idées divines. Ou bien cette production n'a pas de terme réel. Dans ce cas, l'idée n'a aucun être propre et distinct de l'essence divine. Alnwick conclut par conséquent : *esse intelligibile conveniens creaturae ab aeterno non est productum ab intellectu divino* (*ibid.*, p. 136). De là deux autres questions : Duns Scot se serait-il contredit ? Que signifie exactement cette *productio lapidis in esse intelligibili*, que l'on peut appeler "production intellectuelle de la pierre" ? Nous nous proposons de montrer

1) Qu'en posant une production intellectuelle de la pierre, Duns Scot obéit à une nécessité de la théologie trinitaire.

2) Qu'il y a effectivement deux descriptions, l'une avec les idées, l'autre sans les idées. Mais ces deux descriptions ne se contredisent pas, parce que la première relève de la théologie trinitaire, la seconde de la théologie unitaire, qui ne sont pas contradictoires entre elles.

Pour expliquer la pensée de son auteur, le commentateur est donc obligé de se risquer sur le terrain de la théologie trinitaire, bien que cette dernière n'entre pas dans son domaine de compétence en tant que philosophe.

LES RELATIONS D'ORIGINE ET LES ŒUVRES EXTÉRIEURES

Les raisons pour lesquelles Duns Scot semble n'être pas satisfait de la théorie augustinienne des idées divines (sinon, il ne songerait pas à la modifier) sont les suivantes, du moins à première vue : ces idées, qui sont en

Dieu, et ne sont pas formées, seraient co-éternelles à Dieu. Elles coexisteraient donc avec lui dans l'éternité, ce qui est difficile à concevoir. De plus, les dites idées paraissent comme un moyen ou un intermédiaire dont le créateur aurait besoin pour concevoir le créable. Dans un passage qui n'est pas dirigé contre Augustin, mais pourrait l'être, Duns Scot écrit ceci : « Cela semble vilifier l'intellect divin, parce qu'il sera passif par rapport à ces objets, autres que l'essence divine, qui sont connus au moyen de ces raisons [c'est-à-dire les idées] » (*Vat.* VI, 250). Cette crainte s'accroît quand on lit chez Augustin : « Si grande est la force qui est dans les idées que, à moins de les avoir intelligées, personne ne peut être sage » (*ibid.*, 259; *BA*. X, 122), ce qui, pris à la lettre, reviendrait à faire de Dieu un sage philosophe. Néanmoins, cela n'inquiète pas Duns Scot, pour peu, dit-il, que l'on pose que ce qui est appelé "idée" est en réalité l'objet connu lui-même en tant qu'il est connu. C'est pourquoi, *non oportet laborare circa relationes aliquas formaliter ..., quae relationes dicantur ideae*. En d'autres termes, il n'est pas nécessaire de se donner de la peine au sujet de ces relations appelées idées, à condition – c'est sous-entendu –, de disposer d'une explication qui évite les difficultés ci-dessus mentionnées.

Mais la raison pour laquelle Duns Scot pose une production intellectuelle de la pierre est une raison plus profonde. C'est que cette production ne peut intervenir que dans le second instant de nature, et pas avant. Rappelons qu'un instant de nature, ou signe de nature (*instans naturae*, *signum naturae*) est un instant logique. De même qu'un instant chronologique postérieur succède à un instant chronologique antérieur, de même un instant logique postérieur succède à un instant logique antérieur. Ainsi, l'instant logique retient de l'instant chronologique l'ordre du postérieur à l'antérieur et cet ordre seulement, en omettant le temps. Or, lorsque le théologien analyse ce qui se passe dans l'éternité, il a besoin de ces instants logiques, contrairement à ce que dit Guillaume d'Occam, qui crut pouvoir s'en passer.

Il y a aussi une seconde raison. Au premier instant de nature ont lieu les "relations d'origine", par lesquelles, selon un processus nécessaire, la seconde personne est engendrée par la première, et la troisième inspirée par la première et la seconde, l'une et l'autre agissant comme un seul et unique principe (sur ce point, Duns Scot suit Augustin, et non pas Richard de Saint-Victor, qui, dans son traité sur *La Trinité*, semble poser deux principes distincts). Ce processus d'origination est "univoque", parce que les Personnes sont de même nature. Au contraire, le processus par lequel la pierre est conçue est "équivoque", c'est évident. Rappelons que les "univoques" sont les "synonymes" aristotéliciens, c'est-à-dire des choses qui ont à la fois « communauté de nom et identité de notion » (l'homme et le bœuf sont des synonymes parce qu'ils sont l'un et l'autre des animaux), tandis que les "équivoques" sont les "homonymes", c'est-à-dire des choses qui n'ont en commun que le nom (l'homme et l'homme en peinture).

En outre, les deux processus ne peuvent pas se situer dans le même instant. Supposons le contraire. Au premier instant, l'amour est inspiré, cela nécessairement. Par suite, l'essence est nécessairement aimée (d'un amour qui est libre cependant, mais c'est là un point qui ne concerne pas le présent propos). Or, si le second instant est identique au premier, alors la pierre sera aimée nécessairement, donc au même titre que l'essence divine, ce qui est impossible. En conclusion de ce premier point, il est clair que s'il doit y avoir une différence entre le premier instant et le deuxième, il faut que la pierre soit intellectuellement "produite", ce qui veut dire qu'elle succède à l'essence divine, laquelle n'est pas produite, en aucun sens de ce mot. Donc, être produite signifie primordialement pour la pierre qu'elle est postérieure. C'est ce que Duns Scot exprime en disant que l'essence est objet premier, la pierre objet second. L'on pourrait objecter que cette production intellectuelle de la pierre introduit une *novitas* dans l'intellect divin. Mais ce n'est pas le cas, car cette production est *ab aeterno*. Donc, il y a novité pour la pierre conçue, mais non pas pour l'intellect qui la conçoit.

Première description du créable, en théologie trinitaire, avec les idées

La première description de la production intellectuelle de la pierre s'insère parfaitement dans la théologie trinitaire. Au second instant, les Personnes sont déjà constituées ; elles sont là. Mais les relations d'origine se réinscrivent nécessairement dans le second instant. *Assignantur*, dit Duns Scot. Cela signifie qu'un processus similaire à celui de l'origination des Personnes se produit au second instant, mais cette fois le processus a pour résultat la production intellectuelle de la pierre par les Personnes déjà constituées. Chacune des trois a en partage les propriétés essentielles ou non-personnelles, mémoire, intelligence et volonté ou amour (conformément à l'analyse augustinienne – *mens*, *notitia*, *amor*). S'ajoutent maintenant les propriétés notionnelles ou personnelles : la mémoire est appropriée, c'est-à-dire rendue propre ou personnelle au Père, l'intelligence au Verbe, la volonté ou l'amour à l'Esprit Saint. Or la création est l'œuvre commune de la Trinité. Il faut donc que la production intellectuelle de la pierre, précédant la création, soit aussi l'œuvre commune de la Trinité, et que les trois Personnes, bien qu'elles aient en partage les propriétés essentielles ou de l'essence, agissent selon leurs propriétés notionnelles ou personnelles respectives. En tant qu'elle est chez le Père ou dans la mémoire, la pierre n'est pas formellement intelligée, puisque rien n'est intelligé si ce n'est par un acte d'intellection, ce qui suppose l'intelligence ou le Verbe déjà constitué. Dans la mémoire, la pierre n'a aucun être, ni d'existence extra-mentale, ni d'essence, c'est évident, ni d'objet, dit le docteur. C'est seulement par le Verbe, ou l'intelligence, qu'elle reçoit un être d'objet, c'est-à-dire devient un objet intelligible ou plutôt, comme il est préférable de dire, un objet intellectuel.

Mais comment la pierre est-elle contenue dans la mémoire, demandera-t-on sans doute ? Elle y est contenue, dit Duns Scot, *virtualiter*, c'est-à-dire comme un effet dans sa cause (*virtualiter* et non pas *potentialiter*, car le premier terme contient l'idée d'une fécondité générative, qui n'est pas dans le second). Par conséquent, le Verbe, à qui il revient de produire intellectuellement la pierre, est actif à cet égard. En un premier sens, il reçoit tout de la mémoire, puisqu'il est second par rapport à celle-ci. En un autre sens, il produit tout ce qu'il reçoit, c'est-à-dire produit tout dans l'être intelligible ou l'être connu, et c'est là son acte propre. En ce sens, le Verbe est *generans*. La différence entre le Père et le Fils est que le Père est *ingenitus et generans*, tandis que le Fils est *genitus et generans*. D'ailleurs, dans un passage que Duns Scot ne cite pas, mais qu'il pourrait citer, Augustin dit quelque chose de semblable : *Verbum declarat se et declarat omnia* (de même, dans le langage humain, « le nom se signifie lui-même avec les autres choses qu'il signifie » – *Du maître* VI ; *BA*. X, 59). Si le Verbe déclare tout ou manifeste tout, en même temps qu'il se déclare ou manifeste lui-même, c'est bien qu'il fait quelque chose. Mais la fécondité du Fils est limitée, car la production intellectuelle de la pierre n'est pas production d'un *esse simpliciter*, c'est-à-dire un être absolu ou indépendant, mais seulement production d'un *esse cognitum*, c'est-à-dire un être-connu. Ainsi, Duns Scot pense avoir démontré quelque chose qui lui tenait à cœur manifestement. C'est, dirons-nous, que le Verbe ou le Fils n'est pas seulement le reflet du Père. Il est lui aussi producteur, quoique en un sens limité. Sur ce point, Duns Scot s'écarte de l'enseignement de son maître principal, Guillaume de Ware, selon lequel le Verbe, entièrement engendré, n'est en rien engendrant (sous prétexte que la fécondité de l'essence est entièrement épuisée par l'engendrement du Verbe). Mais le Verbe n'est engendrant qu'en un sens restreint, c'est-à-dire en tant qu'il produit la pierre à l'être intelligible. Il faudrait une plus longue recherche, de nature historique, pour savoir si, sur ce point, Duns Scot est novateur en dogmatique.

Puisque Duns Scot utilise lui-même la métaphore de l'*artifex*, l'on est en droit d'illustrer son idée par l'exemple d'un peintre. Supposons un peintre qui se propose de peindre un bouquet de fleurs qui n'existe d'abord que dans son imagination. Au premier instant, ce bouquet est contenu dans l'imagination de l'artiste virtuellement, ce qui veut dire que, grâce à son imagination, le peintre a la capacité de peindre le bouquet. Au second instant, le peintre fait le tableau, et le tableau rend visible le bouquet de fleurs imaginaire, qui était invisible auparavant. Donc, le tableau fait quelque chose. Ce n'est pas le tableau lui-même qui imagine le bouquet, mais il fait que le bouquet, qui était invisible, est maintenant visible. Remarquons au passage que ce modèle d'explication est strictement aristotélicien. En effet, Aristote explique très bien que la cause finale de l'architecte n'est pas identique à la cause finale de la maison, car la cause finale de l'architecte est la construction de la maison, tandis que la cause finale de la maison est l'habitation. Donc, la cause finale du peintre, c'est le tableau qui représentera le bouquet, mais la cause finale du tableau, c'est la représentation du bouquet. Et ces deux causes, ou fins, ne sont pas identiques, c'est évident.

En conclusion de ce point, nous dirons que la théorie scotiste de la production intellectuelle de la pierre répond à une seconde nécessité de la théologie trinitaire, venant après celle déjà examinée. Cette nécessité est d'attribuer au Verbe un activité propre, quoique subordonnée, dans la conception du créable. De même que, pour l'esthéticien, il est nécessaire de reconnaître à l'image un acte propre, qui est de rendre visible le bouquet, de même il est nécessaire pour le théologien de reconnaître et attribuer au Verbe une activité propre ou générativité particulière, qui est de rendre la pierre intelligible ou plutôt intelligée.

La critique s'est exercée très tôt contre l'*esse cognitum lapidis*, comme on le voit déjà chez Guillaume d'Alnwick, et il n'est pas exagéré de dire que cet *esse cognitum* a été depuis toujours une pomme de discorde chez les scotistes. La raison en est que cet *esse cognitum* apparaît comme un être, ce qui suscite une difficulté. La ligne de défense de Duns Scot, conscient de la difficulté, consiste à montrer que l'*esse cognitum* n'est pas un *esse simpliciter*, c'est-à-dire un être autonome, mais un *esse secundum quid*, c'est-à-dire un être relatif et dépendant.

Le docteur prend l'exemple d'une statue représentant César. César a l'être diminué dans la statue (*habet esse diminutum in statua*). A sa mort, il conserve cet *esse diminutum* dans la statue qui le représente. Donc, l'*esse diminutum* est un être dans la statue ou selon la statue. C'est un *esse secundum quid.* L'on voit clairement que cet *esse diminutum* est un être relatif et dépendant. En effet, si la statue est détruite, l'image est détruite, ce qui prouve bien que l'image n'a pas d'existence autonome en dehors de la statue, bien qu'elle ne soit pas identique à celle-ci. De même, la pierre intelligée n'a pas d'existence autonome en dehors de l'intellect ou de l'intellection de la pierre, bien qu'elle ne soit pas identique à l'intellect ou à l'intellection. Si elle n'a pas d'existence autonome en dehors de l'intellection, la distinction entre la pierre intelligée et l'intellection de la pierre n'est pas une distinction réelle mais, dit Duns Scot, une distinction formelle. Il va même jusqu'à affirmer, ce qui paraît excessif, que la pierre intelligée est "réductible" à l'intellection de la pierre. Quoi qu'il en soit, Duns Scot pense avoir démontré que *lapis intellectus* n'a pas un être autonome ou *esse simpliciter*, mais seulement ce genre d'être qu'une chose a dans une intelligence, et cela est suffisant pour que *lapis intellectus* ne soit pas une créature. C'est clair par analogie. Si un homme pense à César, il ne crée pas César. Si Dieu, qui créera César, le pense, il ne le crée pas du simple fait qu'il le pense car, afin que César soit, il faut que Dieu le veuille.

Peut-être peut-on toutefois apporter une clarification par la philologie. En effet, lorsqu'en français d'aujourd'hui l'on dit, par exemple, "César est représenté dans la statue", le mot "est" n'est pas le verbe être mais l'auxiliaire être, et l'expression "est représenté" est grammaticalement un accompli ou un parfait. C'est une forme aspectuelle et non pas temporelle, bien qu'elle emprunte une forme temporelle (soit le présent passif dans l'exemple qui précède, soit le passé composé dans l'exemple suivant: "César a mangé"). Or, il en va déjà de même en latin médiéval, du moins à certains égards. En effet, en latin classique, *Caesar repraesentatus est* signifie "César a été représenté". C'est un passé composé passif. Mais dans le latin qui est celui de Duns Scot, *Caesar repraesentatus est* signifie "César est représenté". C'est un parfait. Selon la conception commune, le parfait signifie le résultat présent d'une action passée (selon certains, l'action passée n'est pas signifiée du tout en tant que passée, mais seulement l'état présent de l'objet de cette action). Le parfait grammatical correspond à la catégorie aristotélicienne de l'état (*hexis*), par exemple "*x* est chaussé, *x* est armé". A la différence du grec, le latin classique ne connaît pas l'accompli (sinon, peut-être, sous des formes inchoatives et substitutives). La forme aspectuelle de l'accompli s'introduit en latin médiéval, et se construit à partir de la forme temporelle. Que signifie cette forme dans le cas qui nous occupe? Elle signifie que la représentation de César est achevée, et n'est donc plus en cours. Donc, le fait que César soit représenté ne confère pas à César un certain être, qui serait l'"être-représenté". Pourtant, Duns Scot semble faire l'inférence suivante : *Caesar repraesentatus est in statua, ergo habet esse repraesentatum*. Ainsi dans le texte suivant : « Exemple : si César était annihilé, et qu'il existât néanmoins une statue de César, César serait représenté par cette statue. Cet "être représenté" est d'une nature différente de tout être simple (soit d'essence, soit d'existence) » (*Vat.* VI, 288). Si le docteur fait effectivement cette inférence (le fait que l'expression est mise entre guillemets dans le texte semble indiquer un doute, une perplexité concernant le statut de cet "être représenté" ; il dit d'ailleurs lui-même qu'il y a peut-être là une *calumnia*, c'est-à-dire une tromperie (*ibid.*, 289), alors il faut dire *non sequitur*. Car, de *Caesar repraesentatus est in statua*, ce qui suit, c'est *Est statua repraesentans Caesarem*. Donc, au second instant de nature, la pensée de la pierre est produite, c'est-à-dire exprimée. Il ne suit pas de là que la pierre a maintenant l'être-connu, mais seulement que la pensée de la pierre est accomplie, de toute éternité.

Deuxième description du créable, en théologie unitaire, sans les idées, avec l'infini

La création, donc ce qui précède la création, est l'œuvre commune de la Trinité. Cela signifie que le monde, et donc l'idée du monde, proviennent de Dieu en tant qu'il est un. C'est d'ailleurs pourquoi, argumente Duns Scot, les philosophes, qui ont posé un Dieu unique à l'origine, et ce à juste titre, n'ont pas su, ni pu savoir qu'il est trine. Une seconde description est donc possible, dans le cadre d'une théologie unitaire, c'est-à-dire sans la production des Personnes. Bien que la seconde description soit aussi présente dans l'*Ordinatio*, il est normal qu'elle soit seule présente dans le *Traité du premier principe*, dans lequel, comme le titre l'indique, il n'est pas question du Dieu trine, mais du Premier Principe, à la manière des philosophes. La première description, trinitaire, nécessite les idées divines pour les raisons que l'on a vues. La seconde description, unitaire, ne nécessite pas les idées, et c'est pourquoi l'auteur du Traité déclare qu'il n'a cure de ces idées, comme on l'a vu plus haut. Toutefois, la seconde description nécessite, posée à l'origine, une nature infinie, pour les raisons qui apparaîtront.

La seconde description est présente dès le Prologue de l'*Ordinatio*, troisième partie : « Ainsi donc, la connaissance que Dieu a de tous les objets connaissables est exclusivement théologique, parce qu'il la tient uniquement du premier objet théologique actualisant son intellect, de sorte que la théologie de Dieu non seulement porte sur tous les objets connaissables, mais encore constitue toute la connaissance qu'il est possible à Dieu d'en avoir, car elle porte absolument sur tout ce qui est l'objet de toute connaissance n'incluant de soi aucune imperfection, puisque seule la connaissance de tout objet connaissable possible ne comporte aucune limitation; toute autre que celle-là, parce qu'elle provient d'une cause limitée, inclut nécessairement une limitation » (*P. Ord.*, 257).

Dans cette description, l'essence est raison parfaite, c'est-à-dire suffisante, de la connaissance de toute chose autre que l'essence, sans qu'il soit nécessaire de poser des idées. Mais cela implique, comme le montre le texte qui précède, que cette nature est illimitée ou infinie, et que donc l'intellect divin est lui-même infini. Pour un tel intellect, la connaissance n'est pas un accident, comme c'est le cas d'un intellect fini et, puisqu'elle n'est pas un accident, la *notitia* est ici substantiellement identique à cet intellect lui-même : « … Le Premier ne peut avoir aucune intellection si ce n'est une intellection qui lui est identique ». C'est pourquoi l'auteur du *Traité* peut affirmer à bon droit ce qui suit : *Lapis in cognoscibilitate etiam propria nihil addat cognoscibilitati essentiae Primi per quam lapis sic cognoscitur*. Parce que cette essence est infinie, « aucun autre intelligible ne lui ajoute quelque chose dans l'ordre de l'intelligibilité » (*PP.*, 91-92).

Il semble tout de même subsister un problème, comme le montrent les objections qui suivent immédiatement. C'est que *lapis intellectus*, quoique fini, semble bien ajouter quelque chose à l'essence, même infinie. La réponse est qu'en s'ajoutant à l'infini, le fini ne l'augmente pas. Remarquons que ce n'est pas exact dans l'ordre de l'infini extensif, car si l'on ajoute un élément à un ensemble infini, il est plus grand qu'avant cette adjonction (ainsi que le montrera Grégoire de Rimini, peu après Duns Scot). Mais c'est vrai dans l'ordre de l'infini intensif, parce qu'un infini intensif se définit comme ce qui possède à un degré infini toute perfection qui peut se rencontrer en un seul autre être, quel qu'il soit, ainsi qu'on l'a vu plus haut. L'on peut dire aussi qu'un infini intensif est un tout. Or rien ne peut s'ajouter à un tout car, si quelque chose pouvait s'ajouter à un tout, ce tout ne serait pas un tout, ou ne serait pas parfait. Donc, *lapis intellectus* n'ajoute rien à l'essence. Remarquons que cette idée se conçoit peut-être mieux si, au lieu de poser un *esse intellectum sive cognitum lapidis*, l'on considère, comme la grammaire nous y incite, et même nous y contraint, que *lapis intellectus est* signifie que l'acte de concevoir la pierre est accompli. Puisque, comme le dit le docteur, la *notitia*, loin d'être un accident pour un intellect infini, lui est substantiellement identique, il est clair que *lapis intellectus*, entendu comme un acte d'intellection accompli de toute éternité, n'ajoute rien à l'essence.

En résumé, il n'y a pas chez Duns Scot la contradiction que Guillaume d'Alnwick a cru voir. Si l'on trouve chez lui deux descriptions ou versions différentes, c'est parce qu'il y a deux théologies différentes, la théologie trinitaire et la théologie unitaire. Ces deux théologies ne se contredisent pas, donc les deux versions ne se contredisent pas. Toutefois, il faut se demander pour finir comment ces deux théologies sont compatibles, cela non pas en général, bien entendu, mais sous le rapport particulier de la production intellectuelle de la pierre. La réponse est dans la première distinction du livre II de l'*Ordinatio*, *De causalitate in tribus divinis personis*. La première conclusion est celle-ci : *Dico quod illa causalitas perfecta necessario est in tribus*. Mais la troisième conclusion est celle-là :

Tamen si per impossibile esset una persona absoluta, consequenter esset dicendum quod in tali persona absoluta simpliciter esset talis "causalitas perfecta" (*Vat.* VII, 9 et 30). Je dis donc que cette causalité parfaite est nécessairement dans les trois Personnes, mais que si, par impossible, il y avait seulement une seule personne, il faudrait dire en conséquence que cette personne absolue aurait cette causalité parfaite sans restriction aucune. Donc, selon Duns Scot, la théologie unitaire peut être retrouvée à partir de la théologie trinitaire, du moins pour ce qui est des productions *ad extra*. *In re*, c'est-à-dire de fait, la production *ad extra*, ou extrinsèque, présuppose la production *ad intra*, ou intrinsèque, c'est-à-dire la production des Personnes. Cependant, la notion de "causalité parfaite" n'implique pas nécessairement que cette causalité, ou pouvoir de causer et engendrer, soit partagée des trois Personnes, puisqu'elle peut être parfaite chez une seule, parce qu'elle est infinie, du moins en tant qu'essence indivise. C'est pourquoi l'on peut concevoir qu'elle réside en une seule Personne, ou en Dieu sans distinction des Personnes. C'est d'ailleurs là ce qui explique que les philosophes ont pu concevoir une production extrinsèque sans production intrinsèque.

Concluons sur l'exemple pictural. Dans la première description, le peintre fait l'image et l'image représente le bouquet. Ici, le peintre a sa causalité, et l'image la sienne. Nous avons deux causes distinctes, bien que la seconde soit subordonnée à la première. Mais une autre description est possible : le peintre fait l'image et il fait que le bouquet est représenté, cela par un seul et même acte, puisque peindre le bouquet, c'est faire l'image, et faire l'image, c'est peindre le bouquet. Nous avons alors une seule cause et deux effets ordonnés, l'image et le bouquet représenté, qui dépendent de la même cause. C'est ce que Duns Scot appelle un ordre essentiel, où la dépendance du second effet par rapport au premier est moindre que la dépendance de ces deux effets par rapport à la cause commune. Lorsqu'on a affaire à un ordre essentiel, l'on peut tout ramener à une seule et unique cause. L'on peut donc faire ici abstraction du rôle de l'image, bien que cela ne soit pas possible *in re*. C'est d'ailleurs ce que font souvent ceux qui sont en présence d'une image. Ils regardent le bouquet représenté sans faire attention à l'image. C'est l'attitude de ceux qui sont indifférents à la peinture. Cette attitude est possible parce que l'image et le bouquet représenté ne sont pas distincts réellement, mais seulement formellement. Mais l'ami de la peinture aura une attitude différente, car il regardera et l'image et le bouquet représenté. Cette attitude est possible, parce qu'en voyant l'image plus distinctement, le spectateur verra le bouquet moins distinctement et, voyant le bouquet plus distinctement, il verra l'image moins distinctement. Or il est possible de voir deux choses simultanément, pourvu qu'elles ne soient pas vues avec un degré égal de distinction. En outre, la seconde attitude sera meilleure que la première, parce qu'elle sera plus adéquate à la nature de la peinture en tant que telle. A partir de cette comparaison, l'on peut figurer les rapports entre la théologie trinitaire et la théologie unitaire dans les productions extrinsèques.

CHAPITRE VI

PSYCHOLOGIE

L'ÂME ET LE CORPS

Dans la vingt-neuvième des *Questions sur l'Isagogè*, Duns Scot reprend à son compte la définition aristotélicienne de l'homme comme un "animal rationnel", c'est-à-dire un être animé ou vivant doué de raison. « L'homme, dit-il, est défini complètement en disant qu'il est un animal rationnel » (*Oph.* I, 187). Qu'est-ce qu'une définition complète (*definitio completa*)? C'est une définition qui exprime exhaustivement la quiddité, ou raison quidditative d'une chose, comme Duns Scot l'explique dans le Prologue de l'*Ordinatio*, troisième partie. L'homme, dit-il, peut être conçu comme un animal rationnel, comme une substance, comme étant doux et traitable (*mansuetus*), enfin comme le plus noble des êtres vivants. Dans le premier cas, il est conçu selon sa raison quidditative propre, dans le second de façon commune, dans le troisième par accident, dans le quatrième par rapport à autre chose. « Or la connaissance la plus parfaite de l'homme ne peut être celle qu'on a de l'homme par rapport à autre chose, puisqu'un rapport présuppose la connaissance d'un absolu; ni la connaissance de l'homme du point de vue d'une propriété, puisque la connaissance d'une propriété présuppose celle de son sujet; ni la connaissance de l'homme conçu de façon commune ou générale, puisqu'elle n'est pas distincte; donc la connaissance la plus noble de l'homme est celle qui le conçoit selon sa raison quidditative » (*P. Ord.*, 213). A partir de là, l'on peut considérer avec plus de précision la différence spécifique de l'homme, qui fait de lui une espèce distincte au sein des êtres animés, à savoir la rationalité, c'est-à-dire le fait que l'homme pense et raisonne (ce qui ne veut pas dire, bien entendu, qu'il agit toujours rationnellement, puisque vouloir ne suit pas nécessairement de concevoir). Or, avec le genre, la différence spécifique constitue une partie essentielle d'une espèce déterminée. Par suite, dire que l'homme est rationnel signifie que l'âme intellective est une partie essentielle de l'homme. Si Duns Scot insiste sur ce point, qui paraît évident, c'est parce qu'il existait de son temps des tendances voulant que l'âme intellective ne soit pas une partie essentielle et intrinsèque de l'homme, ce qui revient à dire que chaque homme n'aurait pas une âme intellective qui lui est propre. En effet, si l'âme intellective n'est pas une partie, ou quasi-partie, de la quiddité de l'homme prise en général, elle ne sera pas une partie, ou quasi-partie, de chaque individu humain. L'on reconnaît ici la pensée d'Averroès, qui semble à Duns Scot une exception parmi les philosophes, et un scandale permanent. L'on trouverait difficilement parmi les philosophes connus, dit-il, quelqu'un qui nie que l'âme intellective est une partie intrinsèque de l'homme, « si ce n'est ce maudit Averroès », qui, au livre III de son traité *De l'âme*, a conçu cette fiction que l'intellect serait "une substance séparée" et unique pour tous les hommes (comme il le dit au livre I du traité *Du ciel et du monde*), laquelle pourrait nous être conjuguée « par l'intermédiaire de certains phantasmes », entendant par là les images que forme l'imagination (*Ord.* IV, d. 43, q. 2; *Olms* XI-2, 835). Cette conjonction, ni lui-même, ni aucun de ses partisans n'ont su expliquer en quoi elle consiste. De plus, l'idée d'une union ou conjonction de l'homme avec une "substance séparée" est tout à fait incapable de rendre compte du fait que l'homme connaît intellectuellement par des actes mentaux propres et personnels, dont il fait l'expérience certaine. Car, selon cette fiction, c'est la dite substance séparée qui connaîtrait, et non pas l'homme formellement. « Donc, poursuit Duns Scot, selon lui [Averroès], l'homme ne serait rien d'autre formellement qu'un animal irrationnel supérieur (*animal irrationale excellens*), c'est-à-dire placé au-dessus des autres animaux parce qu'il a une âme irrationnelle et sensitive ». Remarquons au passage que, sous une forme moins abrupte, la théorie de la "conjonction" se trouve également chez Avicenne. Mais, en raison sans doute de l'admiration qu'il lui porte, Duns Scot sait trouver au Persan des excuses (*bene potest excusari*).

Une fois repoussée la théorie, effectivement incompréhensible, de l'unicité ou unité numérique de l'intellect agent (théorie que Thomas d'Aquin a lui aussi combattue dans son ouvrage *Contre Averroès*), l'on peut aborder un autre problème. En effet, l'homme connaît intellectuellement et raisonne. Or il est le composé d'une âme et d'un corps. Faut-il dire que l'homme connaît, ou bien que l'âme intellective connaît, ou encore que l'homme connaît par son âme ? – question déjà posée par Aristote dans le traité *De l'âme*. C'est là un véritable problème, car ce n'est pas la même chose de dire que l'homme est un animal rationnel, et de dire que ce composé d'âme et de corps qu'est l'homme, connaît. A l'arrière-plan se trouvent les longues réflexions des penseurs chrétiens sur l'âme, le corps et leurs rapports. Par exemple celle-ci d'Augustin, tirée du dernier chapitre du livre XIII de *La cité de Dieu* : « L'âme n'est pas tout l'homme, dit-il, mais la partie la meilleure de l'homme, et le corps n'est pas tout l'homme mais la partie inférieure de l'homme; cependant, quand l'un et l'autre sont conjoints ensemble, le tout reçoit le nom d'homme » (*Ord.* III, d. 22, q. un.; *Olms* VII-1, 442). Duns Scot commente ailleurs ce texte comme suit, en transposant ce que dit Augustin dans les termes de sa propre métaphysique : « L'être de l'âme intellective n'est pas l'être total de l'homme, parce que tout ce qui est a un être qui lui est propre : l'homme en tant qu'homme est un être, et non pas seulement une âme; il a donc un être propre, qui ne se réduit pas à l'être de l'âme ».

Comment donc Duns Scot résout-il le problème posé plus haut? Par une méthode qui est chez lui constante, à savoir la distinction des formes ou, plus précisément, des "formalités". L'homme est rationnel par son âme *formaliter*, et non pas par une partie de son être. Si nous avons deux concepts distincts d'une même chose, il faut qu'il existe dans cette chose deux formalités différentes, qui sont discernables mais non point séparables, comme le sont des parties dans un tout composé. Tel est, en résumé, le sens de la *propositio famosa scoti*. Ardemment combattue de toutes parts, cette proposition survécut en passant chez Descartes, qui n'en connaissait probablement pas l'origine. Il est heureux qu'elle ait survécu, car, outre la définition et le *modus ponens*, le philosophe n'a pas d'autre méthode, selon Duns Scot. La *distinctio formalis a parte rei* (par opposition à la distinction simplement formelle – comme entre une chose et sa définition – et la distinction réelle – comme entre deux individus, ou deux parties d'un même individu) n'est pas une invention de Duns Scot, puisqu'on la trouve déjà chez Bonaventure et d'autres penseurs antérieurs (l'idée remonte, semble-t-il, à Avicenne). Reste que le *doctor subtilis* a perfectionné cette méthode, pour en faire un usage extensif dans la résolution d'une quantité de problèmes, avant qu'elle ne se dégrade et stérilise entre les mains des *formalizantes* qui se succèderont, un Jean de Ripa par exemple – *doctor difficilis*. Grâce à cette méthode, Duns Scot peut établir que l'homme connaît formellement par son âme, sans faire de l'âme et du corps des parties strictes de l'homme. L'homme, dit-il, est rationnel au principe (*primo*), parce que la différence spécifique "rationnel" se dit au principe de l'espèce humaine. Il possède donc l'acte qui est propre à l'animal rationnel en tant que rationnel, c'est-à-dire penser et raisonner. Cependant, ce prédicat – penser, raisonner – ne convient pas au même titre à l'une et l'autre des quasi-parties de l'homme, à savoir l'âme et le corps. « Il peut sans aucun doute être dit de l'âme formellement, mais en aucune façon du corps. Cependant, il ne se dit pas de l'homme parce qu'il se dit de l'âme car, sinon, il appartiendrait à l'homme par l'intermédiaire d'une partie, de même qu'"être grand" appartient à l'homme en fonction d'une partie, c'est-à-dire le corps » (*Vat.* V, 292). Le souci de Duns Scot est ici double. Premièrement, maintenir que l'homme est en tant que tel rationnel. Deuxièmement, ne pas faire de l'âme et du corps des parties strictes de l'homme. « En effet, dit-il au livre III de l'*Ordinatio*, d. 22, la nature humaine n'est pas formée de parties, ni de parties unies entre elles, parce que je soutiens qu'une nature en soi signifie une entité absolue au-delà des parties (*entitatem absolutam ultra partes*), ainsi que je l'ai prouvé à la distinction 2 de ce livre ; c'est pourquoi l'humanité ne signifie pas seulement une relation d'unité de ses parties au-delà de ces parties ; en effet, ce par quoi l'homme est formellement homme n'est pas une relation, car l'homme est formellement homme par l'humanité » (*Olms* VII-1, 451). Si, en effet, l'homme n'était rien d'autre que des parties unies, il ne serait un que par agrégation de ces parties. De même, le nombre cinq n'est pas cinq unités ; il est un tout résultant de cinq unités. Si le nombre 5 était cinq unités, il serait un comme un amas est un. « Je dis donc, conclut Duns Scot, que l'homme possède une unité, et qu'il possède en outre une entité qui est autre que ses parties, même unies entre elles, et cette entité n'est pas une entité partielle qui se composerait avec ces parties, faute de quoi l'on irait à l'infini ». C'est une entité totale, distincte des parties dont elle est constituée. Par là s'éclaire l'analogie avec le nombre, car le cardinal d'un ensemble (comme on dit aujourd'hui) n'est pas la même chose que les parties de cet ensemble, ni un ensemble n'est identique à l'ensemble de ses parties.

En résumé, il y a en l'homme une unité d'âme et de corps, mais cette unité ne suffit pas à conférer à l'homme son entité, qui est l'humanité. Ce qui le montre bien, c'est que "animal rationnel" se dit de l'homme, non point de ses parties, ni de l'union de ces parties entre elles. Peut-être objectera-t-on que l'humanité et l'unité d'âme et de corps sont identiques, et que donc l'humanité semble faire double emploi ? Tel n'est pas l'avis de Duns Scot, car l'humanité est un concept quidditatif. Un tel concept exprime le "ce-que-c'est" d'une chose, dont il contient la définition, tandis que l'un (de même que l'"abstrait" qui en est tiré, à savoir l'unité) n'est pas quidditatif, puisqu'il est transcendant. Peut-être objectera-t-on encore que "deux choses en acte ne font pas une troisième", et que donc l'âme et le corps, étant tous deux en acte, ne font pas une troisième chose par soi. C'est ignorer que "animé", bien qu'il ait la même signification, ne se prédique pas de la même manière de l'homme et du corps. Il se prédique de l'homme "par soi selon le premier mode de prédication", et du corps "par soi selon le second mode". "Tout homme est animé" – cela est vrai parce que le prédicat est contenu dans le sujet. "Seul un corps peut être animé" – cela est vrai parce que le sujet est contenu dans le prédicat. D'où il suit que l'homme, en tant qu'homme, est animé, tandis que le corps n'est animé que par dénomination, c'est-à-dire est dit ou appelé animé. Cette différence explique pourquoi l'homme peut être l'unité d'une âme et d'un corps. *Unum per se ex actu fit et potentia.*

L'intellection comme opération "inétendue'

L'opération propre de l'intellect est l'intellection (de même que celui de la volonté est la volition). Cette opération est considérée par Duns Scot comme "immatérielle". C'est l'enseignement d'Aristote, ni plus ni moins. Mais, observe le docteur, s'il est vrai que le Philosophe se sert fréquemment du terme "immatériel" pour qualifier les opérations intellectuelles, « ce terme est ambigu ». En effet, il peut s'entendre en trois sens différents pour le présent propos. En un premier sens, l'intellection est dite immatérielle parce qu'elle est inorganique (*incorporea*), ce qui veut dire qu'elle n'utilise pour opérer aucun organe sensoriel. En un second sens, elle est dite immatérielle parce qu'elle n'est en aucun façon étendue (*extensa*). Or "inétendu" dit davantage que "inorganique". En un troisième sens, l'intellection est dite immatérielle par rapport à l'objet, en ce sens qu'elle peut se rapporter à un objet sous des raisons immatérielles (*sub rationibus immaterialibus*), c'est-à-dire indépendamment de l'ici-et-maintenant, qui sont des conditions matérielles.

Après cette clarification, Duns Scot poursuit en ces termes : « Si donc l'immatérialité était prouvée prise au second sens, la preuve serait meilleure que si elle est prise au premier sens. Or, il apparaît qu'elle ne peut être prouvée, prise au second sens, qu'à partir des conditions de l'objet auquel l'intellection se rapporte, si ce n'est assurément par la réflexion, puisque nous faisons l'expérience que nous réfléchissons sur l'acte par lequel nous intelligeons. Or, ce qui est étendu n'est pas capable de réfléchir sur soi et, par suite, la proposition [selon laquelle la connaissance est immatérielle] est prouvée en dernier ressort par l'objet de cet acte réflexif » (*Ord.* IV, d. 43, q. 2 ; *Olms* X, 24). L'on pourrait s'étonner que Duns Scot juge l'immatérialité de l'intellection mieux prouvée par son inextension que par son inorganicité. En effet, l'on admet couramment que le cerveau est l'organe de la pensée, c'est-à-dire son instrument. Mais Duns Scot n'entend pas l'organe de cette façon, qui nous familière. Car ce qu'il a en vue quand il parle d'un organe, c'est un organe sensoriel. Un organe sensoriel, tel l'œil ou l'oreille, est non seulement corporel, comme toute partie d'un corps, mais encore organique. Cela signifie que c'est un “mixte”, ce qui lui permet de percevoir les contraires, par exemple l'aigu et le grave pour l'oreille et l'ouïe, en raison d'une certaine similitude entre le sentant et le senti. Il est clair que si l'organe est pris en ce sens, qui est aristotélicien, l'intellect ne se sert pas d'un organe dans son opération. C'est pourquoi il est plus souhaitable de prouver l'immatérialité de cette opération, prise au sens de l'inextension. Cela n'est possible, comme il a été dit plus haut, qu'à partir de l'objet de l'intellection, ainsi que de la possibilité, pour l'intellect, de réfléchir sur son acte. Or Duns Scot estime que cette preuve est à portée, parce qu'elle se tire de l'expérience. Après avoir énuméré les choses non-sensibles auxquelles s'étend la portée de l'intelligence – l'être ou la qualité, les relations qui suivent des natures des choses, enfin les intentions logiques (la première partie du texte est citée plus haut dans notre premier chapitre, aux pages 32 et 33) –, il poursuit en ces termes : « Nous savons par expérience que nous connaissons l'acte par lequel nous connaissons ces choses, cela en tant que cet acte est présent en nous, ce qui se fait par un acte réflexe qui se retourne sur l'acte droit et le prend pour objet. Nous savons par expérience que nous acquiesçons, sans possibilité de contradiction ni d'erreur, à des propositions telles que les principes premiers. Nous savons enfin par expérience que nous connaissons ce qui n'est pas connu à partir du connu au moyen du raisonnement, cela de façon telle que nous ne pouvons pas ne pas assentir à l'évidence du raisonnement, ni à celle de la conclusion. Il est impossible d'attribuer à une faculté sensorielle la connaissance de n'importe laquelle de ces choses ». Tous ces actes, nous faisons l'expérience qu'ils sont en nous, dit Duns Scot, « par une sorte de sens ou perception intérieure », qu'il nomme également « vision intérieure » (*Olms* X, 25). Et si quelque *protervus* (ou contestataire impénitent) venait à nier que ces actes sont présents dans l'homme, il ne faudrait pas discuter plus longtemps avec lui, mais se contenter de lui dire qu'il est une bête. De même que si quelqu'un dit « je ne vois pas de couleur ici », l'on n'ira pas discuter avec lui. Il suffira de lui dire « un sens te fait défaut, car tu es aveugle ».

En conclusion de ce point, il ressort que les preuves de Duns Scot reposent sur la différence entre connaissance sensorielle et connaissance intellectuelle. Comme le montre l'expérience, la connaissance intellectuelle s'étend à des objets qui sont au-delà de tout ce que les sens peuvent atteindre. Cette idée se trouve bien entendu dans d'autres auteurs. Il ne serait pas difficile de montrer qu'elle est déjà présente chez Aristote. La note proprement scotiste est l'accent mis sur la « vision intérieure », par laquelle les actes internes sont connus réflexivement. Rien de ce qui est étendu n'est à même de réfléchir sur son acte. *Quantum non est supra se conversivum*. Je ne vois pas ma vision, ni n'entends mon audition. C'est ce qu'enseignent à la fois l'expérience et Aristote (bien que celui-ci souligne le fait que je sens que je vois, et sens que j'entends – c'est l'une des fonctions du "sens commun"). Par conséquent, ce qui est capable de réfléchir sur son acte est inétendu. C'est le cas de l'intellect qui, par une intellection réflexe, est à même de concevoir une intellection droite, c'est-à-dire portant directement sur un objet. Donc l'intellection est une opération inétendue. C'est d'ailleurs là, observe Duns Scot, ce qu'enseigne Proclus dans son *Elementatio theologica*: *Omne immateriale est supra se conversivum.*

L'on voit sans mal pourquoi Duns Scot fonde sa preuve en dernière instance sur l'acte réflexif plutôt que sur l'immatérialité de l'objet intellectuel. Il est hasardeux de conclure de l'objet à la puissance opérative (car rien ne prouve que le connaissant et le connu soient de même nature, loin de là), tandis qu'il est légitime d'inférer de l'opération à la puissance, puisque l'une et l'autre sont de même nature et ont leur siège dans le même sujet. L'intellection ne diffère pas de l'intellect, sinon comme un acte second diffère d'un acte premier, et un effet univoque de sa cause univoque (l'idée d'après laquelle l'intellect, de même toute autre puissance, est un "acte premier" explique la sentence, autrement inexplicable, de Descartes, selon laquelle "l'âme pense toujours"). Si le terme *conscientia* n'était pas, du temps de Duns Scot, limité au domaine moral, l'on pourrait dire que le docteur inaugure ici la notion de conscience. C'est elle qui, dans la question débattue, se prononce en dernier appel. Mais cette conscience n'est pas la conscience de soi. C'est la conscience que l'intellect et la volonté ont de leurs actes, lesquels sont toujours dirigés vers un objet ou une fin autres qu'eux-mêmes. D'ailleurs, nul être n'est à lui-même sa propre fin.

La connaissance que l'âme a d'elle-même

Ce qui précède est en rapport avec une autre question, qui est de savoir quelle connaissance l'âme a d'elle-même. Si l'on entend par là qu'elle « ne peut pas s'ignorer », c'est-à-dire ignorer sa propre existence, comme le dit Augustin, il est certain que l'âme se connaît, parce qu'elle est présente en acte à elle-même (l'on peut remarquer au passage que, comme l'observe Duns Scot, si nous n'avions pas un concept de l'existence – concept distinct au contenu indistinct – nous n'aurions pas conscience de notre propre existence). Mais si l'on entend par là que l'âme se connaît parfaitement, il faut évidemment le nier. Il y a d'ailleurs là une énigme, à bien y réfléchir. D'une façon générale, la connaissance est l'effet d'un concours de causes essentiellement ordonnées, comme on l'a vu plus haut. Dans le cas de la connaissance des choses, l'objet se trouve à l'extérieur de l'âme, et sa nature est différente de celle de l'âme. Dans celui de la connaissance de l'âme par elle-même, l'objet à connaître est interne et de même nature que ce qui le connaît. Toutes les conditions semblent être réunies ici pour que la connaissance soit parfaite. Pourtant elle ne l'est pas, comme le montre l'expérience. Pour résoudre cette énigme, Duns Scot propose deux explications. La première par le péché originel. C'est l'explication d'Augustin. La seconde, quoique voisine de la précédente, est davantage propre à Duns Scot, parce qu'elle est liée à la vision qu'il a de l'intellect humain *pro statu isto*, c'est-à-dire l'état où se trouve présentement la nature de l'homme, après l'"état de la nature instituée" – telle qu'elle est sortie des mains du Créateur –, avant l'"état de la nature restaurée", auquel aspire la créature. Ce qui fait que la connaissance d'un objet est imparfaite, c'est qu'elle est enveloppée d'images comme d'un nuage (ce sont les *phantasmata obnubilantia*, dont Augustin a parlé). Tel est le cas de la connaissance que l'âme a d'elle-même. Ce qui l'empêche de se connaître parfaitement, c'est qu'elle est voilée par une foule d'images ou phantasmes enveloppants. Qui pourrait nier, en effet, que l'homme qui veut se connaître ne rencontre presque rien que des images de lui-même, avec une certaine concordance entre elles, comme le montrent les psychologues ? (dans sa conception de la personnalité – qui n'est pas selon lui une forme supplémentaire s'ajoutant à l'individualité –, Duns Scot souligne déjà, avec ses prédécesseurs franciscains, le manque d'unité de la personnalité humaine – dont nous ne faisons que trop l'expérience –, par opposition à l'unité de chacune des Personnes divines). La cause de cet empêchement n'est pas dans l'intellect en tant qu'intellect mais dans l'état où il se trouve présentement.

« Quelle est, demandera-t-on, la raison de cet état ? Je réponds ceci : un "état" n'est pas autre chose qu'une "situation stable et permanente" (*stabilis permanentia*) établie par les lois de la sagesse [divine]. Or il a été établi par ces lois que notre intellect ne pourrait connaître dans l'état présent que les choses dont les espèces brillent dans une image, cela soit en punition du péché originel, soit en raison de la concordance naturelle (*naturalem concordantiam*) des facultés de l'âme dans leurs opérations, qui fait que, comme nous le constatons, une faculté supérieure opère sur la même chose qu'une faculté inférieure, si l'opération de l'une et de l'autre doit être parfaite [c'est-à-dire avoir son objet] (...). Cependant, cette concordance, qui existe *de facto* dans l'état présent, n'appartient pas à la nature de l'intellect en tant qu'intellect, ni ne provient du fait qu'il est dans un corps, car sinon il aurait nécessairement une concordance similaire dans le corps glorieux [le corps de la résurrection], ce qui est faux » (*Ord.* I, d. 3,

p. 1, q. 3; *Vat.* III, 113-14). Nous sommes manifestement ici en présence d'un paradoxe déroutant, car la concordance naturelle des opérations de l'intellect avec celles de l'imagination n'appartient pas à la nature de l'intellect en tant que tel. Duns Scot lui-même a vu ce paradoxe, puisqu'il précise ailleurs que cette concordance naturelle n'est pas « absolument naturelle » (*Ord.* II, d. 3, p. 2, q. 1 ; *Vat.* VII, 536). Sans renoncer à l'explication par le péché pour rendre compte du paradoxe de l'homme, Duns Scot introduit cependant une idée différente. L'état présent dut être établi par les lois de la sagesse divine, pense-t-il. Il est donc sage et rationnel, puisque Dieu agit toujours *rationaliter et ordinatissime*. Un Suarez s'élévera contre cette idée d'un "état stable". *In eo [statu] potius homo jacet quam stet*. L'homme gît dans cet état, plutôt qu'il ne s'y tient. Peut-être Suarez a-t-il raison. Ce qu'il ne voit pas, semble-t-il, c'est ceci : tout ce que l'on peut dire, sur la foi de la Genèse, de la façon dont fonctionnait l'intellect d'Adam dans l'état d'innocence est regardé par Duns Scot comme hautement conjectural. Par ailleurs, rien n'indique que la connexion de l'imagination et de l'intellect est une affliction supplémentaire qui fut imposée aux descendants d'Adam à cause du péché originel. L'explication hamartiologique héritée d'Augustin est insuffisante. C'est pourquoi Duns Scot introduit une autre explication, par l'état stable et permanent voulu par Dieu en sa sagesse. A vouloir tout expliquer par la faute, l'on n'explique rien.

L'âme et ses facultés

En dépit du rôle qui est le sien dans l'activité intellectuelle, l'imagination (*phantasia*) n'est pas comprise dans la "partie supérieure de l'âme". Celle-ci, conformément à l'enseignement d'Augustin, est composée uniquement de la mémoire, de l'intellect et de la volonté (*mens*, *notitia*, *amor*). C'est pourquoi il y a dans la partie supérieure de l'âme une image de la Trinité. Cette image n'est pas parfaite, cela pour de multiples raisons, dont il est loisible de ne retenir qu'une seule. C'est que, dans les "productions divines", la troisième personne est engendrée, plus précisément "inspirée" ou "spirée" par les deux premières, alors que chez l'homme, la volonté, qui correspond, en partie au moins, à l'amour (en partie seulement, car le désir naturel, qui est un aspect de la volonté en tant qu'elle est une nature, est étranger à l'amour en tant que tel), n'est pas produite en l'homme par la mémoire et l'intelligence. De plus, sa nature est entièrement différente de celle des deux premières facultés. Néanmoins, il faut garder présente à l'esprit l'analogie entre la trinité dans l'homme et la Trinité en Dieu. Voici pourquoi : mémoire, intelligence et amour sont des propriétés « notionnelles » des trois personnes divines. La mémoire est "appropriée", c'est-à-dire rendue propre au Père, l'intelligence actuelle au Verbe, l'amour ou le don à l'Esprit Saint. Cependant, outre les propriétés notionnelles, les trois personnes ont en partage les propriétés "essentielles", c'est-à-dire appartenant à l'essence, laquelle est de soi une et indivise. A partir de cette analogie, l'on doit pouvoir expliquer comment l'âme est une, bien que ses facultés soient multiples et différentes. Pour aborder le présent problème, il faut commencer par rappeler que nous ne connaissons pas nos facultés directement, mais seulement par leurs opérations. C'est là un principe aristotélicien, que Duns Scot corrobore par sa théorie de l'intuition intellectuelle : « Je connais plus certainement par l'intuition que je veux et que je conçois que je ne connais ma volonté et mon intellect ». Comme, à la différence de l'ange, qui est transparent à lui-même ainsi qu'aux autres anges, ses congénères, l'âme n'a pas une connaissance directe d'elle-même, pour les raisons qu'on a vues plus haut, il suit que ce que nous en savons demeure hypothétique. L'on n'explique pas autrement les divergences des philosophes sur sa constitution.

Il faut ensuite observer que le terme "faculté", aujourd'hui en usage, ne correspond pas exactement au latin *potentia*. Une faculté est la possibilité de faire quelque chose, par exemple désirer ou imaginer et, ainsi comprise, elle se distingue à peine de ses opérations. Au contraire, une *potentia* est une puissance active qui est en nous et dont nous faisons l'expérience, ou plutôt dont nous concluons l'existence à partir de ses opérations. Une opération, par exemple la volition ou l'intellection, est un acte élicité ou exprimé (*actus elicitus*). Mais, par rapport à la puissance qui la cause ou l'exprime, c'est un "acte second", tandis que la puissance est un "acte premier" (puisque cette puissance est en acte), et une cause par soi de l'acte second. Ceux qui, familiers de la philosophie moderne, ont appris que la connaissance est une relation entre un objet et un sujet, doivent donc faire un effort pour entrer dans les vues de Duns Scot, plus généralement la pensée scolastique, qui s'inscrit elle-même dans la continuité d'Aristote, avec son concept de la puissance comme une sorte de force.

Les opérations intellectuelles

L'on peut avoir un bon aperçu des vues de Duns Scot sur ce sujet en étudiant la question 13 du *Quodlibet* parisien, qui demande : « Est-ce que les actes de connaissance et de volonté sont par essence absolus ou par essence relatifs ? » (*Vat.* XII, 301). L'argument initial pour la seconde position dit ceci : ces actes sont relatifs, parce qu'ils ne peuvent être conçus séparément de leur terme. Or, ce qui est absolu peut être conçu séparément d'un terme, quel qu'il soit. Donc, etc. Preuve de la majeure : l'on ne peut pas concevoir la vision séparément d'un objet visible. La mineure est évidente. L'argument initial pour la première position dit cela : les actes de connaître et de vouloir sont des qualités. Or toute qualité constitue quelque chose d'absolu, puisque les catégories ne se chevauchent pas, et que donc une qualité n'est pas une relation. Donc, ces actes sont quelque chose d'absolu. A son habitude, Duns Scot commence par clarifier le sens de la question. Une opération telle que l'intellection ou la volition ne doit pas être regardée ici comme une “action”, prise au sens de l'une des catégories aristotéliciennes, car l'action cause toujours en quelque façon son terme. Non, une opération est « un acte intrinsèque par lequel celui qui opère est ultimement parfait » (*ibid.*). Cela veut dire que, par cet acte, l'opérateur réalise complètement la puissance qui est en lui.

A partir de là, Duns Scot se propose de montrer 1) que dans toute opération, il y a quelque entité absolue, 2) comment cette entité absolue se rapporte à l'objet. Nous laissons de côté la troisième conclusion, qui est la synthèse des deux précédentes, mais sans apport vraiment nouveau. La première conclusion se prouve de trois façons. Tout d'abord, la perfection ultime d'un être vivant destiné par nature à exercer une activité intellectuelle ou volitive n'est pas une simple relation. Car ce qui est désiré pardessus tout par une nature rationnelle, c'est d'être heureux, et le bonheur n'est certainement pas une relation, puisqu'il est intérieur à celui qui l'éprouve. Tel est l'enseignement commun d'Augustin et d'Aristote. « Tous les hommes veulent être heureux », dit le premier, et « quel que soit ce que chacun désire en secret, il ne s'écarte pas de cette volonté commune » (*La Trinité* XIII, c. 4; *BA*. XVI, 286) – le bonheur consistant à avoir tout ce que l'on désire et ne rien désirer qui soit mal, ce qu'Augustin montre dans ce chapitre. Quant au second, il enseigne dans l'*Ethique* que le but ultime d'une nature intellectuelle est quelque chose de suprêmement désirable, que l'on mette le bonheur soit dans cette fin ultime, soit dans l'opération elle-même. Et, dans la *Métaphysique*, parlant de l'esprit divin : « S'il ne pense à rien, en quoi consiste sa dignité ? ». Il ajoute immédiatement : « Si sa substance n'est pas l'intelligence, mais une potentialité, il ne peut pas être déclaré la meilleure des substances » (*Métaph.* L, c. 9, 1074b 17-22). Par “intelligence”, Aristote entend l'acte de penser car, pour prouver l'inférence, il dit que « c'est par l'acte de penser que sa valeur lui appartient ». En outre, c'est un enseignement universel du Philosophe que l'acte est antérieur à la puissance, c'est-à-dire supérieur à la puissance en valeur ou dignité.

En second lieu, une opération peut être “neuve” ou “nouvelle”. En tant qu'elle se dit d'une opération, la nouveauté (il vaudrait mieux dire “novité”, du latin *novitas*), ne doit pas être confondue avec la nouveauté d'une chose. Par rapport à l'intellect, une chose est dite nouvelle si elle était inconnue auparavant. Une opération est neuve ou nouvelle parce qu'elle succède à une autre opération du même genre. Ce n'est pas seulement une opération différente, par opposition à la même opération, mais une opération neuve par rapport à une opération ancienne et déjà accomplie. Je puis voir, puis revoir une même chose mais, tandis que la chose vue reste la même, la seconde vision est nouvelle par rapport à la première, parce qu'elle est en quelque sorte un événement. L'on prouve par là qu'une opération n'est pas une relation. En effet, afin qu'une relation soit nouvelle, il faut qu'il y ait quelque chose de nouveau soit dans l'un soit dans l'autre terme de la relation. Or si quelqu'un voit à nouveau une chose, il n'y a rien de nouveau dans la chose qui est vue, ni dans le sujet voyant en tant que sujet. Mais il y a, dans le sujet voyant, une nouvelle vision, laquelle est donc une entité neuve, absolue en ce sens (cette idée sera retrouvée par Bergson).

En troisième lieu, une puissance opérative n'est pas toujours en relation actuelle avec un objet. Donc, si une relation actuelle est établie entre cette puissance et un objet, quelque chose de postérieur à cette puissance est requis, qui est l'opération elle-même, fondement de la relation à l'objet. Mais le fondement d'une relation n'est pas identique à cette relation elle-même, comme on l'a vu plus haut. D'ailleurs, Augustin enseigne que « toute essence dont on parle en terme de relation est aussi quelque chose à part de cette relation » (*La Trinité* VII, c. 1 ; *BA*. XV, 510). Ce qui est vrai d'une essence doit l'être aussi d'un acte. Par les trois arguments qui précèdent, j'ai prouvé, dit Duns Scot, qu'une opération, prise en tant que telle, n'est pas une relation, de quelque sorte que ce soit. C'est donc une entité absolue (puisque "absolu" et "relatif" sont disjonctifs).

Ainsi, pour Duns Scot, une opération intellectuelle ou volitive constitue essentiellement une "perfection", c'est-à-dire quelque chose par quoi un sujet intelligent et voulant "est parfait" – cette expression étant à entendre au sens aspectuel de l'accompli, c'est-à-dire le parfait grammatical. Belle conception assurément, aristotélicienne certainement, mais dont il ne faut pas dissimuler qu'elle ne se comprend vraiment qu'à la condition de voir ce qui, pour Duns Scot, est à l'arrière-plan. Ce n'est pas autre chose que la « vision bienheureuse » ou « vision béatifique », qui nous est promise dans l'autre vie. Car seule la vision de Dieu « face à face », selon l'expression de l'Apôtre – soit qu'elle relève de l'intellect, soit de la volonté et de l'amour – est à même de parfaire l'homme ultimement. Cela étant posé, il est clair toutefois que l'opération doit nécessairement envelopper une relation à un objet. C'est évident pour la volition, faute de quoi l'opérateur jouirait en quelque sorte de lui-même ou de son acte, si celui-ci n'était pas en rapport avec un objet désiré ou voulu. C'est clair aussi pour l'intellection, qui a nécessairement un terme distinct de cet acte lui-même. Néanmoins, Duns Scot maintient que l'opération n'est pas identique avec la relation qui lui est sous-jacente, et la raison est à nouveau théologique. Elle tient à la différence entre la béatitude espérée de la créature et celle, actuelle, de Dieu. « La béatitude créée, dit-il, requiert nécessairement une relation à l'objet [à savoir l'essence divine], et cette relation est une relation réelle [c'est-à-dire impliquant une distinction réelle]. La raison en est que l'opération ne peut pas avoir avec l'objet une unité plus grande que l'unité d'une relation. Au contraire, en Dieu, l'opération a une véritable unité et identité avec l'objet, et par conséquent aucune relation n'est requise ici pour l'opération (...) » (*Olms* XII, 323). Chez les bienheureux comme en Dieu, la béatitude consiste en une intuition (prise au sens scotiste) et une fruition. Mais en Dieu l'intuition est parfaitement unie avec l'essence et lui est identique, ce qui ne saurait être le cas même chez le bienheureux.

Ce qui montre à quel point l'aspect théologique du problème, qui concerne la connaissance surnaturelle, et l'aspect philosophique, qui concerne la connaissance naturelle, sont liés entre eux, c'est que, quand il développe le second point – comment l'opération se rapporte à l'objet –, Duns Scot donne l'exposé le plus complet de sa théorie de l'intuition (comme cette théorie a déjà été exposée plus haut, nous n'y reviendrons pas). A noter que le passage descendant de l'ordre de la connaissance bienheureuse à celui de la connaissance naturelle (du moins naturelle *pro statu isto*) peut paraître surprenant. Il l'est moins si l'on observe que, pour Duns Scot, la structure de l'esprit humain reste la même dans les deux cas, car seul change l'objet. S'il en était autrement, ce n'est pas l'homme, tel que nous le connaissons, qui serait rendu bienheureux, mais quelque être différent, suscité par le miracle, dont nous n'avons aucune idée. Dès lors, à quoi bon en parler et remplir des volumes sur ce sujet ?

MÉMOIRE, INTELLIGENCE ET VOLONTÉ

Lorsqu'il étudie les facultés, ou plutôt les puissances de l'âme, Duns Scot se trouve au confluent de deux traditions philosophiques différentes. L'une, déjà mentionnée, a sa source chez Augustin. L'autre, plus ancienne, vient d'Aristote. Les deux images que l'un et l'autre penseurs ont tracées de l'âme et de ses puissances sont également importantes aux yeux de Duns Scot, mais elles ne se superposent pas. Dans l'intellect, Aristote a distingué l'intellect agent – *quo est omnia facere* – et l'intellect patient ou possible – *quo est omnia fieri*. Le premier, comparable à une lumière, produit tous les intelligibles ou plutôt les révèle dans les choses. De ce qui est connu en puissance dans les choses, c'est-à-dire leur quiddité, il fait quelque chose connu en acte. Le second devient tous les intelligibles, car « l'âme est en quelque façon toutes choses ». Cette distinction entre les « deux intellects » a certainement été durcie par le commentarisme médiéval car si, dans le traité *De l'âme*, Aristote nomme (une seule fois), le *nous pathètikos* (intellect patient), l'expression *nous poiètikos* (intellect agent) ne se rencontre ni dans cet écrit ni dans un autre. Distinct de l'intellect "spéculatif", Aristote connaît aussi un intellect "pratique" ou "délibératif", qui a pour fonction d'examiner les moyens en vue d'atteindre une fin (et l'on remarquera que, pour Aristote, l'intellect pratique ne pose pas lui-même la fin, car nous désirons naturellement le bonheur, dit-il, mais nous ne choisissons pas de vouloir être heureux – chose que, d'ailleurs, Duns Scot n'admettrait sans doute pas sous cette forme, comme on verra plus bas). Sous réserve de précisions ultérieures, l'on pourrait dire que l'intellect agent correspond chez Duns Scot à l'intelligence actuelle (quelquefois appelée *verbum* à la suite d'Augustin) ; à l'intellect patient correspond la mémoire intellectuelle (par opposition à la mémoire des souvenirs personnels). Mais la volonté, telle que Duns Scot la conçoit, c'est-à-dire le « pouvoir des contraires », comme dira Descartes, n'a pas de correspondant exact dans la psychologie aristotélicienne. Car il y a loin de la volonté, telle qu'Augustin, puis Duns Scot la conçoivent, au « désir délibéré » dont Aristote a traité. Le Philosophe, observe Duns Scot, a peu parlé de la volonté en tant qu'elle se distingue de l'intellect; généralement, il associe l'intellect et la volonté dans la notion de principe actif. Au contraire, il en donnera lui-même une théorie complète, ce qui n'a rien de surprenant, si l'on se souvient de cet enseignement essentiel d'Augustin (que Descartes répétera presque mot pour mot), qu'« il n'y a rien qui soit autant au pouvoir de la volonté que la volonté elle-même » (cit. in *Olms* XII, 448). Or la "raison formelle" de la volonté est la liberté.

Ce n'est pas dans l'entendement que Duns Scot place la liberté. Car, bien que l'entendement, ou intellect, soit une puissance "quasi illimitée", en ce sens qu'elle peut prendre pour terme une infinité de choses, ce n'est pas, pris séparément, une puissance libre mais liée. Pour peu qu'un objet ou un raisonnement lui soit présenté dans des conditions appropriées, l'intellect perçoit cet objet et comprend ce raisonnement, en ce sens du moins qu'il ne peut pas vouloir ou ne pas vouloir percevoir l'objet ou comprendre le raisonnement. De plus, il ne forme pas à sa discrétion les espèces des choses, mais les engendre nécessairement, c'est-à-dire automatiquement, avec le concours de celles-ci. Pour ces deux raisons, l'intellect est soumis à la nécessité, tandis que la volonté est libre. Toutefois, l'on n'ira pas jusqu'à dire, comme semble l'avoir voulu Descartes, que la volonté est infinie, pour la raison qu'elle peut porter sur une infinité d'objets. Car, comme l'observe Augustin, si je veux quelque chose, et sais qu'elle m'est impossible, je ne la veux que faiblement. Avec la volonté, Duns Scot n'annonce pas le nouveau dieu, dont tant de philosophes modernes et, parmi eux, l'aimable Alain, duquel cette expression est reprise, se firent les prophètes, pour le malheur des hommes. Des trois puissances de l'âme, celle qui nous est le mieux connue est l'intellect, et non pas la mémoire ou la volonté. Ce n'est pas la mémoire, puisque, par définition, ce qui est dans la mémoire n'est pas formellement connu, c'est-à-dire connu en acte. Ce n'est pas non plus la volonté, puisqu'elle est libre et non pas nécessitée. Or ce qui est nécessité, c'est-à-dire soumis à une loi, est plus facile à comprendre pour nous que ce qui est est libre et, par conséquent, indéterminé quant à son acte.

L'intellect et la mémoire intellectuelle

L'expérience psychologique nous permet de discerner en nous l'intelligence de la mémoire intellectuelle. Par exemple, quand une proposition nous est présentée que nous ne comprenons pas aussitôt en raison de la confusion de l'expression, l'intellect se livre à une investigation. Il redescend, pour ainsi dire, vers les notions signifiées par les termes de la proposition, lesquelles sont contenues dans la mémoire, comme dans un fond sans fond. Puis, passé un certain temps, le sens de la proposition est exprimé d'un coup par la mémoire *sine investigatione praevia*, c'est-à-dire sans les étapes de l'investigation. La mémoire a effectué en secret un travail inaperçu de l'intelligence. L'effet ou résultat de ce travail se présente alors à l'intelligence sans intermédiaire, et l'intelligence, alors, comprend. Cette expérience, que Duns Scot donne en exemple, et qui est bien connue des psychologues, semble montrer que l'intelligence d'un côté, la mémoire intellectuelle, de l'autre, ne fonctionnent pas de la même manière, ni selon le même rythme, bien que l'une et l'autre coopèrent nécessairement dans leurs opérations.

La distinction entre la mémoire du passé et la mémoire intellectuelle apparaît clairement dans la distinction 1, partie 3, question 1 de l'*Ordinatio* I: « Est-ce que dans la partie intellective proprement dite [de l'âme], se trouve la mémoire, en possession d'une espèce intelligible antérieure par nature à l'acte d'intellection ? » (*Im.*, 113). Les rapports entre l'intelligence actuelle et la mémoire intellectuelle sont examinés à la question 15 du *Quodlibet*, qui demande « si l'intellect possible est actif ou passif au regard du concept d'une créature » (*Olms* XII, 410). Cette question est difficile à débrouiller, parce que les enseignements respectifs d'Aristote et d'Augustin ne coincident pas, et que celui du premier est suffisamment ambigu pour pouvoir rejoindre en un sens celui du second. Comme son nom l'indique, l'intellect agent est actif. C'est à lui qu'il appartient d'abstraire les quiddités qui sont dans les choses sensibles. Par conséquent, l'intellect possible est passif par opposition, puisque son rôle est de "recevoir". Concourant avec les impressions sensibles et l'imagination, le premier engendre une espèce intellectuelle, laquelle passe ensuite dans l'intellect possible comme dans un récipient. Telle est, en résumé, la position de ceux qui tiennent pour l'intellect agent, et lui attribuent le rôle actif ou principal. Cependant, le problème est en réalité plus compliqué, comme il apparaît en confrontant les textes d'Aristote. En effet, le Philosophe enseigne que connaître, c'est proprement "recevoir la connaissance". Cela s'explique par le fait qu'à ses yeux la connaissance est une sorte de "passion" (*est quoddam pati*). Donc, l'opération cognitive ne consiste pas véritablement dans l'acte d'abstraire l'espèce, mais dans celui de recevoir l'espèce engendrée. C'est cela qui est proprement connaître. Donc, c'est l'intellect possible qui, proprement, connaît. Une opinion contraire à la première peut alors être défendue. Elle est confortée par le fait que l'intellect possible n'est pas seulement le réservoir inerte des espèces acquises, puisqu'il est à même d'engendrer la connaissance actuelle de ces espèces, en les présentant à l'intelligence, qui peut les communiquer au moyen de signes. Bien des autorités d'Augustin vont dans ce sens, par exemple celles-ci : « La pensée formée à partir de la chose que nous connaissons est le verbe prononcé au fond du cœur ». Ensuite : « Il est nécessaire en effet, lorsque nous disons le vrai, c'est-à-dire ce que nous savons, que de la science que nous conservons dans la mémoire naisse un verbe qui est entièrement de même sorte que la science d'où il naît » (*La Trinité* XV, 10; *BA*. XVI, 469).

Ce qui montre que l'une et l'autre positions ne sont pas exclusives, c'est qu'un même argument avancé en faveur de l'une peut être retourné en faveur de l'autre. Par exemple, cette observation du Commentateur, c'est-à-dire Averroès. Si, dit-il, les choses étaient telles que Platon les a conçues, aucun intellect agent ne serait requis (puisque les formes n'auraient pas besoin d'être abstraites). Donc, l'intellect agent n'a été introduit qu'afin de rendre l'objet universel. C'est une sorte d'adjuvant. Par suite, l'intellection véritable n'est pas l'acte de l'intellect agent. C'est celui, postérieur, de l'intellect possible. Ce à quoi l'on peut évidemment objecter que, justement, les choses ne sont pas telles que Platon les a conçues. Par conséquent, l'intellect agent est nécessaire pour abstraire les formes ou espèces, et c'est là son acte propre. A lui revient donc le rôle majeur. Après avoir confronté les deux points de vue, ainsi que leurs arguments et contrarguments respectifs, Duns Scot tente d'abord d'établir une position intermédiaire et conciliatrice, qui rendrait justice à l'un et l'autre point de vue : « Si l'on compare, dit-il, la distinction d'Augustin au chapitre 2 de *La Trinité*, livre

X, entre la mémoire, l'intelligence et la volonté, avec celle que fait Aristote entre l'intellect agent et l'intellect possible, il apparaît qu'elles correspondent l'une à l'autre en ce sens que seul l'intellect possible est intelligence, parce que lui seul reçoit l'acte d'intellection. Aristote parle généralement de l'intellect en ces termes, c'est-à-dire comme étant ce par quoi nous connaissons, ou ce par quoi nous recevons l'intellection » (*Olms* XII, 430). Donc, l'intellect possible d'Aristote correspondrait à l'intelligence actuelle selon Augustin. Cela ne va pas sans poser problème, car il est difficile de superposer "intellect possible" et "intelligence actuelle", à cause de l'ambiguité de l'intellect possible aristotélicien, lequel est certes "actif" aux yeux d'Aristote, pour la raison que Duns Scot vient de rappeler, mais apparaît aussi "passif", puisqu'il "reçoit". C'est pourquoi le docteur poursuit en ces termes : « L'intellect possible correspond aussi à la mémoire, dans la mesure où il appartient à la mémoire de stocker les connaissances habituelles, comme le veut Augustin, lequel, au chapitre 10 de *La Trinité*, livre XV, parle de "la science que nous conservons dans la mémoire" ». Par là, l'intellect possible est clairement identifié à la mémoire. Et l'on retrouve Aristote car, dit Duns Scot, c'est la mémoire, ou l'intellect possible identifié à la mémoire, qui nous permet de passer de la connaissance habituelle à la connaissance actuelle.

Cette tentative de conciliation est-elle parfaitement satisfaisante ? Il semble que la réponse soit négative, parce que, dans son effort pour ajuster l'intellect possible aristotélicien à l'intelligence actuelle d'une part, d'autre part à la mémoire selon Augustin, Duns Scot réussit assez bien, mais au prix de laisser de côté l'intellect agent. C'est pourquoi, en fin de compte, il conclut que la première opinion, celle qui attribue le rôle principal à l'intellect agent, semble *probabilis*, c'est-à-dire non pas "probable", mais "digne d'être approuvée". Quant aux raisons de cette préférence, il ne les donne pas. Il faudra donc tenter de les imaginer. Mais, avant d'en venir à ce point terminal, l'on doit s'arrêter à ce qui, pour le présent propos, à savoir les rapports entre les facultés, est le plus important, la non-distinction réelle des puissances entre elles et leur identité réelle avec la substance de l'âme. « En bref, dit Duns Scot, si une distinction réelle entre les puissances – soit que l'on pose que chacune est quelque chose d'absolu, soit que les relations entre elles sont réelles – n'est pas admise, et si l'on affirme qu'une seule et même entité, illimitée en quelque façon, est le principe immédiat d'actes différents, mais se voit appelée de tel ou tel nom par rapport à l'autre, alors la première voie semble digne d'être approuvée » (*Olms* XII, 431), c'est-à-dire celle qui attribue le rôle actif à l'intellect agent.

Les puissances de l'âme ne se distinguent pas réellement, faute de quoi elles pourraient être séparées. Leurs relations entre elles ne sont pas non plus des relations réelles, car sinon elles seraient réellement distinctes, et pourraient donc être séparées, ce qui a déjà été refusé. Toutefois, l'on ne dira pas que ces relations sont seulement des relations de raison ou relations conceptuelles, qui seraient introduites de l'extérieur par l'investigation. Il est clair, en effet, que la connaissance actuelle n'est pas identique à la connaissance habituelle. Mais c'est la même âme qui possède l'une et l'autre connaissances. Elle est appelée "intelligence" ou bien "mémoire" selon l'acte considéré. Ni réelle, ni conceptuelle, la distinction des deux puissances est une distinction "formelle". A deux concepts différents d'une même réalité correspondent, dans cette réalité, des "formes" différentes. Et l'on peut observer, comme l'ont fait remarquer plusieurs commentateurs, que cette distinction "formelle", que Duns Scot donne parfois pour "intermédiaire" ou moyenne, est en réalité plus proche de la distinction réelle que de la distinction conceptuelle, car ce n'est pas l'intellect qui l'introduit dans les choses. C'est donc, selon la formulation la plus précise que le docteur ait donnée une *distinctio formalis a parte rei*, une distinction formelle (par opposition à réelle), dont la raison est dans la chose considérée (et non dans l'intellect qui la considère). Une seule et unique entité absolue, à savoir l'âme intellective, suffit à concevoir ses multiples opérations, parce qu'elle est "en quelque façon illimitée", c'est-à-dire capable d'une infinité d'opérations (comment serait-il possible de dénombrer toutes les pensées qu'un homme a conçues dans sa vie ?).

L'unité substantielle de l'âme, jointe à la distinction formelle de ses puissances, n'est pas une doctrine propre à Duns Scot – il faut le remarquer. Elle appartient en réalité à la tradition franciscaine depuis de *Traité de l'âme* de Jean de la Rochelle au moins, car jamais cette tradition n'a consenti à l'idée que les puissances de l'âme-substance seraient des "accidents" de celle-ci, comme semble l'avoir vu Thomas d'Aquin. A juste titre assurément, du moins si l'accident est pris au sens propre. Pris au sens propre, en effet, *accidens adest et abest*. Un accident peut être présent ou absent dans une substance, sans que la substance, en tant que telle, soit changée. Imaginons un instant l'âme intellective sans l'intelligence ou la mémoire. L'on voit immédiatement qu'elle n'est plus la substance qu'elle est. Si l'on repasse en esprit toute cette discussion, l'on voit que Duns Scot parvient, non sans labeur, à des idées qui nous sont aujourd'hui familières. Loin de nous la conception d'Aristote, pour qui *intelligere est quoddam pati*. Proche de nous, la vision scotiste qui voit dans l'intelligence une activité productrice des espèces et de l'intellection des espèces produites. Loin de nous, l'idée de distinguer dans l'intellect deux intellects. Proche de nous, l'idée que l'activité cognitive est inséparable de la mémoire intellectuelle – mystérieuse mémoire il est vrai, que nous ne parvenons pas à isoler et prendre séparément, car la mémoire pense certainement en tant qu'elle participe de l'âme intellective, et pourtant elle n'est pas identique à l'intelligence actuelle.

Pourquoi Duns Scot choisit-il finalement la première voie, qui attribue le rôle principal à l'intellect agent ? Il ne le dit pas, et c'est pourquoi il faut tenter d'imaginer ses motifs ou raisons, avons-nous dit plus haut. La raison majeure paraît être celle-ci : comme l'enseigne le Philosophe, l'intellect est à l'origine comme une tablette de cire vierge, sur laquelle rien n'est écrit. Puisque donc il n'existe pas de connaissance innée, le rôle actif et productif de l'intellect agent ressort en pleine lumière. En revanche, lorsqu'il parle de la science, Augustin a en vue la science déjà formée, qui réside dans la mémoire. C'est pourquoi il ne s'attarde pas longuement à la question de savoir par quels moyens cette science est acquise. D'ailleurs, comme l'observe Duns Scot, Augustin ne pose pas l'existence d'espèces intellectuelles dans l'esprit (un augustinien de stricte observance comme Pierre Olivi le suit sur ce point). Puisque donc Duns Scot étudie principalement la connaissance naturelle du point de vue de sa genèse, il est normal qu'il mette l'accent sur l'activité et la productivité de l'intellect agent. Il ne suit pas de là que l'intellect possible, dès lors identifié à la mémoire intellectuelle, soit purement passif. Il est actif lui aussi, non par soi il est vrai, mais par accident, lorsqu'il exprime dans l'intelligence actuelle l'espèce intellectuelle qu'il conserve. Dans cette espèce brille l'objet et, quand l'espèce passe de la mémoire dans l'intellect, l'objet est présent et connu en acte de l'intellect. « Pour ce qui est du second acte de la mémoire, conclut Duns Scot, qui consiste à engendrer la connaissance actuelle [en exprimant l'espèce intelligible dans l'intelligence], il est clair que cet acte relève de l'intellect possible par accident car, lorsqu'une forme active existe dans un sujet, agir par cette forme appartient à ce sujet par accident, tout de même que le bois chauffe par accident [tandis que le feu chauffe par soi]. Or, ce par quoi l'objet se comporte activement afin d'engendrer l'intellection est une forme dans l'intellect possible. Par conséquent, l'intellect possible est à tout le moins productif par accident » (*Olms* XII, 430).

En fin de compte, la connaissance actuelle relève par soi de l'intellect. Lorsque celui-ci se tourne, ou plutôt est tourné vers des connaissances déjà acquises, alors la mémoire intellectuelle exprime ces connaissances, et les fait en quelque sorte sortir d'elle-même. Elle est donc active à cet égard, mais on ne peut pas soutenir que la mémoire, formellement, connaît. Pourquoi, demandera-t-on sans doute, doit-on dire que l'intellect est tourné vers la mémoire, plutôt qu'il ne se tourne vers elle ? C'est parce qu'il y faut une action de la volonté, qui est la troisième puissance, seule capable d'orienter l'intellect vers tel ou tel objet.

Intelligimus quando volumus. Cette proposition d'Aristote, que Duns Scot cite à plusieurs reprises (cf. par exemple *Im*., 187), doit être glosée comme suit : grâce à la mémoire, qui conserve les habitus ou acquis intellectuels, l'âme intellective est indépendante de la réalité extérieure, puisqu'elle contient des espèces des choses. C'est pourquoi l'intellect n'a pas besoin de se reporter à la *res ut extra*. Mais afin qu'il se tourne, ou plutôt soit tourné vers telle ou telle *res ut concepta*, il faut une motion, c'est-à-dire une impulsion de la volonté. Une fois développée, la formule qui précède condense par conséquent les interactions des puissances dans l'activité intellectuelle. Elles sont trois, pas une de moins, pas une de plus (dans la dernière question de *L'Image*, Duns Scot explique pourquoi l'âme ne peut être ni binaire ni quaternaire)

L'intellect et la mémoire du passé

Outre la mémoire intellectuelle, Duns Scot a étudié les rapports entre l'intellect et la mémoire du passé, et ses observations psychologiques sur ce sujet méritent d'être évoquées, au moins brièvement, car le docteur établit des vérités toujours vraies : que le ressouvenir du passé est en réalité ressouvenir d'un acte passé du sujet qui se souvient ; que la mémoire du passé, ainsi comprise, est personnelle ; que l'acte récordatif s'accompagne de la conscience du temps ; enfin, que cet acte n'est pas simple mais composé. Nous suivons ici le texte de l'*Ordinatio* IV, d. 45, q. 3, et celui, parallèle, des *Reportata Parisiensia.* Etant admis qu'il peut exister en nous un acte de connaître le passé en tant que passé, « j'ajoute, dit Duns Scot, que cet acte, qui est appelé “se souvenir” (*recordari*), n'a pas pour objet immédiat ce qui est passé, quel qu'il soit, mais seulement un acte passé qui a été présent chez le sujet que se ressouvient, et qui fut chez lui un acte humain », cela par opposition aux actes des facultés inférieures, par exemple les actes végétatifs, dont il n'est pas de souvenir. « En effet, je ne me rappelle pas que tu étais assis, sinon parce que je me rappelle que j'ai vu ou su que tu étais assis » (*Olms* X, 194). C'est pourquoi, bien que je sache que je suis né, cela sous la raison du passé, je ne me rappelle pas ma naissance, ni que le monde a été fait.

De cette distinction entre le passé et le souvenir d'un acte passé (qui évoque à certains égards la fameuse distinction bergsonienne, sans doute parce que Bergson, comme avant lui Duns Scot, dépend d'Augustin sur ce point) suivent plusieurs conséquences. Premièrement, « puisque l'objet du ressouvenir est un acte passé en tant qu'il est passé, la puissance qui se ressouvient, ou puissance récordative, exerce son acte dans un temps postérieur, de sorte que l'acte de se ressouvenir succède à ce dont on se ressouvient, et donc le ressouvenir se fait nécessairement dans le temps, par passage et transition de l'un à l'autre » (*Olms* XI-2, 870). La seconde conséquence est que la puissance récordative perçoit le temps, faute de quoi elle appréhenderait seulement le passé, et non pas le passé en tant que passé. La troisième conséquence est que l'objet du ressouvenir, quand on s'en ressouvient, n'est pas présent en soi, faute de quoi le ressouvenir ne porterait pas sur quelque chose qui est passé en tant que passé, mais sur quelque chose de présent. La quatrième conséquence est que l'objet dont on se ressouvient est "en quelque façon présent", mais non pas présent en soi, comme il vient d'être dit. Il faut donc qu'il soit présent dans une espèce ou une image qui le représente. Donc, ce qui vient en premier dans la puissance récordative, en tant qu'elle est récordative ou remémorative, est cette espèce ou image; vient ensuite l'acte passé dont cette espèce est l'espèce, ou cette image l'image, en tant que cet acte a été un acte de celui qui se souvient; enfin, l'objet qui fut le terme de cet acte passé. En résumé, quand je me rappelle que tu étais assis, j'ai d'abord un souvenir ou une image. Grâce à ce souvenir ou cette image, je me rappelle t'avoir vu assis. Enfin, je me rappelle ce que j'ai vu, à savoir que tu étais assis. Il y a là tout un programme pour la psychologie des profondeurs, et la littérature de même genre – avec son oscillation caractéristique, qui suffit à faire tout un roman – je me rappelle que je t'ai vu assis, je me rappelle que tu étais assis !

L'on peut toutefois adresser une objection à cette description minutieuse. La distinction entre "se rappeler avoir vu quelque chose" et "se rappeler ce que l'on a vu" est claire, car le premier acte se rapporte au sujet, le second à l'objet. Mais, peut-on dire, à proprement parler, que l'on se rappelle l'espèce ou l'image, puis l'acte et l'objet de l'acte ? Car, si l'on dit que l'on se rappelle l'espèce ou l'image, cette espèce ou image sera l'objet de l'acte de se ressouvenir. Dans ces conditions, il y aura deux objets, d'une part l'espèce ou image elle-même, d'autre part l'acte passé et le terme de cet acte. Mais comment pouvons-nous concevoir deux objets à la fois ? Pour sortir de la difficulté, il suffit d'observer qu'une espèce ou image peut certes terminer un acte, mais ce terme est une entité représentative, par laquelle quelque chose d'autre est connu, c'est-à-dire représenté par l'espèce ou l'image. La difficulté est alors aplanie, car il est tout à fait possible de concevoir deux objets en même temps, si le premier – l'espèce ou l'image – est le représentant de l'autre. Mais la mémoire, en tant que mémoire, connaît-elle cette distinction ? Il ne le semble pas, car seul l'intellect peut l'effectuer, qui sait ce qu'est un représentant. Donc, l'intellect concourt nécessairement avec la mémoire. En outre, il semble bien que la conscience du temps relève proprement de l'intellect, et non pas de la mémoire (et l'on pourrait apporter, en faveur de cette idée, bien des observations tirées de la psychologie actuelle). Le rôle de l'intellect est donc nécessaire dans la *recordatio*. C'est pourquoi, au demeurant, l'on ne s'étonne pas de voir Duns Scot conclure en ces termes : « L'acte de la mémoire ne suffit pas à l'acte de se ressouvenir, il y faut l'intellect et l'imagination, dont l'acte récordatif dépend pour être parfait, car il n'a pas la conscience du temps et de la succession » (*Olms* XI-2, 872). Il est dommage que Duns Scot n'ait pas tiré de ces remarques la théorie du rêve que l'on pouvait en espérer.

L'intellect et la volonté

Les rapports entre l'intellect et la volonté peuvent être étudiés sous divers angles. Tout d'abord, quand on cherche à savoir comment ils coopèrent dans l'"acte pratique", c'est-à-dire l'acte moral, celui qui seul peut être qualifié de bon ou mauvais. Cette question est renvoyée au chapitre ultérieur qui concerne la volonté dans les actes pratiques. Ensuite, quand on examine les rapports de ces deux puissances dans l'activité intellectuelle prise séparément. Il ne faut pas s'attendre à trouver chez Duns Scot une théorie comparable à celle de Descartes, selon lequel l'intellect conçoit, la volonté affirme ou nie, d'où il suit que la vérité et la fausseté dépendraient de la volonté (ce qui est impossible, puisque l'affirmation et la négation, étant contenues dans la proposition qui l'exprime, sont un acte de l'intellect). Mais alors, demandera-t-on, quel sera, ou pourra être le rôle de la volonté dans l'activité intellectuelle ? Pour le voir, il faut commencer par rappeler que le terme "volonté" peut désigner plusieurs actes différents sans les confondre. Sous le nom de "volonté naturelle" (*voluntas ut natura*), ce terme désigne toute tendance qui porte la créature à rechercher ce qui lui est profitable et avantageux (elle peut alors être nommée *appetitus* ou *amor commodi*). Sous le nom de "volonté en tant que libre" (*voluntas ut libera, amor honesti, amor amicitiae*), il signifie une puissance libre, qui, chez un sujet rationnel, est à même de prendre le contre-pied d'une tendance naturelle, au moins quelquefois. Dans ce cas, la volition n'est pas autre chose que la dilection. Elle s'identifie à l'amour ou la charité. Tandis que le désir naturel aspire à ce qui est avantageux pour la créature, l'amour d'amitié (l'expression est d'Augustin) aime quelque chose ou quelqu'un pour sa valeur en soi. Celui qui aime de cet amour préfère à soi ce qu'il aime (*Illum oportet crescere, me autem minui*, dit Jean-Baptiste). Enfin, en tant qu'elle joue un rôle dans l'activité intellectuelle, la volonté est l'attention vigilante, ou plutôt la cause de l'attention. Ainsi qu'on le voit à cette énumération, la volonté apparaît sous de multiples formes comme le principe qui anime toute la vie de l'esprit. Cette idée n'est d'ailleurs pas une innovation de Duns Scot, puisqu'il déclare expressément sa dette : *Secundum Anselmum* [Anselme de

Cantorbéry] *voluntas est motor in toto regno animae* (*Ordinatio* II, d. 42, q. 4; *Olms* VI-2, 1044).

L'importance de l'attention dans la vie de l'esprit ressort clairement de l'expérience, comme l'indique la question 15 du *Quodlibet*: « Un objet étant dans l'intellect et présent à celui-ci, si l'effort et l'attention mis à le penser sont plus grands, l'on peut avoir une intellection plus parfaite. Il apparaît qu'une trace plus parfaite est alors laissée; par conséquent, une attention plus grande de la part de la volonté fait en quelque façon une intellection plus parfaite » (*Olms* XII, 423). Nous observons également que, tandis que nous avons la pensée distincte de quelque chose, des pensées plus confuses, et comme inachevées, sont présentes dans l'intelligence. Elles enveloppent en quelque sorte la première, à moins que celle-ci soit à ce point parfaite et actuelle qu'elle ne tolère pas la présence d'autres pensées à ses côtés. Comment se fait-il alors, ainsi qu'on l'observe en permanence, que l'intelligence soit détournée d'une pensée distincte pour se tourner vers telle ou telle pensée confuse qui accompagne la première? Comment, en d'autres termes, s'explique la mobilité de l'intelligence? Par la volonté ou dilection. « Lorsque [des] pensées confuses et imparfaites sont dans l'intelligence, la volonté peut (...) se complaire à n'importe laquelle, même si cette pensée n'a pas encore été conçue en acte comme un objet [distinct] ». D'abord faible et presque évanescente, cette pensée se voit ainsi renforcée et rendue plus présente par le fait que la volonté y trouve sa complaisance. « Donc, une pensée qui était moins intense et imparfaite est rendue plus parfaite et intense par cette complaisance; c'est de cette façon que la volonté peut ordonner à l'intellect de concevoir cette pensée, et le tourner vers elle; en revanche, si la volonté ne veut pas d'une autre pensée, en laquelle elle ne se complaît pas, cette pensée est repoussée ou cesse d'exister; en ce sens, la volonté est dite détourner l'intellect (...) ».

Le rôle de la volonté dans l'attention et dans la distraction est le signe de sa force. Toutefois, l'on aurait tort d'y voir la preuve d'on ne sait quel volontarisme, qui fut assez souvent reproché à Duns Scot. Car si le volontarisme signifie le primat de la volonté sur l'intellect, alors il est peut-être possible, à condition de clarifier le sens de cette expression, qui ne va pas de soi, de l'imputer à un Henri de Gand, ou bien un Pierre Olivi, mais non pas à Duns Scot. En effet, en même temps qu'il met le rôle de la volonté en valeur, le docteur souligne les limites de son action. On le voit sur le cas des principes connus par soi, comme les propositions nécessaires, ou encore les vérités morales premières, comme le commandement en lequel tous les autres se résument. « La vérité d'un principe pratique nécessaire ne dépend pas davantage de la volonté que celle d'un principe spéculatif » (*P. Ord.*,

329-31). Et encore : « De même que les principes des sciences spéculatives sont connus comme vrais à partir de leurs termes, de même les principes pratiques. Par conséquent, un intellect capable de concevoir les quiddités signifiées par les termes d'un principe pratique premier, et de les composer entre eux, dispose d'un motif suffisant, qui le pousse par voie de nature à assentir à ce principe; puisque donc l'acte de la volonté est postérieur, l'intellect ne peut être empêché d'assentir à ce principe par l'action de la volonté; à tout le moins ne peut-il être porté à assentir au contraire » (*Ordinatio* II, d. 7, q. un.; *Olms* VI-2, 578). Parce que l'*assensus* de l'intellect est antérieur à tout acte de la volonté, il n'en dépend pas, et si la volonté peut commander à l'intellect de réexaminer à plusieurs reprises un principe, soit spéculatif, soit pratique, l'intellect se trouvera seulement affermi dans son assentiment. Mais je ne pourrai jamais me faire croire à moi-même que « les astres sont pairs », c'est-à-dire en nombre pair. Allons plus loin. La volonté est libre, mais il lui est malaisé de ne pas suivre le dernier jugement pratique de la raison, c'est-à-dire celui qui précède immédiatement l'acte pratique de la volonté : « Il est difficile pour la volonté de ne pas incliner à ce qui est dicté en dernière instance par la raison pratique, bien que ce ne soit pas impossible » (*Rep. Par.* II, d. 39, q. 3; *Olms* IX-1, 406). L'on croirait lire Descartes dans ses Lettres à Mesland.

La contenance unitive

Concluons sur un texte où, se référant au Pseudo-Denys, Duns Scot explique l'unité de l'âme et de ses puissances par le concept de contenance unitive (bien que cette expression ne se trouve pas littéralement chez l'Aéropagite, comme l'observe Gilson) : « Selon Denys, au chapitre 5 des *Noms divins*, la contenance unitive (*continentia unitiva*) ne concerne pas des choses qui sont entièrement les mêmes, parce que de semblables choses ne s'unissent pas; ni non plus des choses qui demeurent distinctes de la distinction par laquelle elles étaient distinctes avant d'être unies; elle concerne des choses qui sont une réellement, et qui cependant demeurent distinctes formellement, ou encore des choses qui sont identiques par identité réelle, et cependant distinctes formellement ». Et Duns Scot poursuit : « De même, nous pouvons admettre que l'intellect et la volonté ne sont pas des parties de l'essence de l'âme, mais sont contenues unitivement dans l'âme comme des passions [ou propriétés] de celle-ci, grâce auxquelles l'âme est en mesure d'opérer; ce n'est pas qu'elles soient l'essence de l'âme formellement : elles sont formellement distinctes, et cependant la même chose que l'âme par identité et unité (...) » (*Ordinatio* II, d. 16, q. un.; *Olms* VI-2, 772-73).

LA QUESTION DE L'IMMORTALITÉ DE L'ÂME

La question 9 du *Quodlibet* demande « si Dieu peut faire qu'un ange informe une matière » (*Olms* XII, 226). Il ne s'agit pas ici de savoir si quelque ange peut opérer un changement dans le monde où il est envoyé, ainsi qu'il est communément admis, mais si Dieu peut faire en sorte qu'un ange prenne corps tout en restant ce qu'il est, c'est-à-dire sans devenir une âme semblable à celle de l'homme, qui informe son corps mortel. La réponse de Duns Scot est négative. Un être tel que l'ange ne peut informer une matière. Cela est absolument contraire à sa nature. Cette question sur l'ange entraîne naturellement quelques considérations annexes sur l'âme humaine, ne serait que parce que l'âme, quoique "perfective d'une matière" présente bien des similitudes avec l'ange. Dès lors, la question se pose de savoir si l'âme, entendant par là l'âme intellective, peut être séparée de la matière. Pour les raisons que l'on a vues plus haut, cette question ne peut être résolue qu'à partir d'un examen des opérations de l'âme. L'on cherche donc à savoir si ses opérations sont immatérielles. Ce point a déjà étudié plus haut mais, dans le *Quodlibet*, la présentation est un peu différente. L'argument par l'inorganicité de l'opération spirituelle est reproduit. Mais celui par l'immatérialité de l'objet (c'est-à-dire le fait que l'âme peut connaître un objet abstraction faite de l'ici-et-maintenant et, plus généralement, de toutes les conditions matérielles) est jugé cette fois moins concluant. La raison en est que cet argument établit seulement l'immatérialité de l'opération au sens "terminatif", c'est-à-dire par son terme. Or, à partir de l'immatérialité "terminative" de l'opération, l'on ne peut conclure à son immatérialité par soi. On le pourrait peut-être dans une philosophie platonicienne de l'âme, par application du principe par lequel "le semblable est connu par le semblable" (l'âme est de nature semblable aux Idées incréées qu'elle connaît), mais ce principe n'est pas applicable selon Duns Scot aux rapports entre l'âme et l'objet de connaissance. En outre, dit-il, pour avoir la conclusion désirée, il faudrait montrer que l'opération qui a pour objet l'universel « ne saurait être communiquée à la matière en quelque façon » (*ibid.*, 230). A notre avis toutefois, ce qui fait la force de l'argument par l'objet dans la présentation précédente, c'est avant tout le fait que l'immatérialité terminative de l'opération est couplée avec la conscience réflexive, en laquelle réside le nerf véritable de la preuve.

Dans le *Quodlibet*, Duns Scot procède à une analyse de l'opération dans ses rapports avec l'âme et avec l'homme. Son argument repose sur la distinction entre « la forme du tout » et la « forme d'une partie », une distinction qui avait été répandue, mais non pas inventée, par Gilles de Rome dans ses *Theoremata de esse et essentia*. « L'intellection n'a pas pour récepteur prochain quelque chose de matériel en premier; son récepteur propre et prochain est une forme, non pas la forme du tout, c'est-à-dire la quiddité (au sens où l'humanité est la quiddité de l'homme), mais une forme simple, qui est l'autre partie du composé». En d'autres termes, puisque la forme de l'homme, entendant par là la forme du tout, contient d'un côté une matière et, de l'autre, l'âme, il suit que cette dernière, qui est l'autre partie du composé, n'est pas matérielle. De plus, elle est simple, ce qui veut dire qu'elle n'est pas composée à son tour – sinon, l'on va à l'infini. Ou encore, si le composé est véritablement un composé de deux parties réelles, et si l'une des parties est matérielle, l'autre ne l'est pas. Pour corroborer cette théorie, Duns Scot souligne les différences entre une opération sensorielle et une opération spirituelle. L'organe sensoriel, qui est le récepteur immédiat de la sensation, est composé de l'âme et d'une partie déterminée du corps. Cela explique pourquoi, séparée du corps, l'âme ne peut rien sentir, parce que le sujet propre de la sensation, qui est l'organe, lui fait défaut. Elle est donc impassible. Dans le cas de l'intellection, c'est le contraire, car le sujet immédiat (ou prochain) ou la raison formelle par lesquels l'intellection est reçue est l'âme, ou une partie de l'âme qui ne comporte pas de matière. C'est pourquoi, l'âme séparée du corps peut encore penser, parce que le récepteur immédiat ou prochain de l'intellection subsiste. Duns Scot conclut donc en ces termes : « Penser est une opération immatérielle parce qu'elle a un récepteur prochain ne contenant pas de matière, du moins corporelle et, par suite, l'on peut avoir avoir l'opération sans cette matière. Or ce qui peut avoir cette opération sans la matière peut avoir l'être sans la matière. Par suite, une nature qui a en propre cette opération peut avoir l'être sans la matière» (*Olms* XII, 230). Mais, ajoute-t-il aussitôt, il ne suit pas de là qu'il est impossible pour cette nature d'informer une matière. Sinon, évidemment, il n'y a plus de différence entre l'âme et l'ange.

Avant de voir quelle conclusion peut être tirée de ce qui précède pour le présent propos, à savoir l'immortalité de l'âme, il faut revenir sur la distinction entre «la forme du tout» et la «forme de la partie». Si l'âme intellective est le sujet prochain ou immédiat de l'intellection, l'homme en est le sujet lointain ou médiat, cela par soi et non par accident. La distinction entre sujet prochain et sujet lointain se comprend facilement sur un exemple simple : si une table est peinte de blanc, le sujet prochain qui reçoit cette couleur est la surface de la table. Mais, comme la surface est dans la table, la table peut être dite blanche par dénomination, en tant que sujet lointain recevant la couleur. Cette considération est essentielle pour ne pas mettre en péril l'unité de l'homme. Afin que sa pensée ne prête pas à confusion, Duns Scot insiste sur ce point : «L'âme est dite penser proprement dans la mesure où elle est le récepteur prochain de l'intellection mais, lorsqu'elle est unie au corps, elle n'est pas réceptrice de la première façon [la surface est réceptrice de la couleur], car elle est alors la raison pour laquelle penser convient à l'homme comme à un tout en vertu de sa forme [la table est réceptrice de la couleur] » (*ibid.*, 232).

Pour le présent propos, il faut donc retenir ce qui paraît bien être la conclusion ultime de Duns Scot : « Une nature qui a en propre [l'] opération [de penser] peut avoir l'être sans la matière ». Il est clair que ce qui peut exister sans la matière peut survivre à la destruction du composé. Il est clair aussi que cela ne suffit pas à établir l'immortalité de l'âme. D'une part, l'inférence est hypothétique. D'autre part, la conclusion est équivoque. En effet, si l'on conclut l'immortalité de l'âme, il suit que l'âme est formellement immortelle ou immortelle de soi. Si elle est immortelle de soi ou par soi, l'on voit mal comment elle pourrait être détruite. Ou bien, si l'on admet qu'elle peut être détruite, comme toute créature créée peut l'être, il faudra poser un acte positif d'annihilation, qui ne peut venir que de celui qui a créé l'âme, à savoir Dieu. Or ce n'est pas de cette façon qu'il agit, selon Duns Scot. « Annihiler n'est pas faire quelque chose, c'est ne pas conserver quelque chose dans l'existence qui était la sienne. Conserver et ne pas conserver sont propres à Dieu ; par conséquent aussi annihiler » (*Reportata Parisiensia* IV, d. 1, q. 1 ; *Olms* XI-2, 563). Cela est cohérent avec l'idée que la création est en même temps conservation. Donc, de même que, s'il le veut, Dieu peut annihiler un ange en cessant simplement de le conserver, de même en va-t-il de l'âme. L'on est donc en droit de conclure, semble-t-il, que l'âme n'est pas immortelle de soi. Plus précisément, elle est indestructible soit par des causes intrinsèques soit par des causes extrinsèques inférieures, mais n'est pas indestructible par une cause extrinsèque supérieure.

Si nous avons bien compris la position de Duns Scot sur le sujet (qui est déjà celle d'un Robert Grossetête, semble-t-il), elle se présenterait comme suit en résumé : que l'âme survive au corps n'est pas impossible, parce que ce n'est pas contradictoire, pour les raisons que l'on a vues. Mais c'est là tout ce que le raisonnement peut établir. Quant aux philosophes qui ont examiné ce problème, il est difficile de se reposer sur eux. Par exemple, l'on trouve chez Aristote des principes qui tantôt vont dans le sens de l'immortalité, tantôt favorisent la vue opposée. De plus, les philosophes donnent quelquefois pour prouvé ce qui n'est que probable, ou se limitent à suivre l'opinion de leurs prédécesseurs. Quant aux arguments des augustiniens – par le désir, naturel à l'homme, de l'immortalité ; par la joie avec laquelle il accueille toute promesse d'immortalité –, ils ne semblent pas non plus concluants, car il n'est pas prouvé que le désir d'immortalité soit inhérent à la nature de l'homme, et la raison ne peut pas établir par ses seules forces que la vision béatifique de Dieu est le fin de l'homme – c'est évident. Mais dans l'insuffisance ou la défaillance de la raison Duns Scot voit un motif supplémentaire de rendre grâce à Dieu : « Il apparaît à partir de là combien nous devons être reconnaissants à la miséricorde du Créateur de nous avoir donné par la foi les plus grandes assurances sur les choses qui concernent notre fin et la perpétuité éternelle, choses sur lesquelles les esprits les plus pénétrants et les plus savants ne sont pratiquement parvenus à rien » (*Ordinatio* IV, d. 43, q. 2 ; *Olms* X, 36).

CHAPITRE VII

THÉORIE DE LA VOLONTÉ

VOLONTÉ ET VOLITION

Chez Duns Scot, comme chez les scolastiques en général et jusqu'à l'âge classique, la volonté se présente sous plusieurs aspects différents, quoique liés – désir ou appétit, volonté au sens propre du terme, enfin amour ou dilection. Or, comme l'on est aujourd'hui habitué à voir dans la volonté une faculté de nature opérative ou efficiente, qui se concrétise dans l'action, et diffère par conséquent tant du désir que de l'amour, qui sont plus intérieurs, cette énumération peut paraître hétéroclite, et le terme "volonté" manquer d'unité. Toutefois, puisque l'acte pratique, c'est-à-dire moral, n'est pas immédiatement l'acte exécuté au dehors mais un acte antérieur, interne à la volonté, il est clair que ce qui est appelé ici volonté est proprement le libre arbitre (l'expression *liberum arbitrium* se trouve par exemple à la distinction 7 de l'*Ordinatio* II; *Olms* VI-2, 553; elle vient évidemment du traité *Du libre arbitre* d'Augustin). Dans ces conditions, il n'y a pas d'inconvénient à placer et le désir et le choix et l'amour dans une seule et même faculté, sans compromettre l'unité de cette faculté ou puissance. Cela d'autant moins que ces actes sont tous trois optatifs : l'on peut soit désirer, soit fuir quelque chose, choisir de faire ceci et non pas cela, ou encore choisir de ne faire ni ceci ni cela; l'on peut enfin soit aimer soit haïr quelqu'un, ou le haïr après l'avoir aimé, ou le contraire quoique plus rarement. C'est cette optativité, ou aptitude à opter, qui caractérise d'emblée la volonté et la distingue des autres puissances par une marque singulière. Elle diffère par là de la mémoire d'une part, d'autre part de l'intellect pris séparément. La mémoire jouit d'une certaine autonomie, comme on l'a vu plus haut, mais elle n'est pas une puissance optative à proprement parler.

L'intellect est collatif mais n'est pas optatif. Il est à même de comparer entre elles telle ou telle idée, telle ou telle possibilité, mais on ne dira pas qu'il choisit le vrai. Car le vrai s'impose à lui, pour peu qu'il conçoive distinctement les termes d'une alternative clairement formulée. A cet égard, c'est une faculté liée. Et lorsque Aristote dit que l'intellect « choisit toujours ce qu'il y a de meilleur pour lui-même », il n'entend pas que l'intellect fait un choix, mais seulement qu'il sait ce qu'il y a de meilleur pour lui-même. L'idée que l'intellect est en quelque façon nécessité dans son acte n'est donc pas sans précédent. L'idée que la volonté est une faculté toute différente des autres, comme y insiste Duns Scot – *tam nobilis facultas*, dit-il avec une sorte de tendresse –, est également traditionnelle, mais elle puise à une source différente, qui est Augustin : « Il n'y a rien qui soit autant au pouvoir de la volonté que la volonté elle-même » (l'on sait que le texte des *Révisions* ajoute cette précision capitale, tirée des Proverbes : « mais la volonté est préparée par le Seigneur » (*BA*. XII, 409)). Par "volonté", il faut entendre dans ce texte non pas cette puissance mais son acte, ainsi que Duns Scot le précise dans la question 18 du *Quodlibet*. Bien sûr, dit Augustin, il n'est pas en notre pouvoir d'être touchés ou non par ce que nous voyons. Mais si ce que nous voyons suscite en nous le désir de façon inévitable, nous avons cependant le pouvoir de céder à ce désir ou bien d'y résister. Deux hommes voient une belle femme. Le premier la suit, l'autre non. Comment expliquer cette différence, si ce n'est par la puissance que nous avons de contrecarrer le désir naturel? Ainsi raisonne Augustin, repenti et converti.

Le fait qu'Augustin recourt à un exemple tiré de l'expérience afin de montrer que nous avons en nous-mêmes un pouvoir d'élection est significatif d'un problème bien connu. C'est que l'on ne peut pas prouver démonstrativement ou par la cause que la volition est contingente. Mais au lieu d'en tirer la conclusion que tout ce que l'on peut en dire est sans valeur, Duns Scot voit la preuve qu'il y a là un principe immédiat. Il cite d'abord Aristote : « C'est de l'ignorance, en effet, que de ne pas distinguer ce qui a besoin de démonstration et ce qui n'en a pas besoin. Or il est absolument impossible de tout démontrer : on irait à l'infini, de telle sorte que, même ainsi, il n'y aurait pas de démonstration » (*Métaphysique* Γ, c. 4, 1006a 5-9). Et il poursuit : « En effet, il n'y a pas de démonstration du principe de la démonstration. Or, qu'"une volonté veut ceci" est un principe immédiat, de sorte qu'il n'y a pas de cause intermédiaire entre ces deux choses [la volonté et la volition], de même qu'il est immédiat que la chaleur est à même de chauffer, bien que cette action-ci soit naturelle et celle-là, libre; par conséquent, il n'y a aucune cause pour laquelle une volonté a voulu ceci, si ce n'est parce que la volonté est volonté, de même qu'il n'y a aucune cause pour laquelle la chaleur est à même de chauffer, si ce n'est parce que la chaleur est la chaleur, puisqu'il n'y a aucune cause antérieure ». Ce qu'il faut comprendre comme suit, afin d'éviter toute équivoque : il existe certainement une ou plusieurs causes possibles de la chaleur (le soleil, le feu, le frottement, etc), mais il n'y a pas de cause ou raison pour laquelle la chaleur chauffe. En effet, si cette cause existait, ce serait un principe médiat entre la chaleur et l'échauffement qu'elle cause. Or, quel pourrait être ce principe ? On ne le voit pas. Il faut donc poser que la chaleur chauffe, cela immédiatement.

La volonté veut comme la chaleur chauffe. Cela signifie qu'il est de la nature de la volonté de vouloir, de même qu'il est de la nature de la chaleur de se communiquer. L'on remarquera que Duns Scot n'a pas prouvé par là que la volonté veut librement, bien qu'il oppose l'action libre de la volonté à celle, naturelle, de la chaleur, afin que sa comparaison ne soit pas mal comprise. En effet, l'idée que la volonté veut librement ne peut pas être considérée comme un principe premier, puisque le prédicat n'est pas contenu dans le sujet. Ce que le docteur a montré en réalité, c'est que la volonté veut, cela naturellement ou formellement, et que c'est là un principe immédiat, c'est-à-dire un point de départ en-deçà duquel il est impossible de remonter. Et quand il dit qu'il n'y a pas de raison pour laquelle une volonté a voulu telle chose, cela ne signifie pas que cette volonté n'avait pas de raisons de faire ceci plutôt que cela (ce qui ferait d'elle une faculté irrationnelle, c'est-à-dire privée du pouvoir du choix), mais seulement qu'il n'y a pas de raison pour laquelle, ou de cause par laquelle une volonté est une volonté. Dire "une volonté veut ceci", c'est énoncer une vérité contingente – cette expression étant à prendre au sens expliqué plus haut. Or une vérité contingente n'est pas moins certaine qu'une vérité nécessaire, bien que l'objet de la première soit un fait contingent, et celui de la seconde une proposition nécessaire et toujours vraie. Le fait qu'une volonté veut ceci n'est donc pas moins certain que le principe de contradiction. Si l'on objecte que la proposition "une volonté veut" est une simple tautologie, l'on peut répondre que Duns Scot dit plus exactement *voluntatem velle hoc*, ce qui n'est pas la même chose, car on voit qu'il a ici en vue un fait, qui plus est incontestable, et non pas une simple possibilité. C'est seulement à partir de ce fait contingent, et cependant certain, que l'on pourra établir la différence entre la volonté comme désir naturel, d'une part, et la volonté comme libre, d'autre part, en montrant qu'elles ne sont pas identiques. Il est impossible de démontrer que l'homme est libre parce qu'il agit librement, car c'est là une simple tautologie. Par contre, il est possible de montrer que l'homme peut vouloir librement, à condition d'être assuré qu'il veut ou désire naturellement. En effet, bien que cela n'épuise pas la nature d'un acte libre, la volonté veut librement lorsqu'elle est capable de se libérer des tendances naturelles du désir, pour en prendre le contre-pied. En ce sens, la liberté est une libération, quoique difficile et douloureuse, pour les raisons qui apparaîtront.

LA VOLONTÉ EN TANT QUE NATURE ET LA VOLONTÉ EN TANT QUE LIBRE

A la suite d'Anselme de Cantorbéry dans son traité *De casu diaboli* et autres ouvrages, Duns Scot distingue deux inclinations ou tendances différentes dans la volonté, comme le fit avant lui Eudes Rigaud (théologien et conseiller de Louis IX). La première est nommée *affectio commodi*, la seconde *affectio iustitiae*. Par la première, la volonté et, par conséquent, l'être doué de volonté sont naturellement portés à rechercher ce qui leur est avantageux, ou du moins leur semble tel. Ici, rien n'est voulu de l'agent si ce n'est par rapport à lui-même et son bien, que ce bien soit réel ou seulement apparent. Nous posséderions cette inclination, déclare Duns Scot, même dans le cas où nous n'aurions pas une volonté libre, mais seulement le désir et l'intellect. Cependant, il existe aussi une autre tendance de la volonté, plus noble que la première, par laquelle elle peut vouloir un bien qui n'est pas ordonné à elle-même, mais possède une valeur en soi. « L'affection pour la justice *(affectio iustitiae)* est plus noble que celle pour l'avantageux, entendant par là non seulement une affection acquise ou infusée mais une affection innée (*innata*), qui est la liberté naturelle (*ingenita libertas*) de la volonté, grâce à laquelle elle peut vouloir un bien qui n'est pas ordonné à soi » (cit. d'après le Codex A par Wolter, *Duns Scot on the Will and Morality*, p. 178). Il faut s'arrêter sur ces expressions remarquables – *affectio iustitiae innata*, *libertas ingenita*. Duns Scot ne nie pas que l'affection pour la justice ou l'amour de la justice ne puisse être infusé surnaturellement ou acquis par l'éducation et l'habitude, mais il admet qu'il existe aussi une tendance spontanée qui porte l'homme à aimer ce qui est juste en soi. D'où il suit que cette tendance est naturelle ou connaturelle à la volonté. Comme les commentateurs l'ont souvent remarqué, ici Duns Scot va sans doute au-delà de ce que Anselme eût concédé. L'on observera aussi comment, réfractaire à toute idée d'innéisme quand il s'agit des idées et de l'entendement, Duns Scot se voit comme contraint de poser une disposition innée dans la volonté. S'il se limitait, à la manière d'Aristote, à affirmer qu'il y a dans la volonté une tendance naturelle à l'avantageux, il resterait, pourrait-on dire, dans le droit chemin. Mais, en posant une *affectio iustitiae innata*, Duns Scot ouvre une brèche qui n'est pas près de se refermer. Ici encore, il est le premier (*ex æquo* peut-être avec Pierre Olivi).

Pour débattre de ces questions, il existe un cas d'école, celui dit du "citoyen courageux" (*fortis cives*), dont Aristote a traité aux livres III et IX de l'*Ethique*. Pour Aristote, l'homme de bien ou l'homme vertueux, celui qui agit selon la raison, doit s'aimer lui-même et se donner la préférence. Il doit être *philautès* – ami de soi – car, ce faisant, il procurera non seulement son propre bien, mais aussi le bien de tous ceux qui l'entourent (inversement, l'homme déréglé ne doit pas s'aimer lui-même, ou du moins il ne faut pas l'imiter dans l'amour qu'il se porte). L'on reconnaît ici la grande idée platonicienne, selon laquelle l'homme doit d'abord établir la justice en lui-même, c'est-à-dire l'équilibre, car c'est à cette condition seulement qu'il pourra faire régner la justice autour de lui. « Mais, poursuit Aristote, il est vrai également de l'homme vertueux qu'il agit souvent dans l'intérêt de ses amis et de son pays, et même, s'il en est besoin, donne sa vie pour eux ». Comment expliquer ce comportement ? Aristote semble penser que l'homme vertueux se procure un plus grand bien en renonçant à de moindres biens, « car il sacrifiera argent, honneurs et généralement tous les biens que les hommes se disputent, conservant pour lui la beauté morale de l'action » (IX, c. 8, 1169a 18-20). Cette explication semble suffisante et convaincante quand les biens sacrifiés par des hommes généreux se limitent à l'argent qu'ils distribuent libéralement, ou bien aux honneurs auxquels ils renoncent en se désistant en faveur de leurs amis et obligés. « Ils prodigueront aussi leur argent si leurs amis doivent en retirer un accroissement de profit : aux amis l'argent, mais à eux la noblesse morale, et ils s'attribuent à eux-mêmes la meilleure part » (*ibid.*, 1169a 27-29).

Le principe de la *philautia* est donc respecté. Mais que dire de l'homme qui expose sa vie pour la Cité quand elle est menacée de destruction par l'ennemi ? Peut-on raisonnablement penser que cet hommme consent à perdre un bien – sa vie – en vue d'acquérir un plus grand bien, lequel serait encore ordonné à soi ? Aristote semble parfois le penser. Le citoyen courageux ne saurait, dit-il, que préférer « un bref moment d'intense joie à une longue période de satisfaction tranquille », et « une seule action, mais grande et belle, à une multitude d'actions mesquines ». Or, si cette explication vaut pour un guerrier légendaire tel qu'Achille (qui préféra une vie courte mais intense à une longue existence sans éclat), elle ne semble pas appropriée au cas de l'homme de bien, qui est un pacifique. « C'est pour un pareil homme que la vie est surtout digne d'être vécue ; c'est lui que la mort privera des plus grands biens, et il en a pleinement conscience : tout cela ne va pas sans l'affliger » (III, c. 12, 1117b 11-13). La perspective d'une mort prochaine, même glorieuse, ne réjouit pas le courageux, au contraire elle l'afflige et le consterne. C'est que la perte d'une vie bonne est sans compensation – du moins pour qui n'attend pas de récompenses futures. Car la mort, dit Aristote, est "un point final" selon l'opinion commune et, pour celui qui est mort, rien de bien ni de mal ne peut plus lui arriver. La seule explication que le Philosophe sait donner en fin de compte au choix du citoyen courageux, qui endure les blessures et accepte la mort, c'est « qu'il est noble d'agir ainsi ou qu'il est honteux de [se] dérober », ce qui n'est certainement pas méprisable.

L'exemple du citoyen courageux intervient dans la distinction 43 du livre IV de l'*Ordinatio*, mais dans un contexte tout différent de celui de l'*Ethique*. En effet, il s'agit ici de savoir s'il est connaissable par la raison naturelle qu'il y aura une résurrection générale de l'humanité, question qui suppose évidemment résolue une question préalable, qui est de savoir s'il est connaissable par la raison naturelle que l'âme humaine survit à la mort corporelle. Certains, qui le pensent, en donnent pour preuve le comportement du citoyen courageux, combiné avec une thèse d'Augustin sur l'impossibilité pour l'homme de vouloir sa totale néantisation. Aristote, qui parle selon le jugement de la raison naturelle, soutient qu'un homme courageux doit s'exposer à la mort pour sauver la République. « Donc, l'immortalité de l'âme peut être connue de la raison naturelle ». La conclusion paraît abrupte, mais voici la mineure de l'inférence : « Nul, pour aucun bien moral, que ce soit en lui-même ou dans un autre, ou que ce soit le bien de la communauté, ne doit ni ne peut absolument désirer sa non-existence, parce que, selon Augustin dans *Le libre arbitre*, la non-existence ne peut pas être désirée. Or, si l'âme n'était pas immortelle, celui qui meurt accepterait sa totale non-existence » (*Olms* X, 27). Cette dernière phrase est certainement impressionnante si l'on en prend la pleine mesure, mais elle ne permet pas de tirer la conclusion souhaitée, à savoir qu'il est connu par la raison naturelle que l'âme peut survivre à la mort corporelle. Tout au plus peut-on conclure que le citoyen courageux ne peut consentir à l'idée d'une disparition totale, parce qu'il est habité d'un désir d'immortalité (ou peut-être, plus simplement, du désir d'être toujours comme il est, c'est-à-dire vivant, comme Etienne Gilson l'observe avec réalisme). Ici, Duns Scot aurait pu répondre, comme il le fait ailleurs, que le désir d'immortalité (ou celui de vivre toujours), pour incontestable qu'il soit, n'est pas une preuve suffisante. Toutefois, il préfère tirer de l'exemple du citoyen courageux une conclusion positive, quoiqu'inattendue : « Il est prouvé par là avec évidence, dit-il, que selon la droite raison le bien commun doit être davantage aimé que le bien propre, parce que l'homme doit exposer à la destruction, absolument parlant, tout son bien propre, même s'il ne sait pas que l'âme est immortelle, pour la sauvegarde du bien commun » (*Olms* X, 30).

Ces paroles sont dures, mais il ne faut pas se méprendre sur leur sens. Car Duns Scot n'énonce pas ici un "impératif catégorique", cela pour deux raisons. Premièrement, il ne fait pas autre chose qu'exprimer en résumé un raisonnement plus complet, dont la majeure se tire d'Aristote : ce qui fait que l'homme est formellement vertueux, c'est qu'il agit conformément à la raison. Si donc le citoyen courageux donne sa vie pour la Cité, c'est que le principe selon lequel le bien commun doit être préféré au bien propre est "consonant avec la droite raison". Et il y a loin de cette consonance avec la raison à une obéissance à la raison, puisque le citoyen courageux choisit librement de s'exposer. S'il le fait, quand il aurait pu ne pas le faire en s'enfuyant, c'est qu'en choisissant de s'exposer à la mort il veut éviter à d'autres (plus faibles ou plus nombreux, peut-on imaginer avec un réalisme égal à celui de Gilson) de subir le même sort, ce qui est en effet conforme à la raison. Mais c'est le choix qui vient ici au premier plan, et non pas la raison, bien que le choix qui est fait s'avère consonant avec la droite raison. Deuxièmement et surtout, ce qui est important, ce sont les conséquences qui se tirent de ce cas d'école. Or, ces conséquences ne sont pas axiologiques et normatives – *Sit lex*, "Tu préféreras toujours le bien commun à ton bien propre" –, mais anthropologiques – l'homme est capable de préférer le bien commun à son bien propre. C'est ce que montre clairement la conclusion finale de Duns Scot : « Est davantage aimé, absolument parlant, ce pour le salut de quoi l'existence d'autre chose est regardée comme de peu de poids » (*ibid.*). Cet énoncé n'est pas prescriptif, mais seulement descriptif. Il n'édicte pas une règle, mais constate un fait. Puisque certains hommes en sont capables, l'homme en tant qu'homme est capable d'aimer un bien qui n'est pas ordonné à soi, au point d'accepter au nom de ce bien le sacrifice suprême, et il en est capable naturellement. Naturellement, mais non pas sans déchirement. L'on peut en effet présumer, sans risque d'erreur, que dans l'esprit de Duns Scot le citoyen courageux appelle le Christ souffrant par anticipation. Or, bien qu'il ait certainement reçu quelque don ou grâce, ce juste, comme il l'appelle, demanda à l'instant de le boire que le calice fût éloigné de lui, si c'était possible. Preuve qu'avant qu'il ne consente à accomplir la volonté de son Père, la nature humaine en le Christ s'est insurgée contre l'horreur de l'extrême souffrance et de la mort.

LE BONHEUR

A quel point le problème de la volonté est complexe, c'est ce que permet de voir l'analyse scotiste de la volonté ou désir du bonheur (*beatitudo*). Certaines interprétations récentes, probablement influencées par une conception moderne de la volonté, qui voit en elle une sorte de pouvoir absolu ou discrétionnaire, ne rendent pas justice à Duns Scot, et tendent souvent à déformer sa pensée, qui est en réalité fort nuancée. Certes, nature et volonté se distinguent, et peuvent même s'opposer. Mais elles ne s'opposent pas comme deux principes contraires, à la façon manichéenne. Et la raison en est que, sous le nom d'"appétit naturel", la volonté est elle- même une nature. C'est d'ailleurs ce que montrent les expressions employées par Duns Scot. Il ne parle pas de la nature d'un côté, de la volonté de l'autre, mais de la volonté en tant que nature (*voluntas ut natura*) et de la volonté en tant que libre (*voluntas ut libera*). La différence n'est donc pas ici entre deux choses différentes, mais plutôt entre deux aspects d'une seule et même chose. Afin que le lecteur puisse suivre plus facilement le développement, et se garde de voir précipitamment des contradictions où il n'y en a pas, résumons ce qui nous paraît être la position de Duns Scot au complet : en tant que nature, ou désir naturel, la volonté est nécessitée à vouloir le bonheur ; en tant que libre, elle ne l'est pas.

La distinction 49 de l'*Ordinatio* IV demande « si tous les hommes veulent au plus haut point et par nécessité le bonheur » (q. 9), et « si tout ce qui est recherché est recherché en vue du bonheur » (q. 10). L'enseignement d'Aristote est que tous les hommes désirent ou veulent naturellement être heureux. Or ce désir n'est pas un simple souhait. Il est de la nature même de l'homme, pense Duns Scot, de même que la gravité est de la nature de la pierre. « En effet, la volonté peut être considérée comme une nature en tant qu'elle a une inclination vers sa propre perfection, c'est-à-dire un appétit naturel à l'égard de celle-ci, de même que n'importe quelle autre nature ». Toute nature tend d'elle-même vers sa propre perfection, c'est-à-dire son accomplissement et sa fin. Ainsi, l'intellect est animé par un appétit naturel qui le porte à connaître. De même, la volonté a une inclination naturelle vers sa perfection, qui est le bonheur ou la félicité. Cette inclination est constamment présente dans la volonté. En outre, elle précède tout acte de l'intellect, par lequel celui-ci conçoit la fin ainsi que les moyens de l'atteindre. L'inclination n'est donc pas une faculté ou un acte, mais une tendance à proprement parler. Elle est à l'homme ce que la gravité est à la pierre. La tendance de la pierre vers le centre n'est pas une opération de la pierre, puisqu'elle n'est pas autre chose que la gravité. Pas davantage la tendance de la volonté vers sa propre perfection n'est-elle une opération de la volonté.

En réponse à la première question (nous laissons de côté la seconde, qui est moins intéressante), Duns Scot déclare que la volonté comme nature tend vers la félicité de façon nécessaire, car si l'on ôte d'une nature sa tendance propre, cette nature est supprimée du même coup. De plus, la volonté comme nature tend vers la félicité au plus haut point. Comme il n'est pas en son pouvoir de tendre ou ne pas tendre vers son accomplissement ou sa perfection, une nature tend vers elle sans réserve ni rémission aucune. Il en va différemment de la volonté comme libre (*voluntas ut libera*). En tant que telle, ce n'est pas une tendance mais une faculté ou une puissance à proprement parler, apte par conséquent à produire ou causer des actes d'élection. Il faut garder présente à l'esprit cette distinction entre une tendance inhérente à une faculté, d'un côté, et les actes émis ou exprimés par cette faculté, de l'autre côté. Car une tendance ou inclination est quelque chose de passif, tandis qu'une faculté ou puissance est évidemment active et productive. La tendance ne produit aucun acte, elle est plutôt le récepteur des actes produits par la faculté. Plus exactement, c'est une inclination à recevoir un acte qui la parfait. Il y a donc dans la volonté une dualité, non point une dualité réelle, mais plutôt une dualité d'aspect : passivité ou réceptivité d'une part, activité de l'autre, mais non point sous le même rapport. Sur ce point, Duns Scot se place manifestement dans la continuité d'un Bonaventure, habile à toujours discerner ce qui est passif et ce qui est actif dans nos actes. La distinction entre la passivité de la tendance et l'activité de la puissance à l'intérieur de la volonté – telle est, nous semble-t-il, la clé de la position scotiste dans le problème discuté.

Tandis qu'une tendance est pour ainsi dire aveugle, il est requis de la volonté en tant que libre qu'une autre faculté, à savoir l'intellect, conçoive d'abord en quoi consiste la félicité. Pour peu qu'il la conçoive, l'intellect l'appréhende comme désirable ou aimable en soi. Mais il ne suit pas de là que la volonté veuille de façon nécessaire la fin qui lui est montrée ou proposée, ce que Duns Scot montre comme suit. Tout d'abord, la volonté est cause supérieure de la volition, tandis que l'intellect est cause inférieure. Il est évident en effet que, s'agissant d'une volition, la faculté ou puissance déterminante n'est pas l'intellect mais la volonté, car c'est de la volonté, non de l'intellect, que l'acte volitif provient comme de sa source ou de sa cause. Or, « une cause inférieure ne peut pas déterminer la façon d'agir d'une cause supérieure, parce qu'elle ne peut la déterminer à agir » (*Olms* X, 513). Donc, l'intellect ne détermine pas la volonté, mais se contente de l'éclairer. En revanche, l'inverse est possible. Supposons donc que la cause supérieure, à savoir la volonté, agisse de façon nécessaire, c'est-à-dire veuille nécessairement la félicité. Afin de pouvoir agir, elle a besoin que l'intellect appréhende la fin et la conçoive, comme on vient de le voir (*omne volitum prius est cognitum*). Il suit de là que « si la volonté voulait la félicité de façon nécessaire, elle déterminerait de façon nécessaire l'intellect à considérer toujours la félicité, ce qui n'est pas le cas » (*ibid.*). En d'autres termes, si nous voulions nécessairement la félicité, nous la voudrions toujours. Par conséquent, la volonté contraindrait l'intellect, cause inférieure, à penser toujours à la félicité ainsi qu'aux moyens de l'atteindre, et donc l'intellect y penserait toujours, sans jamais pouvoir penser à autre chose. Or il est bien clair que ce n'est pas le cas, puisque tantôt nous pensons à la félicité, tantôt n'y pensons pas.

Ce raisonnement peut paraître curieux, parce qu'il est inhabituel. En effet, Duns Scot ne prouve pas la contingence de la volition ou dilection par les intermittences du cœur, comme il est de coutume chez les philosophes. Et il a bien raison car, de ce que j'aime ceci, puis ne l'aime pas, il ne suit pas que je l'aime librement, puisqu'il se pourrait que je l'aime nécessairement, puis ne l'aime plus nécessairement. Il prouve la contingence de la volition par les intermittences de l'intellection. Si la pensée n'était pas intermittente, mais demeurait à jamais fixée sur l'objet aimé, alors il y aurait là, sinon une preuve véritable (pensons-nous), du moins un indice sérieux de ce que cet objet est aimé de façon nécessaire et comme inévitable (telle est d'ailleurs, peut-on observer, la cause probable de l'illusion amoureuse : parce que, comme il le constate, l'amoureux ne peut s'empêcher de toujours penser à celle qu'il aime, au point de chasser tout autre objet qui se présente à son esprit, il croit aimer nécessairement, ou ne pouvoir aimer nulle autre). Quoi que l'on pense de la valeur de cette preuve, il est certain à tout le moins qu'elle ne repose pas sur une pétition de principe, comme si l'on disait "la volonté est libre, puisqu'elle peut vouloir ceci ou cela" (il est évident ici que "librement" est sous-entendu dans la seconde partie de la phrase). Elle prouve la contingence de la cause par celle de l'effet, ce qui est tout différent : si la volition d'un objet était nécessaire, c'est-à-dire inévitable et constante, alors l'intellection de cet objet serait elle-même nécessaire. Or, tantôt elle a lieu, tantôt n'a pas lieu. Donc, la volition est elle-même contingente.

Duns Scot met la félicité ou le bonheur dans la fruition (*fruitio*), laquelle est une jouissance, mais réservée à la partie supérieure de l'âme, intellect et volonté, quelle que soit la faculté qui a la préséance, car tel n'est pas ici le propos. Or, la fruition peut être considérée doublement. Ou bien son objet est général, ou bien particulier. Dans le premier cas, c'est un bien en lequel ne se rencontre aucun mal ni défaut (selon Augustin, en effet, l'homme heureux est celui qui a tout ce qu'il veut et ne veut rien de mal). Dans le second, l'objet de la fruition est "l'essence divine en les trois personnes", ce qui veut dire que dans une fruition parfaite chacune des trois personnes est aimée, et non pas seulement l'essence commune. Duns Scot ne doute pas que cet objet particulier soit plus aimable que le bonheur en général, et la raison en est que la volonté trouve toujours sa satisfaction dans un objet particulier, davantage que dans le bien en général.

Puisque donc, comme il vient de le prouver, la volonté ne veut pas la fin de façon nécessaire, Duns Scot conclut que la fin est voulue de la volonté de façon contingente, c'est-à-dire libre, qu'elle soit appréhendée en général ou bien comme résidant dans un bien particulier ou spécial. Ici, notre théologien prend position contre l'opinion de certains de ses confrères (Henri de Gand et Thomas d'Aquin), selon lesquels la volonté voudrait nécessairement la félicité en général, et librement la félicité particulière, faute de quoi elle ne pourrait pécher, selon eux. Cette opinion semble à Duns Scot contradictoire, car « ... si la félicité telle qu'elle est appréhendée en général est désirée nécessairement pour la raison qu'elle contient tout bien et ne contient aucun mal, et que nul bien ne lui fait défaut, alors, puisque tout bien se trouve dans la félicité particulière à un plus haut degré que dans la félicité en général, il suit que tout le monde désirerait nécessairement la fin ou la félicité appréhendée en particulier » (*Olms* X, 512) – ce qui contredit l'hypothèse. Effectivement, c'est tout l'un ou tout l'autre. Or, l'on constate que la félicité en général est voulue des hommes dans la plupart des cas – *ut in pluribus* –, ce qui veut dire de façon contingente, puisque la plupart des cas ne sont pas tous les cas. Il en va de même de la félicité particulière, « quand l'intellect ne doute pas que la félicité consiste dans ce bien particulier ». Et il conclut : « Si quelqu'un désire la félicité, et s'il croit que la félicité consiste dans la fruition de l'essence divine en les trois personnes, alors, à ce moment-là (*pro nunc*), il veut cette fin ». Mais alors, pourquoi ne veut-il pas toujours cette fin ? C'est qu'il ne veut pas les moyens par lesquels cette fin peut être atteinte, ou bien il veut cette fin bien qu'il ne veuille pas les moyens, parce qu'il ne veut pas vivre de façon vertueuse (*sed non vult, vel licet non velit, media quibus attingitur ille finis, quia non vult vivere virtuose*). Et l'on peut observer ici que ce qui est vrai de la félicité particulière l'est aussi de la félicité en général.

Quiconque lit la citation qui précède peut difficilement ne pas penser aux sentences tragiques de St Paul sur l'homme divisé, ou encore à la fameuse formule d'Ovide – *meliora video proboque, deteriora sequor* –, qui résonne impitoyablement dans toutes les mémoires. Pourtant, ce rapprochement serait une erreur, croyons-nous. D'une part, Duns Scot n'est pas un esprit tragique, Dieu merci. D'autre part, ce qui se tient à l'arrière-plan de la présente discussion, c'est Aristote et sa théorie de l'*habitus*. Un habitus moral est une disposition acquise et relativement permanente, qui résulte d'actes similaires répétés, actes de courage par exemple ou bien de charité. Il a pour effet de rendre ces actes plus prompts, plus faciles et agréables à exécuter. L'acquisition de semblables habitus est nécessaire afin que la volonté puisse vouloir plus facilement les moyens en vue de la fin. Ici apparaît le concept d'une volonté "habituée", concept auquel Duns

Scot, ainsi que les scolastiques en général, accordent une si grande importance. Ainsi, l'homme qui ne veut pas la fin ou la félicité n'est pas tant un homme qui ne veut pas les moyens en vue de la fin, qu'un homme qui ne veut pas acquérir l'habitus de la vertu grâce auquel il acquerrait les moyens en vue de la fin, et pourrait user de ces moyens avec plaisir et facilité. La faute n'est pas tant de refuser la félicité au lieu de la vouloir, que de ne pas vouloir acquérir l'habitude qui prépare à la recevoir. Tant la préparation est importante pour les Catholiques !

Pourtant, Duns Scot reconnaît les limites de l'habitus moral. C'est qu'un habitus est seulement une disposition acquise et une inclination préférentielle. Il n'est pas possible de considérer qu'un habitus agit seul et de lui-même, car ce n'est pas la vertu qui cause un acte vertueux. « Nul habitus, dit Duns Scot, n'est le principe total de l'émission d'un acte ». En effet, l'on ne voit pas comment une disposition acquise pourrait être la cause unique ou suffisante d'un acte élicité. La cause principale de l'acte vertueux est la volonté habituée à la vertu. Et Duns Scot va plus loin. « Il est impossible, dit-il, que la volonté soit habituée ou inclinée par un habitus à vouloir quelque chose davantage qu'elle ne l'est par l'inclination de l'appétit naturel ». La tendance ou propension est plus déterminante que l'habitus imprimé dans la volonté. Cela est normal, puisque la première est naturelle et constante, tandis que le second est acquis, et non pas acquis définitivement. C'est pourquoi « dans la plupart des cas la volonté suit l'inclination de l'appétit naturel ». Et Duns Scot de conclure : « Par un habitus, la volonté peut seulement être habituée, de sorte qu'elle suive dans la plupart des cas l'inclination qui provient de cet habitus ; bien plus, qu'elle opère avec plaisir en suivant cette inclination. Donc, dans la plupart des cas, la volonté veut bien davantage ce à quoi l'incline l'appétit naturel ; et c'est pourquoi, même s'il a reçu quelque habitus que ce soit, le juste ne choisit la mort qu'avec difficulté, et c'est là pour lui matière à patience, car cela va contre son inclination naturelle ; puisque donc tous veulent le bonheur par appétit naturel, ainsi qu'il a été dit, il suit que, dans la plupart des cas, la volonté veut le bonheur » (*Olms* X, 513).

Mais alors, ne peut-on objecter que cet acte, par lequel la volonté veut le bonheur, est naturel ? « Je dis que cet acte n'est pas naturel à proprement parler, répond Duns Scot, car ce n'est pas la même chose que l'inclination naturelle au bonheur, qui est appelée vouloir naturel de la volonté en tant qu'elle est une nature ; toutefois, il peut être dit un acte naturel dans la mesure où il est conforme à l'inclination naturelle ». Tel paraît être le dernier mot de Duns Scot sur le sujet dans la distinction 49 du livre IV de l'*Ordinatio*. Un acte ou un ensemble d'actes ne sont pas une tendance ou une propension. De ce qu'il est conforme à une propension naturelle, il ne suit donc pas qu'un acte est lui-même naturel, c'est-à-dire nécessité. Pour qu'il le soit, il faudrait que cet acte soit causé par la propension. Mais ce n'est pas le cas, parce que la propension est une tendance passive à recevoir, comme on l'a vu plus haut, tandis que la volonté est une puissance active, et la cause de ses actes. Passive, la tendance n'est pas délibérative, tandis que la volonté à le pouvoir du choix. Et bien que la volonté soit portée à satisfaire la tendance qui l'habite, elle peut choisir le parti opposé, ainsi que nous le constatons.

Reste un problème, suscité par un passage d'Augustin dans son *Enchiridion* : « Il ne faut pas dire non plus que la volonté n'est pas libre pour la raison que, si nous voulons être heureux, c'est parce que nous ne pouvons pas vouloir être malheureux ». En effet, un objecteur inconnu tire de cette phrase l'inférence suivante : « Si, nécessairement, je ne veux pas le malheur, alors je veux le bonheur nécessairement ». Cette inférence qui, autrement, paraît faible et peu concluante, se comprend mieux de la façon suivante, en renversant le rapport de cause à effet dans l'expression : "si je ne veux pas le malheur, c'est donc que je veux le bonheur nécessairement". En effet, dit l'objecteur, toute nolition se fait en vertu d'une volition présupposée, et donc la première dépend de la seconde : si je ne veux pas le malheur, c'est que je veux le bonheur; si je ne veux pas le malheur naturellement, c'est que je veux le bonheur naturellement. Ainsi de l'avare dont parle Anselme. Il ne veut pas donner de son argent et, s'il en donne, c'est seulement parce qu'il veut du pain. Donc, à proprement parler, l'avare ne veut pas donner de son argent, car son vouloir n'est pas positif. Pour lui, quand il paie pour avoir du pain, c'est comme si on lui volait son argent. Dans sa réponse, Duns Scot commence par observer que « la nolition est un acte positif de la volonté comme la volition, et la première est aussi libre que la seconde ». La première partie de la phrase est claire : "ne pas vouloir le malheur" (*nolle malum*) est un acte positif, et n'est pas la négation de "vouloir le bonheur" (*velle bonum*), car la négation de "ne pas vouloir le malheur" est "vouloir le malheur", et la négation de "vouloir le bonheur" est "ne pas vouloir le bonheur". Il y a donc, face au mal, deux possibilités, le vouloir ou le "nouloir", et deux possibilités face au bien.

Par là s'explique la seconde partie de la phrase, à savoir que la nolition est aussi libre que la volition. Il est bon d'avoir ici présente à l'esprit la conception que Duns Scot (et avant lui Pierre Olivi) se fait d'un acte libre, conception sur laquelle le commentarisme scotiste a beaucoup insisté ces dernières années. Si *a* et *b* sont des contraires, un agent est dit libre en choisissant non pas parce qu'il choisit *a* au lieu de *b*, ou choisit *a* puis *b*, mais seulement si, au moment même où il choisit *a*, il peut choisir *b*. C'est là la condition *a priori* de l'acte libre. Il est clair, en effet, que si l'agent, quand il choisit *a*, n'a pas la possibilité de choisir *b*, il ne choisit pas *a* librement. Comme il est plus facile de voir les choses *a posteriori*, disons en d'autres termes que l'agent, qui a choisi *a*, aurait pu choisir *b*, et c'est pourquoi il a choisi *a* librement, de même qu'il n'a pas choisi, ou plutôt a écarté *b* librement. Et l'on ne peut pas dire qu'il écarte *b* parce qu'il choisit *a*. *De facto*, nul ne peut choisir à la fois *a* et *b*, puisque ces contraires s'excluent. Donc, en choisissant *a*, l'agent du choix écarte *b*. Mais, *de jure*, s'il n'a pas la possibilité de choisir *b* quand il choisit *a*, il ne choisit pas *a* librement, et s'il ne choisit pas librement, il ne choisit pas du tout, puisqu'un choix qui n'est pas libre n'est pas un choix. Il est important de noter ici que Duns Scot ne pose pas la liberté *a priori*, ensuite le choix, qui en découlerait. Il constate le choix pour en tirer *a posteriori* la liberté.

'Je ne peux pas vouloir être malheureux, donc je veux naturellement être heureux" : à ce raisonnement, il faut opposer un *non sequitur*. Pour Duns Scot, ce qui se tire de l'Antécédent, c'est ceci : « donc, je ne peux haïr le bonheur », et non pas cela : « donc, je ne peux pas ne pas vouloir être heureux ». Plus simplement, il m'est impossible de haïr d'être heureux ou d'aimer être malheureux, mais il m'est possible de choisir soit le bonheur, soit le malheur, ou plutôt de choisir soit ce qui mène au bonheur, soit ce qui mène au malheur. Cette précision est ajoutée, parce qu'afin de donner un exposé complet de sa position Duns Scot se tourne ensuite vers « le mal qui est montré » (*malum ostensum*) et « le bien qui est appréhendé et offert » (*bonum apprehensum et oblatum*). C'est qu'il y a une différence de taille entre le bien tel qu'on l'imagine ou le conçoit et le bien ou le bonheur qui nous sont présentés en présence propre, de même qu'il y a loin du malheur imaginé au malheur quand il est mis sous nos yeux. Avec réalisme, Duns Scot admet que le malheur, tel qu'il est montré, « n'est pas de nature à faire l'objet d'une volition, ni le bonheur l'objet d'une nolition ». Et il conclut : « Je dis donc que la volonté est déterminée à vouloir le bonheur et refuser le malheur car, si elle émet un acte concernant ces objets, nécessairement et de façon déterminée la volonté émet un acte de vouloir envers le bonheur, et un acte de refus envers le malheur. Toutefois, elle n'est pas déterminée absolument à émettre l'un ou l'autre de ces actes ». En effet, la volonté peut au moins suspendre sa décision, « ainsi que chacun peut en faire l'expérience en lui-même ». Car, « lorsque quelqu'un nous présente quelque bien, même s'il nous montre que ce bien est digne d'être appréhendé et voulu pour le bien qu'il est, nous pouvons nous en détourner et nous abstenir d'émettre un acte de volonté portant sur cet objet » (*Olms* X, 514). Comme le montre effectivement l'expérience, l'abstention est possible. Toutefois, il est quelque chose qui semble à Duns Scot impossible ou interdit à la volonté. C'est de haïr le bonheur, alors même qu'elle s'en détourne quand il lui est présenté et offert, et l'on comprend aussitôt pourquoi : une volonté qui haïrait le bonheur ou aimerait le malheur se détruirait elle-même en tant qu'elle est une nature. La volonté en tant que libre ne saurait subsister sans la volonté en tant que nature.

L'analyse scotiste de la volonté s'arrête donc pour finir à la distinction des deux *affectiones*, *affectio commodi* et *affectio iustitiae*. La première nous porte à désirer ce qui nous est avantageux, la seconde à aimer quelque chose ou quelqu'un pour sa valeur en soi. A ces deux affections correspondent respectivement deux actes différents, qui sont désirer et aimer, et deux habitus différents, à savoir l'espérance et la charité. La charité parfait la volonté en tant qu'elle est animée par l'affection de la justice, l'espérance la parfait en tant qu'elle est animée par l'affection de l'avantageux (la troisième vertu théologale, à savoir la foi, ne concerne pas la volonté mais l'intellect). Ce qu'il dit de l'espérance montre que Duns Scot ne néglige pas le soin ou le souci de soi, bien que le souci de la justice lui semble « plus noble et communicatif ».

Cependant, pour conforme qu'elle soit à l'expérience, la distinction de deux affections peut laisser le lecteur en partie insatisfait, dans la mesure où le rapport de l'une à l'autre n'est pas indiqué. Que ce rapport puisse être d'opposition, on l'a vu plus haut sur le cas du citoyen courageux. Mais cela ne suffit pas, car la racine de l'opposition n'est pas encore découverte. L'*amor commodi* et l'*amor amicitiae*, autres noms pour les deux affections, peuvent se partager le même homme, soit. Cependant, ils ne pourront pas s'opposer en lui s'ils n'ont pas quelque racine commune dans la volonté. Duns Scot a procuré par avance une solution à ce dilemme. C'est que, explique-t-il, l'amour d'amitié est présupposé par l'amour de l'intérêt, et non pas inversement. Que l'inverse soit faux, c'est clair, car jamais l'on ne pourra dériver le premier du second, ni faire sortir l'amitié de l'intérêt (du moins l'amitié durable). Si donc il faut qu'il y ait quelque rapport entre ces deux amours, l'on doit poser que le premier vient avant le second. Cela peut paraître étrange et contre-factuel. Cependant, la chose s'éclaire si l'on observe que l'amour de l'avantageux n'a pas sa raison en soi, mais hors de soi, puisque l'intérêt ou l'avantage ne sont pas des fins en soi, mais des moyens en vue d'une fin. Comme donc, en poursuivant son avantage, l'homme n'a pour fin ni cet avantage en soi, ni autre chose que soi, il faut qu'il ait pour fin lui-même. Et s'il est à lui-même sa propre fin ou le croit, il suit qu'il est mû d'un amour d'amitié pour soi. Ainsi donc, l'amour d'amitié vient toujours en premier, quel que soit l'objet aimé. Quel est, demandera-t-on, le fondement de l'amitié ? *Amicitia fundatur super unitatem*, répond Duns Scot, et il renvoit au livre VIII de l'*Ethique*, c. 4 (1156 b 19-21). Et comment se rapportent l'une à l'autre l'amitié pour soi et l'amitié pour autrui? *Amicabilia ad alterum procedunt ex amicabilibus ad se ipsum*, répond-il, en renvoyant à nouveau à l'*Ethique*, livre IX, c. 4 (1166 a 29-32).

Si les choses que l'on peut aimer ou souhaiter pour autrui procèdent de celles que l'on peut aimer pour soi, il suit, au plan éthique, que l'amitié pour soi ne saurait être blâmable. Puisque les premières procèdent des secondes, elles sont nécessairement similaires ou de même nature. Ce qui est blâmable, ce n'est pas l'amour de soi, mais un amour de soi désordonné (*inordinatus* ou *deordinatus*). C'est ce que montre l'analyse des raisons de la chute de Lucifer. La distinction 6, question 2, de l'*Ordinatio* II demande « si le premier péché de l'ange fut formellement un péché d'orgueil ». A cette question, la tradition répond généralement oui. Duns Scot, quant à lui, juge préférable de penser que la chute de Lucifer eut sa cause dans l'amour désordonné que le premier ange conçut pour lui-même. Ce faisant, il se montre cohérent avec sa théorie des deux amours. L'amour d'amitié est présupposé au désir de l'avantageux. Duns Scot explique à nouveau pourquoi : « En effet, comme, par rapport à ce qui est désiré, ce qui est aimé est une quasi-fin à laquelle je veux un bien (car c'est à cause de l'aimé que je désire pour lui le bien que je veux pour lui), et comme la fin est ce qui est voulu en premier, il est clair que le vouloir d'amitié précède le vouloir de désir » (*Olms* VI-1, 535). Or cette précession subsiste, pense-t-il, même quand les actes sont désordonnés, entendant par là immodérés.

La volonté peut agir immodérément de trois manières. Tout d'abord, quand elle veut le bonheur qui lui convient avec plus d'intensité et impétuosité qu'il ne convient. Ensuite par impatience, quand elle veut posséder le bonheur plus vite qu'il ne faut. Enfin, quand elle veut l'obtenir par une autre voie que celle qui convient – par exemple sans les mérites. L'on peut penser, dit Duns Scot, que Lucifer pécha de l'une des trois façons, ou des trois à la fois. De la première : poussé par un amour démesuré de soi, il voulut le bien pour lui-même davantage que pour sa valeur en soi, ce qui est la « perversion suprême de la volonté », puisque selon Augustin, dans la trentième des *83 Questions diverses*, la perversité consiste à « se servir de choses dont il faut seulement jouir » (et « jouir de choses dont il faut seulement se servir » – mais cela n'est pas à propos ici, car Lucifer ne pouvait pécher par concupiscence charnelle) (*BA*. X, 84). De la seconde : il voulut posséder le bonheur sur-le-champ, et parvenir aussitôt à la vision béatifique. De la troisième : sans les mérites et sans la grâce. L'on pourrait dire en somme que ce qui précipita la chute de Lucifer, c'est, bien qu'il fût présent en lui, de ne pas avoir déféré à cet amour de ce qui est juste, c'est-à-dire possède une valeur en soi, qui est « le premier frein au désir de l'avantageux ». Comme la “liberté innée” de la volonté n'est pas autre chose que l'amour de ce qui est juste, elle représente essentiellement la possibilité pour les créatures rationnelles de tempérer les tendances égoïstes qui sont en elles.

Cette conception permet, pour finir, de résoudre un dernier problème. Si, de Lucifer, l'on passe aux bons anges et aux bienheureux dans le Ciel, l'on peut se demander si ces derniers sont légitimés à vouloir leur propre bonheur et trouver en lui leur complaisance, dans la mesure où vouloir son propre bonheur, c'est le vouloir pour soi (cette question évoque un moraliste rigoureux qui réclamera de l'homme des actes sans aucune trace d'intérêt, pour déclarer aussitôt de tels actes impossibles, ce qui paraît contradictoire ou du moins inconséquent). Duns Scot répond comme suit (le prétérit qu'il utilise dans le texte n'a pas de valeur temporelle, mais seulement d'exposition) : « Les bons ne purent ni ne voulurent refuser pour eux-mêmes le bonheur, ni même ne purent ne pas le désirer, mais ils ne voulurent pas le bonheur pour eux-mêmes davantage qu'ils ne voulurent tout bien à Dieu ; ils le voulurent moins, parce qu'ils purent modérer leur volonté de bonheur par la liberté », c'est-à-dire l'amour d'amitié. Mais peut-être objectera-t-on que leur mérite tient à ceci seulement qu'ils ont su modérer leur volonté de bonheur par la liberté, d'où il suit que la volonté de bonheur, qui est ordonnée à soi, l'emporte tout de même, bien qu'elle soit modérée par la liberté. Aussi Duns Scot est-il contraint de préciser sa pensée : « Désirer un acte parfait, afin que par cet acte l'objet en soi soit davantage aimé, procède de l'affection de la justice, car de ce que j'aime quelque chose en soi vient que je veux quelque chose en soi ; ainsi, les bons purent désirer le bonheur afin qu'ayant le bonheur ils pussent aimer plus parfaitement le plus grand bien. Et cet acte de désirer le bonheur serait un acte méritoire, car celui qui le fait ne se sert pas de ce dont il faut seulement jouir, mais trouve en lui sa jouissance, parce que ce bien que je désire pour moi-même, je le désire à cette fin que j'aime davantage ce bien en soi » (*Olms* VI-1, 541). Ainsi, le bonheur consiste dans la vision béatifique – c'est la doctrine commune. Celui qui désire cette vision la désire pour lui-même, non point cependant comme une fin mais comme un moyen pour aimer Dieu davantage. La seconde réponse est manifestement préférable à la première, car ici l'*affectio justitiae* est présupposée à l'*affectio commodi*, sans toutefois la supprimer. Duns Scot se montre donc cohérent avec lui-même. Par ailleurs, sa doctrine paraît conforme à la droite raison. Si un homme veut avoir des enfants, c'est pour lui-même, afin de ne pas rester sans descendance. Si son amour est bien ordonné, il ne les veut pas pour s'aimer lui-même, mais afin d'aimer ses enfants. Cependant, il trouvera son propre bonheur dans l'amour qu'il porte à ses enfants. Et son bonheur sera d'autant plus grand que son amour sera plus parfait.

RÉCAPITULATION

Duns Scot était persuadé qu'il existe un progrès dans la connaissance humaine de la vérité: *in generatione humana semper crevit notitia veritatis*. Cette croissance est difficile à mesurer puisqu'elle n'est manifestement pas cumulative, de sorte que le moment présent ne peut pas être regardé comme la seule mesure du progrès accompli. S'agissant de la pensée de notre auteur, certains, qui prennent pour seul témoin le temps présent, la rejettent comme inactuelle et dépassée. Sans doute ont-ils leurs raisons, bien qu'ils ne les donnent pas. D'autres, au contraire, saluent sa "modernité", parce qu'ils y décèlent des anticipations de pensées plus actuelles. Toutefois, si la tendance élogieuse semble aujourd'hui prévaloir, elle procède comme la tendance opposée du même principe contestable, qui est de prendre pour étalon le moment présent de l'évolution des idées et lui seul. Par conséquent, le risque d'erreur est égal dans les deux cas, même si, d'une façon générale, il vaut mieux se tromper par excès d'éloge que par excès de mépris car, si l'un et l'autre se trompent, celui qui pèche par trop d'éloges sera jugé moins sévèrement que celui qui pèche par trop de mépris.

Dans le domaine des idées, il existe un moyen et un seul d'évaluer le progrès. Une idée nouvelle constitue un progrès quand il apparaît après-coup qu'il est difficile, voire impossible, de revenir en-deçà. Le progrès est moins ce qui va de l'avant que ce qui empêche de retourner en arrière. Ainsi conçu, il ne se juge pas par rapport au présent passager, mais par rapport à ce qui, au regard de ce progrès, appartient au passé. L'on échappe par là à la relativité du jugement, dans une certaine mesure du moins, puisque l'on compare entre elles non pas une grandeur fixée, à savoir le passé, et une grandeur variable, à savoir le présent, mais deux grandeurs fixes, c'est-à-dire le progrès en question et ce qui, par rapport à ce progrès, est du passé. De cette façon, si quelque idée est un réel progrès, elle l'est pour tous les temps ultérieurs. Cela étant admis, l'on peut se demander si Duns Scot a su faire des progrès pour la philosophie. Si tel est le cas, ces progrès ne se mesureront pas par rapport à notre présent mais par rapport au passé commun.

Or il nous semble que tel est le cas. Loin de nous, bien entendu, l'idée de tracer de Duns Scot le portrait d'un penseur solitaire. Il appartient à une tradition, la pensée franciscaine du XIIIe siècle, dont il représente l'achèvement (du moins pour ce qui concerne la philosophie). C'est pourquoi l'on n'est pas surpris de rencontrer telle ou telle de ses idées chez ses prédécesseurs, lointains ou immédiats. Et nous irions volontiers jusqu'à dire que c'est le cas de presque toutes ses idées. D'un autre côté, il faut se défaire de la légende trompeuse selon laquelle les créateurs médiévaux, qu'il s'agisse de penseurs ou bien d'artistes et de savants, cultivèrent l'anonymat et recherchèrent l'impersonnalité à tout prix. Dans bien des cas, comme celui de Duns Scot, l'ignorance où nous sommes souvent des circonstances, tant pour la vie que pour la composition de l'œuvre, est certes réelle mais contingente. En revanche, la personnalité de l'auteur, du moins sa personnalité intellectuelle, ne peut pas être dissimulée, parce qu'elle transparaît sans cesse dans ses écrits. Duns Scot n'est pas un homme qui introduit telle idée inattendue, sur laquelle on continue de s'interroger, comme le fit un Thomas d'Aquin quand il introduisit dans la philosophie, qui ne la connaissait pas, l'idée de l'être comme un acte d'exister (car la philosophie classique connaît seulement l'être en acte, ce qui n'est pas la même chose). Il faut plutôt voir en lui un homme intelligent, qui repère et sélectionne les bonnes idées, les perfectionne pour en tirer toutes les conséquences. Un esprit subtil certainement, mais surtout puissant et fortement armé. Car c'est seulement à condition d'avoir acquis des principes de longue portée qu'un penseur peut se montrer habile dans la résolution de problèmes particuliers, et cohérent avec lui-même (autant qu'un esprit humain peut l'être) sans devenir systématique.

Si, comme nous le croyons, le progrès existe en philosophie (par conséquent aussi la régression), il nous semble que les points suivants (pour ne retenir que les plus reconnus) peuvent être portés au crédit de Duns Scot. En métaphysique, le concept univoque de l'être, la théorie des natures communes, la doctrine de l'individualité et, liée à la précédente, celle des différences ultimes. En théologie naturelle, la doctrine des modes intrinsèques de l'être. Dans la théorie de la connaissance, la connaissance intellectuelle intuitive. En éthique, la définition de la liberté par la synchronie des possibles. Aucune de ces doctrines ne se trouve chez celui qui, du temps de Duns Scot, représente par excellence la philosophie, à savoir Aristote (quelle que soit la dette du docteur envers ce dernier, qui est considérable, plus grande sans doute que celle qu'il a contractée envers Augustin, du moins en philosophie). Aucune d'entre elles n'a été renversée depuis, à notre connaissance du moins, ce qui ne veut pas dire, évidemment, que toutes aient été reconnues, car elles ont été méconnues ou plutôt ignorées.

Le concept univoque de l'être constitue certainement un progrès par rapport à la doctrine aristotélicienne, encore énigmatique aujourd'hui, des sens multiples de l'être, parce que tout ce qui va dans le sens de l'unité, si cette unité n'est pas factice, est un progrès. Ce concept fut d'ailleurs reçu avec faveur aussitôt qu'il fut connu (Occam, par exemple, le fait sien sans hésiter). C'est qu'en effet il présente bien des avantages. Tout d'abord, il permet de concevoir une théologie positive, en lieu et place de la théologie négative à laquelle aboutit inévitablement l'idée selon laquelle la créature et le créateur sont de purs analogues, de sorte qu'après les avoir comparés, il faut conclure qu'ils n'ont rien en commun et que, par conséquent, Dieu reste entièrement inconnaissable et inconnu (utilisant pour une fois, ce qui n'est pas dans ses habitudes, un argument *ad hominem*, Duns Scot observe que ceux des théologiens qui prônent en théorie un concept de l'être purement analogue, parlent dans leurs prêches comme si ce concept était univoque – Dieu est, il est bon, il est sage, etc). La conception scotiste de l'être n'exclut pas l'analogie de la créature envers le Créateur, entendant par analogie une imitation ou une similitude (et non pas une proportion ou égalité de rapports, ce qui correspond au concept aristotélicien de l'analogie), laquelle est nécessairement contenue dans l'idée de cause exemplaire. En effet, selon l'enseignement de Bonaventure, toute chose créée contient une trace (*vestigium*) du Créateur, et la partie supérieure de l'âme est une image véritable (*imago*), quoique imparfaite, de la Trinité. Toutefois, l'analogie de similitude présuppose toujours un concept univoque, pour d'évidentes raisons logiques. Les analogues ne sont pas comparables sans un concept commun.

Au plan métaphysique, il y a grand avantage à poser un concept de l'être univoque, qui se dit au même sens de la substance et des accidents (du moins les accidents dits "absolus", c'est-à-dire n'enfermant pas en eux-mêmes de façon nécessaire une relation à quelque chose d'extérieur; la quantité et la qualité sont les seuls accidents absolus, pris en ce sens). Tout d'abord, l'être univoque peut être considéré comme "le premier connu" ou le premier objet connu ou le premier connaissable, tandis que la substance ne le peut pas. Puisqu'elle n'est pas sensible par soi mais seulement par ses accidents, la substance ne saurait être connue en premier. De fait, le concept de la substance est le résultat d'un processus intellectuel complexe qui échappe en grande partie à l'observation psychologique, dans lequel toutefois l'on peut être sûr qu'interviennent des comparaisons et des inférences implicites, par lesquelles l'identité de la substance à elle-même est reconnue sous la diversité et le changement de ses apparences. Qu'un processus intellectuel soit nécessaire pour parvenir au concept de la substance suffit pour établir que la substance ne saurait être le premier objet connaissable. Or, la métaphysique doit prendre son départ dans un objet de connaissance qui est premier absolument et simplement simple, et possède une unité de sens réelle, si la métaphysique doit être une science. Il n'existe pas d'autre objet qui satisfasse les deux conditions, si ce n'est l'être univoque. Que cet objet soit acquis au moyen d'une "abstraction ultime" ne lui ôte ni sa priorité ni son universalité. Toute chose a un *quid* ou une quiddité par quoi elle est intelligible, mais l'intelligibilité est nécessairement postérieure à l'entité ou l'être de cette chose, faute de quoi un *quid* serait le *quid* de rien. C'est seulement à cette condition que la métaphysique est une science réelle, c'est-à-dire une science de ce qui est. Ainsi que le montre l'histoire de la philosophie, quand cette condition essentielle est abandonnée (comme lorsqu'on attribuera à la métaphysique la connaissance spéciale des objets dit "suprasensibles"), le concept même de la métaphysique est perdu, bien qu'il puisse être retrouvé.

En second lieu, s'il est vrai que les accidents (si mal nommés quand on passe du latin au français, tandis que le grec *symbebèkos* est meilleur, signifiant ce qui accompagne ou va avec) ont eux-mêmes un *quid*, il suit qu'ils sont connaissables par soi, et non pas du fait de leur "inhérence" à une substance car, dans la perspective scotiste, l'inhérence se présente comme une relation, et non plus comme une adhérence de l'accident à la substance. Dans ces conditions, une science des quantités et une science des qualités en soi est possible et légitime car, si l'ordre de l'accident à la substance ne peut être ni renversé, ni supprimé *a majori*, quantités et qualités sont connaissables par soi et, bien que la qualité soit postérieure à la quantité, une science des qualités est possible qui ne sera pas une science des qualités par les quantités, car elle aura ses lois propres, contenues dans le *quid* des qualités considérées.

La théorie des natures communes, reprise par Duns Scot d'Avicenne, paraît bien être la véritable sortie hors du platonisme, une sortie que l'aristotélisme, tel du moins qu'il est enseigné dans la version standard (celle des formes soit-disant "engagées" dans la matière, donc séparables de la matière), n'est pas parvenu à trouver, semble-t-il. Car une nature commune à deux individus de même espèce n'est pas une troisième entité commune *à* ces individus, et donc distincte de ces individus (ce qui réintroduit une sorte de platonisme), mais quelque chose qui est commun ou identique *dans* ces deux individus, et possède une unité suffisante pour que ces individus soient regardés comme étant de même espèce. L'on ne peut expliquer autrement le phénomène de l'*aphairesis*, ou abstraction aristotélicienne. Car abstraire n'est pas soustraire, et l'abstraction ne consiste pas dans une soustraction par laquelle la matière dont les choses sont faites serait écartée et évacuée, pour ne retenir que leur forme (la version standard étend indûment l'abstraction mathématique à celle des quiddités). Tant il est vrai que si une chose est matérielle elle ne sera pas connue pour ce qu'elle est si l'on soustrait la matière dont elle est faite et que, pour prendre cet exemple, l'homme ne sera pas connu pour ce qu'il est si, dans la notion que l'on en forme, l'on soustrait le corps qu'il a. En réalité, l'abstraction retient ce qu'il y a de commun ou identique dans les individus humains, à savoir l'âme, le corps et leur composition. C'est un passage du particulier au général ou du singulier au commun, et si l'on appelle "forme" le résultat du processus abstractif, cette forme n'est pas l'une des parties du composé, mais la quiddité totale, qui comprend à la fois la forme prise au premier sens (l'âme) et la matière (le corps) dans l'exemple considéré. C'est ce processus de l'abstraction totale, c'est-à-dire l'abstraction de la quiddité totale, qui prévaut depuis longtemps déjà dans la psychologie de l'intelligence, et non pas un processus soustractif, qui a été reconnu depuis longtemps impossible.

La théorie de l'individualité, ou plutôt celle de la constitution de l'individu, est l'une des rares doctrines de Duns Scot dont l'écho soit encore perceptible aujourd'hui dans la littérature philosophique courante, où l'"heccéité" est quelquefois évoquée comme une célébrité légendaire, quoique énigmatique. Preuve que cette réputation repose probablement sur un malentendu, le terme *hecceitas* n'est utilisé par Duns Scot que de façon très parcimonieuse dans ses écrits. Et pour cause car, en raison de sa morphologie, qui le fait ressembler à des termes de même construction, comme *humanitas* ou *animalitas* par exemple, ce terme fait penser à une forme commune, ce que l'*hecceitas* ne saurait être en aucune façon, puisque l'individualité ou la singularité n'est pas une forme commune aux individus, faute de quoi tous les individus – cette pierre-ci, cet homme-ci – seraient de même espèce. Tout au plus peut-on dire que les individus ont en commun d'être singuliers, à quelque espèce qu'ils appartiennent. Une fois écarté ce premier contresens, un second se présente, qui est l'inverse de précédent, à moins qu'il n'en soit la conséquence. C'est de penser que, selon Duns Scot, des individus de même espèce n'ont rien en commun et que, par conséquent, ils sont radicalement différents. Or, si cette conception peut flatter l'individualisme contemporain, ou plutôt l'idéologie individualiste contemporaine, elle ne reflète pas la pensée de Duns Scot, mais la déforme gravement. En réalité, le concept de l'individualité ne relève pas en premier lieu d'une doctrine de la société. Il appartient à la métaphysique, et n'est pas concevable en dehors. En métaphysique, un individu se présente toujours comme un individu de telle ou telle espèce car, si l'on sépare l'individu de son espèce, l'on quitte immédiatement la métaphysique pour entrer dans la logique, laquelle étudie l'Individu, l'Espèce et le Genre pris séparément. Preuve que, pour le métaphysicien, l'individu ne se conçoit pas sans l'espèce qui est la sienne, cela reste vrai même s'il s'agit d'un individu qui n'existe pas en acte, ou bien n'existe plus. Car si l'on est en droit de dire "César est un homme", César n'existant plus, c'est parce que le prédicat est contenu par soi dans le sujet de la proposition.

Ainsi, deux individus de même espèce ne sauraient être "radicalement différents". Ce qui diffère radicalement, ce sont les différences individuelles, qui sont, avec l'espèce commune, l'autre "quasi-partie" des individus. L'on a vu plus haut pourquoi. C'est que les différences individuelles ne peuvent en aucun cas former une espèce à part. Il existe une espèce pour des individus spécifiquement identiques. Il n'existe pas d'espèce des différences individuelles. Ces différences sont donc ultimes, et ne sont pas des êtres (sauf à prendre l'être au sens le plus général, signifiant tout ce qui n'est pas rien), bien qu'elles soient fondées dans des êtres (pris au sens le plus spécial, signifiant des substances). Les conséquences qui en découlent quant à l'incommunicabilité des individus créés, c'est-à-dire le fait que chacun est en dernière instance seul (*ultima solitudo*), ou bien quant à l'inconnaissabilité du singulier en tant que singulier, ou bien quant à l'union des individus par le lien naturel du sang et celui, contractuel, de la société (une différence que nous ne pouvons développer ici, faute de place), – ces conséquences sont secondaires par rapport à l'impact sur l'objet de la métaphysique, qui est l'être en tant qu'être. C'est qu'il n'existe pas seulement des êtres, mais aussi des différences pures (telles sont non seulement les différences individuelles, mais aussi les différences spécifiques ultimes) qui ne contiennent pas le concept de l'être, bien qu'elles soient toujours contenues dans des êtres (individus ou espèces), par soi et non par accident. Ainsi, l'analyse métaphysique de Duns Scot aboutit à poser dans les êtres quelque chose qui n'est pas un être et qui n'est pas non plus un non-être, puisque les différences ultimes sont positives et déterminantes par rapport à la nature commune, qui est déterminée. Cela, nous semble-t-il, doit être porté au crédit de Duns Scot comme un progrès en métaphysique. Les Grecs connaissaient l'être, le non-être et le moindre être, ou plutôt l'être moindre, c'est-à-dire l'être en puissance (*to on*, *to ouk on*, *to mè on*), ainsi que leurs rapports. Ils connaissaient le même, l'autre, le différent, et savaient les distinguer. Toutefois, sont-ils parvenus au concept de la pure différence, qui n'est pas un être (puisqu'elle n'a pas de quiddité), qui n'est pas un non-être (puisqu'elle est positive), et n'est pas non plus un être moindre (puisqu'elle est acte et ce qu'elle détermine, en puissance d'être déterminé) ? Nous laissons à d'autres, mieux informés de la philosophie ancienne, le soin d'en juger. Si, maintenant, l'on se tourne de l'amont vers l'aval, pour considérer un instant la philosophie moderne et surtout contemporaine, l'on constate que nombreux furent ceux qui, afin de détruire la métaphysique en brisant l'unité de son objet, opposèrent vainement l'être et la différence. Si ces multiples tentatives furent vaines, c'est parce que l'être et la différence ne sont pas des contraires. Certes, la différence – entendant par là toute différence ultime – ne contient pas l'être formellement, mais elle le contient virtuellement. L'être ne se prédique pas par soi des différences dernières, mais les différences ultimes sont toujours contenues dans quelque chose (individu, espèce) dont l'être se prédique par soi. Par là, l'unité de l'objet de la métaphysique est préservé, donc la métaphysique elle-même.

En fin de compte, il nous semble que nos contemporains, quoique ignorants le plus souvent de la métaphysique, raisonnent dans des termes voisins, car chacun est bien conscient d'appartenir à une même espèce et de partager un destin commun, celui de l'humanité. Mais chacun sait aussi qu'il est différent de tout autre. Cela n'est pas faux, mais seulement incomplet. Car – c'est là ce que la métaphysique apporte et peut seule apporter – les individus humains diffèrent *per se* mais non pas *primo*. Ce qui diffère *primo*, c'est-à-dire au principe, ce sont les différences individuelles, puisqu'elles ne sauraient former une espèce comme le font les individus, étant donné que ces différences n'ont rien en commun, si ce n'est un *quid nominis*, c'est-à-dire le nom. Et si les individus diffèrent *per se* (non par accident), c'est parce qu'ils contiennent les différences individuelles qui, elles, diffèrent *primo*, c'est-à-dire au principe. Le discours contemporain, si insistant, sur la différence (soit des individus, soit même des groupes ou des cultures, etc) peut être traduit sans difficulté en langage scotiste. La différence ne s'oppose pas à l'être, mais seulement à ce qui, dans l'être, est identique, de sorte qu'un être peut contenir à la fois l'identique et le différent. Ce qui est identique, c'est l'espèce commune. Ce qui est différent, ce n'est pas l'individu mais, dans l'individu, la différence individuelle. Comme la différence individuelle ne saurait être réduite à l'espèce, il suit qu'il existe dans la multitude des individus une variété ou une diversité infinie, parce que chacun représente, pourrait-on dire, une variation unique sur le thème de l'espèce. Cette idée d'une variété irréductible à l'unité (qu'il s'agisse des individus ou des espèces spécialissimes) fait maintenant partie du bien commun de la philosophie. A cet égard, le concept hegelien, exposé dans la *Logique*, de la *Mannigfaltigkeit* comme une détermination de l'être en attente d'intégration dans une forme supérieure, fait figure d'une régression, et rappelle un passé douloureux, quoique déjà en partie oublié.

En théologie naturelle, la théorie des modes intrinsèques de l'être, considérée surtout dans son application aux passions disjointes "infini/fini", plus déterminantes ici que les autres passions de même genre, permet de faire face à deux exigences qu'il est mal aisé de concilier autrement. Premièrement, la nécessité de poser un concept univoque de l'être ou un concept identique de l'être applicable tant à la nature divine qu'aux natures créées. Deuxièmement, la nécessité non moins pressante de préserver entre l'une et l'autre une distinction radicale et une distance incommensurable. La disjonction fini/infini satisfait à la seconde nécessité, puisqu'il n'existe pas de proportion du fini à l'infini, du moins si l'on entend par là un infini en acte, et non pas de succession. L'axiome d'Archimède s'applique aux collections infinies par succession, mais non point à l'infini actuel. En outre, l'infini qui se dit de la nature divine n'est pas un infini extensif ou quantitatif mais un infini intensif ou de perfection. Sur ces deux points, Aristote enseignait le contraire. D'une part, il niait la possibilité de l'infini actuel. D'autre part, il affirmait que l'infini s'applique uniquement à la quantité, et ne peut s'appliquer ni la substance ni à la qualité, sinon par accident (*Physique* I, 2, 185b 1-5). D'où il suit que l'idée d'un infini intensif ne pouvait entrer dans ses vues. Quand il passe outre, Duns Scot a bien conscience de s'engager en terrain inconnu. Il n'est pas impossible de concevoir un infini extensif actuel, sous certaines conditions (comme les mathématiques l'ont montré depuis sur le cas de la quantité discrète; Duns Scot, quant à lui, songeait plutôt à la quantité continue, quand il pose qu'une quantité infinie en acte est un tout qui s'accroît constamment de l'intérieur). A partir de là, l'on peut tenter de parvenir au concept de l'infini intensif, quoique la difficulté soit considérable, car il faut passer de la *quantitas*, ou grandeur quantitative, à la *magnitudo*, ou grandeur qualitative. Or la quantité est composée et divisible, tandis que la magnitude est simple et indivisible. La seule chose qui puisse nous venir ici en aide, c'est de diriger notre pensée non pas vers l'infini, où elle se perd, mais vers un être ou une nature infinie, où elle peut s'arrêter. Nous expérimentons alors que "être" et "infini" ne se contredisent pas, et que le concept d'une nature infinie est une bonne composition. La seule explication que l'on puisse trouver à cela, c'est que, pour cette nature infinie, l'infinité ne vient pas de l'extérieur pour s'y ajouter, mais constitue un mode intrinsèque, par conséquent inséparable.

Le concept d'un être infini ou d'une nature infinie est le concept le plus élevé que nous puissions former de Dieu, selon Duns Scot. Ce concept est positif, et non pas négatif. Cependant, c'est un concept métaphysique, puisqu'il se tire de l'analyse de l'être. Il n'est pas déficient parce qu'il est métaphysique, mais parce que la métaphysique est déficiente au regard de la connaissance que Dieu a de la nature divine. Car l'on peut être assuré que Dieu ne connaît pas la nature divine *more metaphysico*, c'est-à-dire par l'intermédiaire du concept de l'être. Et la raison en est que l'être est créé, loin de précéder le créateur. En effet, si l'être précédait le créateur, alors il serait incréé et ne serait pas créateur. Dans ces conditions, la pierre ne serait plus une créature mais un "étant", l'homme un "étant", et Dieu lui-même un "étant". Quant à l'être lui-même, qui n'est pas un "étant", il serait ce par quoi toute chose est un "étant". Mais ce schéma heideggerien, qui est d'essence païenne, n'a strictement rien à voir ni avec la théologie chrétienne, ni avec le scotisme, qui fait partie de celle-ci. Ceux qui oublient que l'être est créé seront portés à surestimer la métaphysique et, comme le concept de l'être est univoque pour Duns Scot, ils feront de la métaphysique scotiste une onto-théologie, tombant ainsi malgré eux dans le piège préparé par la soi-disant différence ontico-ontologique – singulière rechute dans le paganisme, où Dieu n'est plus le créateur de toutes choses. Pour se garder de ces errements, il suffit de se rappeler que, pour Duns Scot, dire que l'être est "l'objet premier de l'intellect humain" ne signifie pas, comme le montre bien cette formule, que l'être est premier absolument, mais seulement qu'il est "connu en premier" ou "premier connu", ce qui veut dire que l'intellect humain ne peut rien concevoir qui ne soit compris "sous la raison de l'être". D'où l'on voit que ce qui, dans le concept univoque de l'être, représente un progrès, ce n'est pas l'être mais l'univocité. De plus, ce progrès est irréversible car, comme nous le constatons, il nous est devenu impossible de concevoir que l'être et les autres concepts transcendants auraient deux significations différentes, voire même opposées, selon qu'ils se disent de Dieu ou de la créature. Mais ce progrès devient une régression si l'on tire du concept de l'être univoque la conclusion erronée que l'être est premier absolument, par conséquent antérieur non seulement à la créature, mais aussi au créateur.

Puisque donc, afin de concevoir quoi que ce soit, l'intellect divin n'est pas assujetti au concept métaphysique de l'être, il suit que la connaissance que Dieu a de la nature divine n'est pas métaphysique. De fait, Duns Scot répète souvent que Dieu est connu naturellement de lui seul, et d'une manière qui appartient à lui seul. D'une part, Dieu connaît sa nature en tant qu'elle est "celle-ci", singulière de soi (et non pas contractée à la singularité par un quelconque facteur extérieur, qu'il est impossible d'imaginer). D'autre part, il la connaît par une pensée intuitive, dont l'objet est donné en présence propre, et éternelle. Deux conditions qu'il nous est évidemment impossible de remplir et réunir. Par suite, si le concept d'un être infini est le meilleur concept que nous puissions former de Dieu, et le plus élevé, il reste cependant déficient à l'égard de la connaissance que Dieu a de lui-même.

Si l'on rapproche ce qui vient d'être dit de la connaissance humaine de Dieu de ce qui a été dit plus haut de la connaissance humaine du singulier en général, l'on voit que, selon Duns Scot, l'esprit humain se heurte à une double limite, quelle que soit sa portée ou son amplitude (rappelons qu'elle est très grande selon lui, puisque l'intellect en tant qu'intellect est "ordonné à la connaissance de l'être tout entier"). Nous ne sommes pas loin ici des deux infinis pascaliens, qui s'ouvrent dans les deux directions de l'infiniment grand et de l'infiniment petit, laissant entre eux un intervalle dans lequel l'esprit humain est pris sans pouvoir s'en évader. De fait, l'infini de grandeur selon Pascal a bien des affinités avec l'*ens infinitum* selon Duns Scot. En revanche, l'infini de petitesse n'a pas de correspondant exact chez ce dernier. C'est que, pour Duns Scot, la limite inférieure de nos connaissances n'est pas l'infiniment petit, mais l'*infimum subicibile*, c'est-à-dire le sujet individuel, dont nous n'avons pas une connaissance distincte, mais seulement une connaissance confuse. Toutefois, commune aux deux penseurs est l'idée d'un intervalle ou d'une zone moyenne. A l'intérieur de cet intervalle aux limites indistinctes, il y a place pour la connaissance distincte et définitionnelle. Au-delà des limites supérieures et inférieures, la pensée humaine tend à devenir confuse, et ce qu'elle connaît alors ne vaut guère mieux que le sens d'un mot.

Dans la théorie de la connaissance, l'innovation principale de Duns Scot est la connaissance intellectuelle intuitive, par laquelle un objet existant et présent est connu de l'intellect comme existant et présent. Naturellement, cette idée est loin d'être une innovation radicale. Bien avant Duns Scot, Augustin a montré que l'âme sait ou connaît sa propre existence sans pouvoir l'ignorer, étant toujours présente à elle-même. A son tour, Avicenne aboutit au même résultat. Un homme qui n'aurait aucune perception exogène saurait cependant sa propre existence sans risque d'erreur. Par suite, cette connaissance n'est pas sensorielle mais intellectuelle (l'image qu'il prend est celle, poétique et frappante, d'un homme volant dont un voile recouvrerait la face).

Si la conclusion est la même chez Duns Scot, le raisonnement est différent. Les facultés sensorielles et la faculté intellectuelle, dit-il, sont ordonnées. Par suite, si les sens ne peuvent connaître ce que l'intellect connaît, l'inverse n'est pas vrai, car une faculté supérieure connaît nécessairement ce qui est connu d'une faculté inférieure (puisque ce qui peut le plus peut le moins). Si donc les sens perçoivent l'existence des choses présentes, il faut que l'intellect la perçoive aussi, ou plutôt qu'il la connaisse ou la sache. Son acte n'est pas sensoriel, mais intellectuel – c'est évident. Cependant, de même que l'acte sensoriel, l'acte intellectuel est intuitif et non pas discursif, car tout acte par lequel un objet est appréhendé dans son existence et en présence propre est intuitif. La possibilité d'un acte intellectuel intuitif est donc établie. De fait, l'on se demande comment quelqu'un pourrait percevoir par la vue, ou bien un autre sens, les objets présents qui l'environnent, sans savoir, par l'intellect, l'existence de ces objets.

Cela est manifeste, mais il faut observer, au plan de l'histoire des idées, que la *visio intellectualis* selon Duns Scot bat en brèche une idée reçue de son temps. Attribuée à Aristote, cette idée veut que l'existence des choses soit connue uniquement par les sens, et leur essence par l'intellect uniquement. D'où il suit que le singulier existant est seulement perceptible, et l'universel seulement intelligible. Or, si la seconde conséquence est admise par Duns Scot pour d'évidentes raisons, la première est pour lui inadmissible, parce qu'elle rend impossible toute connaissance, même imparfaite, du singulier, qui serait autre que sensorielle. Et l'on observe curieusement que la philosophie ultérieure semble répéter souvent l'erreur d'Aristote, à supposer que celle-ci lui soit imputable. Car, si l'on met d'un côté les sens, de l'autre l'entendement (à la manière cartésienne), ou bien l'intuition d'un côté et le concept de l'autre (à la manière kantienne), la même conséquence s'ensuivra, que Duns Scot rejette à bon droit : la connaissance des objets extérieurs, considérés dans leur existence et en présence propre, n'est pas du ressort de l'intellect. Dès lors, comment celui-ci pourra-t-il former le moindre jugement d'existence ? On se le demande. Cette difficulté disparaît si l'on pose qu'une connaissance intellectuelle intuitive est possible, c'est-à-dire réellement possible (l'absence, en philosophie kantienne, de toute connaissance intellectuelle intuitive aboutit à cette conséquence, vertement critiquée par Michel Henry, que le Je est une représentation, c'est-à-dire un concept, qui accompagne en nous les autres représentations, ce qui est effectivement incompréhensible car on se demande ce qui distinguera spécifiquement la représentation du Je des représentations d'objets).

Un mot, pour finir, sur la doctrine scotiste de la volonté humaine. Si cette doctrine, depuis vingt ans au moins, a fait l'objet d'une attention particulière de la part des chercheurs, c'est qu'ils y ont vu une idée nouvelle, qui intéresse non seulement l'anthropologie mais aussi la logique, par son retentissement sur le notion du possible. Considérons le second point, qui est davantage problématique. Quand, dans la théorie des idées divines, il introduit la notion du *possibile ex se*, Duns Scot aurait changé le concept de la modalité du possible, selon certains interprètes logiciens. Si le possible est possible *ex se*, il ne se conçoit plus par rapport à la cause qui peut lui donner l'existence, mais comme possible intrinsèquement. Dès lors, le possible est en tant que tel indépendant tant de sa cause que de sa réalisation par cette cause. Il n'est plus ce qui pourra être fait ou ne pas être fait, mais ce qui est possible en soi ou de soi avant qu'il ne soit fait, et même dans le cas où il ne le serait pas. Effectivement, Duns Scot pose qu'une chose qui pourra être créée ou non est *possibile ex se*, mais il ajoute aussitôt, dans la formule complète, *et principiative ab intellectu divino*. En d'autres termes, le triangle qui sera créé est possible par soi, mais il l'est aussi par l'intellect divin comme par son principe. Prise dans son entier, la formule réintroduit donc l'idée de cause ou de principe. Il est vrai qu'il existe certains passages où Duns Scot fait abstraction de la seconde condition, laissant ainsi à penser que le triangle à créer est possible, à supposer que, par impossible, l'intellect divin n'existerait pas. Mais cette présentation est seulement pédagogique, à notre avis. Déjà Leibniz a raillé, quoiqu'un peu trop facilement, certains scotistes de ses contemporains qui, sur la foi de tel passage isolé dans les œuvres de leur maître, avaient tiré par extrapolation une théorie effectivement incompréhensible. Si l'intellect divin n'existait pas, dit en substance Leibniz, le triangle ne serait pas possible, puisqu'avant qu'il ne soit créé, le seul lieu du triangle est l'intellect divin. C'est incontestable en effet, mais insuffisant pour résoudre le problème de l'"être-possible". En outre, il est piquant d'observer que la doctrine leibnizienne des "mondes possibles" n'est pas sans rappeler le concept du *possibile ex se*, ou possible intrinsèque, vu sous l'angle de la pluralité.

Pour notre part, nous persistons à penser qu'à la différence de l'être nécessaire de soi, le concept de l'être possible n'est pas clair, si l'on entend par là un certain être, qui serait l'être du possible. Or il y a deux moyens de clarifier ce concept confus. Comme on l'a vu dans le chapitre sur les concepts transcendants, le possible se prend en deux sens différents. Pris en un sens spécial, celui requis en théologie, ce qui est possible de soi s'oppose à ce qui est nécessaire de soi. A cet égard, tout ce qui n'est pas Dieu, qui est nécessaire de soi et l'unique nécessaire, est possible de soi, c'est-à-dire possible intrinsèquement. Pris en un sens général et commun, il s'oppose à l'impossible, et l'impossible signifie ce qui est en soi contradictoire (ce qui est logiquement impossible est réellement impossible; ainsi un cercle carré). Si l'on retient le premier sens, dire que le triangle est possible de soi, c'est dire qu'il n'est pas nécessaire de soi. Si l'on retient le second sens, dire que le triangle est possible de soi, c'est dire qu'il n'est pas contradictoire en soi. Mais, quel que soit le sens retenu, il n'est pas souhaitable de poser un être-possible, qui serait l'être du possible. Ce n'est pas justifié si l'on prend le premier sens, car l'on comprend facilement que si le triangle n'est pas nécessaire de soi il est possible de soi. Ce n'est pas justifié non plus si l'on prend le second sens car, comme l'a montré plus haut l'analyse de la puissance objective, ce qui est en puissance objectivement non seulement n'a pas un être d'existence, mais n'a pas non plus un être d'essence (cette terminologie est reprise par Duns Scot d'Henri de Gand quand il fait la critique de la théorie de ce dernier). Pour Duns Scot, il suffit de poser l'identité de l'être en puissance objective avec le même être qui sera réalisé dans l'existence avec son essence. En d'autres termes, il suffit de poser que l'un et l'autre sont le même, ou sont la même chose. De là que la relation du second au premier est seulement une relation de raison, et non pas une relation réelle, dont les deux termes seraient eux-mêmes réels. Car ici un seul terme est réel, c'est le possible réalisé. En conclusion, ce qui est possible n'est pas réel, et il est vain de chercher à savoir quel est l'être du possible. Le possible n'est pas, il est possible.

Le point de départ de cette discussion, on s'en souvient, est dans la doctrine de la volonté, ou plutôt de la volition. Si *x* choisit *a* et non *b*, ou bien il choisit *a* nécessairement, et ne peut donc choisir *b*. S'il ne peut choisir *b*, il ne choisit pas du tout. S'il choisit *a* et non *b* librement, il faut qu'en choisissant *a* il puisse choisir *b*, ou bien ne choisir ni *a* ni *b*. C'est ce que nous observons effectivement, car il existe un grand nombre d'actes – une option, une orientation, une alliance, une élection, etc. – qui ne peuvent être dits libres qu'à la seule condition qu'une alternative réelle soit offerte au choix, dont les deux branches (pour prendre le cas le plus simple) sont présentes simultanément. Cette théorie est manifestement très en avance par rapport à l'idée courante dans la philosophie postérieure, selon laquelle *x* est libre à l'égard de *a* s'il choisit *a* librement, car c'est là une simple tautologie, ou *nugatio*. Que l'idée scotiste soit si bien passée dans les idées et les mœurs, on le voit à ceci, qu'en l'introduisant comme une nouveauté, Duns Scot éprouva des scrupules logiques qui ne semblent plus s'imposer depuis. *Sedens potest ambulare* : un homme assis peut marcher. Cela est vrai, dit Duns Scot, *in sensu diviso*, mais faux *in sensu composito*, car un homme qui est assis ne peut pas marcher en même temps. Il est clair pourtant que cet homme ne s'assoit pas librement si, au moment où il s'assoit, il n'a pas la possibilité de ne pas s'asseoir, pour aller se promener. Donc, *sedens potest ambulare* est vrai *in sensu composito* et non pas seulement *in sensu diviso* – du moins si l'on entend par *sedens* l'homme qui s'assoit, et non pas l'homme déjà assis.

La théorie des possibles synchroniques suppose de distinguer clairement entre la faculté ou puissance et l'acte ou opération de cette puissance, à savoir la volonté d'une part, la volition de l'autre. La volition est contingente – quand *a* est choisi, *b* peut l'être –, tandis que la volonté est libre (plus précisément, la liberté est la “raison formelle de la volonté”).

Il existe bien d'autres différences entre l'acte volitif et la volonté. Par exemple la puissance, en tant que cause, possède une fécondité quasi illimitée, que l'acte, en tant qu'effet, ne possède pas, puisqu'il est un et non pas multiple, réel et non pas potentiel. Mais la principale différence est la différence entre libre et contingent. Tandis que les Modernes, pour qui cette distinction est perdue, sont contraints de poser la liberté *a priori*, donc sans autre fondement qu'elle-même (de là qu'une liberté nue est si vulnérable aux attaques de ses adversaires), Duns Scot tire la liberté de la volonté de la contingence de la volition. Cette méthode est meilleure, car elle s'appuie sur des actes réels et observables dans l'expérience.

Mais si elle est préférable, c'est aussi pour une autre raison, à savoir qu'elle préserve ce que l'on appellerait aujourd'hui la conscience, et la met à l'abri de l'inquisition, tant présente que future. En effet si, quand il choisit *a* et non *b*, *x* a ses raisons – qu'elles soient claires ou plus confuses, comme il advient souvent –, il n'est pas nécessaire que les raisons que *x* a de choisir *a* soient connues afin que son choix puisse être regardé comme libre, par conséquent imputable, car il suffit qu'une alternative véritable soit offerte au jugement de la volonté. L'acte est public, tandis que les raisons du choix peuvent rester secrètes. Celui qui l'a bien compris verra venir de loin les inquisiteurs. Nous serions donc d'accord avec ceux des interprètes qui veulent voir en Duns Scot un champion de la liberté, à condition de ne pas oublier que pour lui (comme pour tous ceux de sa tradition, de Gauthier de Bruges à Pierre Olieu fils de Jean, théoricien de la *suitas*), la véritable liberté est la liberté intérieure, qui est innée à la volonté (*libertas innata voluntatis*). Là est le mystère. Or la philosophie avance toujours en suivant le mystère à la trace, car elle prend sa source dans l'étonnement.

TABLE DES MATIÈRES

ACHEVÉ D'IMPRIMER
EN JANVIER 2005
PAR L'IMPRIMERIE
DE LA MANUTENTION
A MAYENNE
FRANCE
N° 2-05

Dépôt légal : 1er trimestre 2005